根据教育部《大中小学劳动教育指导纲要（试行）》编写

通识

大学通识教育教材

U0875787

劳动教育概论

LAODONG JIAOYU GAILUN

主　编　周利生

副主编　沈夏珠

高等教育出版社·北京

内容简介

本书是普通高等学校通识教育必修课教材，根据教育部《大中小学劳动教育指导纲要（试行）》编写。

本书主要内容包括劳动与劳动教育、劳动价值观、劳动精神、劳动者权益及法律法规保护、劳动与社会保障、劳动与心理健康、大学生日常生活劳动与服务性劳动、大学生生产劳动与职业发展；以二维码的形式链接了教学资源，以供读者学习。

本书既可作为高等学校相关课程的教材，也可供社会读者参考阅读。

图书在版编目（CIP）数据

劳动教育概论/周利生主编.—北京：高等教育出版社，2021.10（2023.8 重印）

ISBN 978-7-04-057132-5

Ⅰ.①劳… Ⅱ.①周… Ⅲ.①劳动教育-高等学校-教材 Ⅳ.①G40-015

中国版本图书馆 CIP 数据核字（2021）第 200312 号

策划编辑 宇文晓健 吴凤贤 **责任编辑** 宇文晓健 **封面设计** 张文豪 **责任印制** 高忠富

出版发行	高等教育出版社	**网　址**	http://www.hep.edu.cn
社　址	北京市西城区德外大街 4 号		http://www.hep.com.cn
邮政编码	100120	**网上订购**	http://www.hepmall.com.cn
印　刷	浙江天地海印刷有限公司		http://www.hepmall.com
开　本	787 mm×1092 mm 1/16		http://www.hepmall.cn
印　张	15.25		
字　数	289 千字	**版　次**	2021 年 10 月第 1 版
购书热线	010-58581118	**印　次**	2023 年 8 月第 5 次印刷
咨询电话	400-810-0598	**定　价**	33.00 元

物 料 号 57132-00

编　委　会

主　编　周利生

副主编　沈夏珠

编　委　（按姓氏笔画排序）

王水兴　尤　琳　左剑峰　刘庆玉

江家城　汤舒俊　吴义太　张业振

陈　雄　季　鹏　姚岳军　徐　磊

徐江彬　曾水兵　詹强南　颜二忠

前　言

“教育与生产劳动相结合”是马克思主义教育观、劳动观的重要观点。马克思认为：“未来教育对所有已满一定年龄的儿童来说，就是生产劳动同智育和体育相结合，它不仅是提高社会生产的一种方法，而且是造就全面发展的人的唯一方法。”列宁指出：“没有年轻一代的教育和生产劳动的结合，未来社会的理想是不能想象的：无论是脱离生产劳动的教学和教育，或是没有同时进行教学和教育的生产劳动，都不能达到现代技术水平和科学知识现状所要求的高度。”

课程开设的背景（视频）

20世纪50年代，毛泽东同志强调，社会主义制度的建立给我们开辟了一条到达理想境界的道路，而理想境界的实现还要靠我们辛勤劳动。教育必须为无产阶级政治服务，必须同生产劳动相结合，劳动人民要知识化，知识分子要劳动化。此后，“教育同生产劳动相结合”写进了党的教育方针，并纳入国家宪法之中，“爱劳动”被定为公民道德建设的基本内容之一，各级各类学校都把组织学生参加劳动作为一项主课，组织学生学工学农、进厂下田、参加工农业生产劳动，有条件的学校，还自办工厂、自垦实验田，对学生进行常态化的劳动教育。1978年，邓小平同志在全国教育工作会议上指出：“现代经济和技术的迅速发展，要求教育质量和教育效率的迅速提高，要求我们在教育与生产劳动结合的内容上、方法上不断有新的发展。”1985年，他又强调：“我们国家，国力的强弱，经济发展后劲的大小，越来越取决于劳动者的素质，取决于知识分子的数量和质量。”

为了切实践行马克思主义教育观、劳动观，培养德智体美劳全面发展的社会主义建设者和接班人，党和国家制定了一系列关于劳动教育的法律制度、方针政策。1981年，教育部颁发的《关于全日制六年制重点中学教学计划试行草案的说明》指出：“中学阶段开设劳动技术课，进行劳动技术教育，使学生既能动脑，又能动手，手脑并用，全面发展。”1987年，教育部又专门颁发《全日制普通中学劳动技术课教学大纲（试行稿）》，用以指导全国全日制普通中学的劳动教育实践。1995年颁布的《中华人民共和国教育法》明确规定：“教育必须为社会主义现代化建设服务，必须与生产劳动相结合，培养德、智、体等方面全面发展的社会主义建设者和接班人。”1999年，中共中央、国务院发布的《关于深化教育改革全面推进素质教育的决定》强调，要加强“劳动技术教育和社会实践”，培养热爱劳动的习惯和艰苦奋斗的精神，“教育与生产劳动和社会实践相结合”成为新时期教育方针的重要内容。《国家中长期教育改革和发展规划纲要（2010—2020年）》指出：“坚持教育教学与生产劳动、社会实践相结合……鼓励学生积极参与志愿服务和公益事业。”2010年，教育部颁发了《关于组织开展劳模进校园活动的通知》，通过弘扬劳模精神来加强对广大学生的劳动教育。2015年，根据习近平总书记关于劳动教育的重要讲话精神，教育部、共青团中央、全国少工委联合出台了《关于加强中小学劳动教育的意见》。

新中国七十多年的教育发展史充分表明，劳动教育是中国特色社会主义教育的重要内容，深刻影响社会主义建设者和接班人的劳动精神面貌、劳动价值取向和劳动技能水平。长期以来，各地区和学校坚持教育与生产劳动相结合，在实践育人方面取得了一定成效。但是，我们也要清醒地看到，近年来，一些青少年出现了不珍惜劳动成果、不想劳动、不会劳动的现象，劳动的独特育人价值在一定程度上被忽视，劳动教育正被淡化、弱化。对此，全社会必须高度重视，采取有效措施切实加强劳动教育。

为了适应新形势、新要求，构建德智体美劳全面培养的教育体系，2020年3月，《中共中央　国务院关于全面加强新时代大中小学劳动教育的意见》颁布，明确了全面加强新时代大中小学劳动教育的重大意义、指导思想、基本原则，为我国大中小学把握劳动教育基本内涵、明确劳动教育总体目标、设置劳动教育课程、确定劳动教育内容要求、健全劳动素养评价制度提供了根本遵循，就广泛开展劳动教育实践活动、着力提升劳动教育支撑保障能力、切实加强劳动教育的组织实施提出了要求，作出了部署。2020年7月，教育部颁布了《大中小学劳动教育指导纲要（试行）》，全面阐述了劳动教育性质和基本理念、劳动教育目标和内容，科学阐明了劳动教育途径、关键环节、评价机制，要求全国大中小学切实做好劳动教育的规划并加强实施，要求地方教育行政部门要加强对劳动教育工作的组织领导，加强条件保障、专业支持和督导评估，整体提高大中小学劳动教育质量和水平。《大中小学劳动教育指导纲要（试行）》是落实党中央、国务院关于加强劳动教育文件精神的行动方案。

为了深入贯彻中共中央、国务院和教育部有关劳动教育的文件精神，江西师范大学在第一时间迅速行动起来，集中各个院系、各个领域的专家，成功开设了采用线上线下混合教育模式的“劳动教育概论”课程。课程建设团队深入研究、及时总结、不断提高，在开展线上线下劳动教学实践的基础上，认真编写了《劳动教育概论》，以此促进广大青年大学生树立正确劳动观，大力弘扬劳动精神，提升法治意识能力，提高心理调适能力，掌握劳动创业技能。全书集中于劳动观教育、劳动精神教育、劳动法治教育、劳动心理教育、劳动技能教育五个方面，分八章进行系统论述。

全书坚持以习近平新时代中国特色社会主义思想为指导，全面贯彻《中共中央 国务院关于全面加强新时代大中小学劳动教育的意见》，认真落实教育部制定的《大中小学劳动教育指导纲要（试行）》，围绕立德树人的根本任务，充分体现马克思主义教育观、劳动观，着力培育和践行社会主义核心价值观，始终把握育人导向，严格遵循教育规律，力求体现时代特征，助力广大教师积极探索具有中国特色的劳动教育模式，教育引导学生弘扬劳动精神，崇尚劳动、尊重劳动，懂得劳动最光荣、劳动最崇高、劳动最伟大、劳动最美丽的道理，今后走上工作岗位能够辛勤劳动、诚实劳动、创造性劳动。

由于本教材内容横跨多个学科，要高质量地完成编写工作必须进行团队分工合作。经江西师范大学有关院系的慎重推荐，根据各位专家学者的研究专长，本书进行了如下分工（编者排名均以章节为序）：第一章由沈夏珠、姚岳军、曾水兵编写，陈雄编写了本章的专栏；第二章由王水兴、江家城编写，左剑峰编写了本章的专栏；第三章由徐磊、张业振编写；第四章由颜三忠、吴义太、徐江彬编写；第五章由刘庆玉编写；第六章由汤舒俊编写；第七章由季鹏编写；第八章由尤琳、詹强南编写。江西师范大学副校长周利生教授对全书进行了统稿、审读、校改。

江西师范大学及其有关职能部门、院系领导对本教材的编写工作高度重视，并给予了大力支持。高等教育出版社的有关领导、编辑老师对本教材的编写予以了悉心指导，表现出高度的专业精神、敬业精神，在此予以特别感谢！

受时间和水平所限，本教材必然还有诸多地方需要改进提高，欢迎广大读者指正！

编 者

2021 年 4 月

目　　录

第一章　劳动与劳动教育

本章目标

对劳动的内涵、劳动的分类、青年大学生的劳动素质等内容的学习，可提高大学生对劳动的理性认知水平，使其充分认识到劳动的重大作用以及积极进行劳动的重要意义，助其不断提高自身劳动素质。对劳动关系的本质及其认定、新时代中国特色和谐劳动关系的构建等内容的学习，为大学生今后走上工作岗位正确缔结劳动关系、积极构建和谐劳动关系提供指导。对劳动教育的内涵、价值、属性、特征等内容的学习，一方面，帮助大学生增进对劳动教育理论与实践的理解，从而形成正确的劳动教育观，懂得接受劳动教育的必要性、重要性，端正学习态度、提高学习效益；另一方面，帮助劳动教育课程教师准确地把握本课程的教学目标、教学内容，创新教学方法、提高教学质量。

导入案例

1969 年 1 月，我作为“黑帮子弟”，来到陕西延川县文安驿镇的梁家河插队落户。

离开京城，投入一个陌生的环境中，周围遭遇的又是不信任的目光，年仅 15 岁的我，最初感到十分的孤独。但我想，黄土高坡曾养育了我的父辈，她也一定会以自己宽大的胸襟接纳我这个不谙世事的孩子。于是，我真诚地去和乡亲们打成一片，自觉地接受艰苦生活的磨炼。几年中，我过了四大关：一是跳蚤关。在城里，从未见过跳蚤，而梁家河的夏天，几乎是躺在跳蚤堆里睡觉，一咬一挠，浑身发肿。但两年后就习惯了，无论如何叮咬，照样睡得香甜。二是饮食关。过去吃的都是精米细面，现在是粗粝的杂粮，可不久我便咽得下，吃得香了，直到今日，我对陕北乡村的饭菜还很有感情，就拿酸菜来说，多时不吃还真想它。三是劳动关。刚开始干活时，我挣 6 个工分，没有妇女高。两年后，我就拿到壮劳力的 10 个工分，成了种地的好把式。四是思想关。这是最重要的，我学到了农民实事求是、吃苦耐劳的精神。同时，乡亲们也逐渐把我看作他们中的一分子。我生活在他们中间，劳作在他们中间，已经不分彼此，他们对我坦诚相待，让我做赤脚医生，做记工员、农技员。20岁那年，又选我做大队党支部书记。我和社员一道打井、打坝、修公路，发展生产，改变家乡的面貌。我已认定，这里就是我的第二故乡。

1993年，我再回梁家河时，有的乡亲提到，当年我在村里创建铁业社，为村民增加了收入；我带领大家开挖出陕西第一口沼气池，让村民用沼气照明、做饭。可是，我所记得的，是他们曾经无私地帮助过我，保护过我，特别是以他们敦厚朴实的品质影响着我，熏陶着我的心灵。

15岁来到黄土地时，我迷惘、彷徨；22岁离开黄土地时，我已经有着坚定的人生目标，充满自信。作为一个人民公仆，陕北高原是我的根，因为这里培养出了我不变的信念：要为人民做实事！（资料来源：习近平，《我是黄土地的儿子》）

思考：

1. 看了习近平关于自己知青生活的回忆，你有何感想？

2. 你在人生成长过程中从事过哪些印象深刻的劳动，这些劳动生活对你有何影响？

3. 你有没有认真思考过劳动对于个人幸福、国家富强、民族复兴和人类发展的重大意义？

第一节　劳　动

一、劳动的内涵

劳动的内涵（视频）

劳动创造了人本身。恩格斯在《自然辩证法》中指出："政治经济学家说：劳动是一切财富的源泉。其实，劳动和自然界在一起才是一切财富的源泉，自然界为劳动提供材料，劳动把材料转变为财富。但是劳动的作用还远不止于此。它是一切人类生活的第一个基本条件，而且达到这样的程度，以致我们在某种意义上不得不说：劳动创造了人本身。"关于"劳动创造了人本身"这一观点，可以从三个方面去理解：一是劳动使得人的生命得以维持，生命的维持需要食物、御寒材料（衣服）、庇护设施（住所）等，这些生存必需品都必须通过劳动才能获得；二是劳动使得人的身体机能发生了进化，因为劳动的需要，人类学会了直立行走，灵活地使用双手劳动，不断地开发脑力，等等；三是劳动创造了人类的社会生活方式，因为劳动催生了合作的需要，随着合作范围的扩大，人获得了社会性。

劳动是人区别于其他动物的本质特征。人和其他动物一样，都是大自然的一部分，拥有相似的自然特征，受自然规律支配。自然特征并不是人的本质特征，只有那些属于且仅属于人类的特征才是人区别于动物的本质特征，比如：劳动。马克思说："蜘蛛的活动与织工的活动相似，蜜蜂建筑蜂房的本领使人间的许多建筑师感到惭愧。但是，最蹩脚的建筑师从一开始就比最灵巧的蜜蜂高明的地方，是他在用蜂蜡建筑蜂房以前，已经在自己的头脑中把它建成了。"也就是说蜜蜂的劳动是一种本能驱动，而建筑师的劳动是一种理性活动。"动物仅仅利用外部自然界，简单地通过自身的存在在自然界中引起变化；而人则通过他所作出的改变来使自然界为自己的目的服务，来支配自然界。这便是人同其他动物的最终的本质的差别，而造成这一差别的又是劳动。"（《马克思恩格斯文集》）

劳动创造了人本身，劳动是人区别于其他动物的本质特征，这些马克思主义论断充分阐明了劳动之于人类的重大意义、本质意义。那么，劳动到底是怎样的人类活动？马克思在《资本论》中阐明：劳动力的使用就是劳动本身，劳动首先是人和自然之间的过程，是人以自身的活动来中介、调整和控制人和自然之间的物质变换的过程。马克思的论断也表明，人类中介、调整、控制人和自然之间的物质变换过程的能力为劳动力，劳动力的使用就是劳动。

劳动是由多个要素构成的人类活动。最初的劳动是作为主体的人作用于作为客体的自然界的过程，人类通过这种活动实现物质转换，并服务于自身的目的。由此可知，劳动有两个最基本的要素：劳动者和劳动对象。在远古时期，当人类还不掌握制造和使用工具的技能的时候，只能单纯地依靠身体直接地作用于自然，这个时候的劳动是最简单的劳动，是劳动者（人）直接作用于劳动对象（大自然）的劳动。但是，当人类学会了制造和使用工具，就有了第三种普遍介入劳动要素，即劳动资料。从原始社会的打制石器（旧石器）到今天的超级计算机，都是劳动资料。马克思主义认为："劳动资料是劳动者置于自己和劳动对象之间、用来把自己的活动传导到劳动对象上去的物或物的综合体。"马克思主义关于劳动资料的定义超出了劳动工具的范畴，劳动资料包括劳动工具，也包括作用于劳动对象的其他"物或物的综合体"。比如粉刷工人刷墙，刷子是劳动工具，涂料不是劳动工具，但是刷子和涂料都是劳动资料，它们都是置于粉刷工（劳动主体）和墙（劳动客体）之间，把粉刷工的活动传导到墙上去的物或物的综合体。

劳动资料对于劳动而言，具有特别重要的意义，随着时代的发展，劳动的复杂程度不断提高，劳动资料对于劳动效率、劳动效益越来越具有决定性意义。马克思主义认为，各种经济时代的区别，不在于生产什么，而在于怎样生产，用什么劳动资料生产，劳动资料不仅是人类劳动力发展的测量器，而且是劳动借以进行的社会关系的指示器。劳动资料和劳动对象二者表现为生产资料，劳动本身则表现为生产劳动（《马克思恩格斯文集》）。概括地讲，劳动最初具有劳动者、劳动对象这两个基本要素，随着生产力的发展，出现了日益先进的劳动资料，介于劳动者和劳动对象之间，劳动者、劳动资料、劳动对象是劳动的基本构成要素。对于生产劳动而言，劳动资料、劳动对象均属于生产资料。

劳动是由劳动者、劳动资料、劳动对象等要素构成的；但是，当它们各自孤立存在的时候，它们并不是劳动者、劳动资料、劳动对象，只有当它们融入劳动过程中并发挥其作用与功能的时候才成为劳动者、劳动资料、劳动对象。马克思主义认为，劳动过程是制造使用价值的有目的的活动，是为了人类的需要而对自然物的占有，是人和自然之间的物质变换的一般条件，是人类生活的永恒的自然条件，因此，它不以人类生活的任何形式为转移，倒不如说，它为人类生活的一切社会形式所共有（《马克思恩格斯文集》）。在劳动过程中，人的活动借助劳动资料使劳动对象发生预定的变化。过程消失在产品中，它的产品是使用价值，是经过形式变化而适合人的需要的自然物质（《马克思恩格斯文集》）。

总之，马克思主义认为，劳动创造了人本身，劳动是人区别于其他动物的本质特征；人类中介、调整、控制人和自然之间的物质变换过程的能力为劳动力，劳动力的使用就是劳动；劳动包含劳动者、劳动资料、劳动对象等因素，它们共同融入劳动过程中并发挥各自作用与功能；劳动过程就是通过劳动制造使用价值的过程。

专栏 1-1

中华民族劳动文化的渊源

中华民族有着悠久的劳动文化。传说有巢氏观察树上鸟类修筑巢穴，在巢里面生活温暖安全，他就模仿鸟类，带领人们在树上结巢而居，所以被称为有巢氏。我国有两座非常有名的建筑，2008 年奥运会的主场馆鸟巢，2019 年世界园艺博览会的中国馆，这两栋著名的建筑，就运用了我们古老的巢居智慧，同时也体现了我们当今大国工匠精神！

传说燧人氏发明了人工取火，这是人类与动物界相分离的重要标志。随着时间的推移，烹调食物就成为一种专门的技艺和劳动方式，后来出现了庖人、庖厨、庖夫，现在称为厨师。《韩非子·五蠹》对此有一个评介："有圣人作，钻燧取火，以化腥臊，而民说之，使王天下，号之曰：燧人氏。"

传说燧人氏之子伏羲氏，模仿蜘蛛，将绳子打结，制成网的形状，然后用它来捕鱼。从有巢氏到燧人氏，再到伏羲氏，表明我国在远古时代还是一个渔猎社会。到神农氏时，传说他种植五谷，又模仿野猪拱土，制作农业生产工具——耒耜。《周易·系辞》评介说："包牺氏没，神农氏作，斫木为耜，揉木为耒，耒耜之利，以教天下。"

到黄帝时期，黍、稷、菽、麦、稻五谷开始被种植，一些动物也开始被驯化，人们开始养蚕、织布，古老的农业、畜牧业、手工业开始出现。

《史记·五帝本纪》评介黄帝曰："劳勤心力耳目。"劳是劳动、劳力、劳心，勤是勤奋、勤勉、殷勤，心是大脑的智慧、脑力劳动，力是力气、能力，耳是听觉，目是视觉。这是说黄帝用尽了浑身力气，勤勤勉勉，用尽了心思。不仅如此，还有更难能可贵的地方，据《史记》记载，黄帝还"节用水火财物"。令人惊讶的是，早在五千年前，中华民族的先祖就已经有了保护生态的意识，已经有了可持续发展的观念。这样优秀的劳动文化，我们有什么理由不去接受、不去传承呢？

尧舜禹时期，有了管理劳动的专门官员。虞舜问他的臣子们谁能够担任管理手工业的官员，大家都说垂可以，于是就以垂为共工。这个共工不是神话故事里那个共工，而是一个官职的名字，专门管理手工业。虞舜又问谁能够管理山泽，大家都说益可以，于是就以益为朕虞，朕虞就是管理林业、畜牧业的专门官员。还有最重要的农业，舜帝对弃说，现在老百姓都饿着肚子，你来做后稷这个专门管理农业劳动的官员，教会民众怎么样去种地，让我们的农业生产兴盛起来。《史记》里面有个评价，说这些人"咸成厥功"：垂掌管手工业，使得百工致功，日常所需要的劳动资料都有了，够用了，超额完成任务；益掌管林业、畜牧业，树木生长茂盛、牲畜肥壮；弃掌管农业，五谷长得非常好，大家都吃饱穿暖了。在虞舜的时候，劳动文化被制度化了。

中华民族的劳动文化源远流长，从远古时期有巢氏结巢而居开始，经燧人氏、伏羲氏、神农氏、轩辕氏、陶唐氏和有虞氏的发展，中华文明实现了由游牧文明向农耕文明的转型，农业、畜牧业、手工业相继发展起来，到西周时期，古代劳动文化实现了礼乐的制度化转向，社会上下在浓郁的劳动氛围中构成和谐的秩序。

二、劳动的分类

根据不同的标准，劳动可分为不同的类型，最为常用的劳动分类方法有如下五种：根据劳动者所使用的主要劳动力形态，劳动可分为体力劳动和脑力劳动；根据劳动对劳动者的知识技能的要求，以及劳动过程所消耗的劳动者的体力、脑力程度，劳动可分为简单劳动和复杂劳动；根据劳动与商品的关系，劳动可分为具体劳动和抽象劳动；根据劳动者基于劳动力价格所要进行的劳动的必要性，劳动可分为必要劳动和剩余劳动；根据劳动者作用于劳动对象的方式，劳动可分为常规劳动和创新劳动。

（一）体力劳动和脑力劳动

严格意义上说，并不存在纯粹的体力劳动和脑力劳动，所有的体力劳动都需要一定的脑力参与，所有的脑力劳动也要消耗体力，将劳动区分为体力劳动和脑力劳动，主要基于在一项具体的劳动中，劳动者主要依靠的是体力还是脑力，即劳动者所使用的主要劳动力形态是体力还是脑力。正如马克思所说：“单个人如果不在自己的头脑的支配下使自己的肌肉活动起来，就不能对自然发生作用。正如自然机体中头和手组成一体一样，劳动过程把脑力劳动和体力劳动结合在一起了。”中国古代思想家孟子讲“劳心者治人，劳力者治于人”，这种观点有为封建统治阶级辩护的糟粕性，政治的进步应该立足于促进劳心者、劳力者发展，即一切劳动者都能够自己当家作主，实现人民民主，而不是固化“劳心者”天然处于统治地位，“劳力者”天然处于被统治地位的阶级统治。但是，孟子这种将劳动区分为“劳心”“劳力”两种形态的思想也具有一定的科学性，与马克思主义将劳动区分为脑力劳动、体力劳动具有耦合性。

专栏 1-2

先秦诸子的劳动思想

农家学派的代表人物是许行，他认为天子、诸侯、大夫等贵族也要亲自耕作，自己养活自己，这是农家的观点。

道家代表人物老子认为：作为统治者，千万不要去干预民众的劳动。“夫代大匠斫者，希有不伤其手矣。”大匠是什么？就是工匠，有雕琢玉石的工匠，有建筑的工匠，有做木器的工匠，还有做金属器具的工匠。农民知道农田该怎么种，工匠也自然知道这个器物该怎么去雕琢。统治者不要去干涉民众的劳动，让他们自己发挥自己的能动性，这是道家“无为而治”的劳动管理思想。

儒家代表人物孟子的核心理念是“仁政”，而保障人民的劳动权益又是孟子仁政理念的核心内涵。作为一个君主，想要称王于天下，就要实行仁政，要以劳动为中心，不要违背农业时令，该播种的时候播种，该收获的时候收获，这样粮食就够吃了。太细的网不要进入池塘里面，小鱼要留下来，不能全部捕捉，要让一部分鱼逃走，这样的话，鱼肉就吃不完了，这正是一种可持续发展的观念。春天与夏天是树木生长的季节，不要去砍伐树木，应按照时令砍柴、打猎，这样的话，木材就用不完了。老百姓生存不成问题了，这时候再用学校来教育他们，告诉他们什么是孝，什么是悌，如此，白发苍苍的老人就不会独自扛着重物在街上行走，自然会有人帮忙，标志着人们的道德水平普遍提高了一个层次。孟子还提出来一个很关键的问题：脑力劳动也是劳动。

墨家的代表人物墨翟是平民出身，所以他的很多思想都是从底层百姓的角度提出来的。他倡导大家要节约，不能像那些贵族一样去浪费。墨子认为：工匠制作我们平时生活所用的器物，从事生产劳动所用的工具，够用就行了，不要浪费。用我们今天的话来讲，其实就是为了避免“产能过剩”。食物也是一样的，够吃就行了，不要过分去追求食物的极致美味。穿衣服也是这样，冬天穿的衣服又轻又暖，夏天穿的衣服又薄又凉快就行了，不要去追求各种各样的装饰，也不要去追求奇装异服。总体来说，墨家代表了广大劳动阶层的利益，重视劳动者的权益。

春秋战国时期，是古代劳动思想的大迸发时期，诸子百家的主要流派，都对劳动提出了自己的思考。这些思想是我们古代劳动文化的精髓，值得我们去传承发展。

（二）简单劳动和复杂劳动

马克思主义认为，简单劳动是每个没有任何专长的普通人的机体平均具有的简单劳动力的耗费。复杂劳动是比社会平均劳动较高级、较复杂的劳动，这种劳动力比普通劳动力需要较高的教育费用，它的生产要花费较多的劳动时间，因此，它具有较高的价值。复杂劳动力的价值较高，还因为它在同样长的时间内物化为较多的价值。复杂劳动只是自乘的或多倍的简单劳动，因此，少量的复杂劳动等于多量的简单劳动。中国坚持按劳分配为主体、多种分配方式并存的分配制度，此处的“劳”是广义上的劳动。“在劳动、资本、知识、技术、管理、数据等要素参与的收入分配制度中，所谓按劳分配的‘劳’，不只是指生产一线的直接劳动者的劳动，还有技术、知识、管理、数据的劳动，这些劳动属于复杂劳动。只有复杂劳动的报酬得到体现，连同生产一线的劳动者的报酬加起来能够体现按劳分配为主体。”[①]相比于简单劳动，富含知识技术的复杂劳动在按劳分配原则下得到更多的劳动报酬，这是坚持按劳分配制度的应有之义，也是支持和导向劳动者积极提高自身知识技术水平的必要之举。

（三）具体劳动和抽象劳动

马克思认为，抽象劳动是“无差别的人类劳动的单纯凝结，即不管以哪种形式进行的人类劳动力耗费的单纯凝结”。抽象劳动是对具体劳动的抽象，具体劳动的存在是抽象劳动的前提条件，没有具体劳动就不会有抽象劳动。马克思认为：“一切劳动，一方面是人类劳动力在生理学意义上的耗费；就相同的或抽象的人类劳动这个属性来说，它形成商品价值。一切劳动，另一方面是人类劳动力在特殊的有一定目的的形式上的耗费；就具体的有用的劳动这个属性来说，它生产使用价值。”也就是说，一切劳动都是人类劳动力在生理学意义上的耗费，因此它们都具有共性，正是基于这种共性，所以存在一种超越各种劳动差异性的抽象劳动，这种抽象劳动形成商品的价值，基于价值形成价格，才能通过商品交换实现各种劳动交换。如果没有统一的抽象劳动，就无法形成商品价值、价格，就无法达成商品交换、劳动交换，没有交换就无法形成分工，没有分工就没有劳动的专业化发展，生产力发展就会停滞。由此可见，生产使用价值的具体劳动是首要的，没有具体劳动就不会有劳动产品——商品的前身；抽象劳动也是重要的分析概念，没有抽象劳动就无法衡量商品价值、确定商品价格、进行商品交换，就没有促进生产所必需的繁荣的市场。

（四）必要劳动和剩余劳动

马克思主义政治经济学将劳动分为必要劳动和剩余劳动。劳动者为了维持劳动力以及劳动力再生产，需要一定量的社会产品，这部分产品称为必要产品。生产必要产品所耗费的劳动称为必要劳动。从事这种劳动的时间称为必要劳动时间。必要劳动时间的长短一方面取决于必要产品的数量和范围，另一方面取决于劳动生产率的高低。在必要产品的数量和范围为既定的条件下，劳动生产率是决定必要劳动时间长短的主要因素。剩余劳动是必要劳动的对称，是指超过维持劳动力和劳动力再生产所需要的劳动，是指超出必要劳动时间以外的劳动，这种劳动生产的是剩余产品，剩余产品中凝聚着剩余价值。必要劳动与剩余劳动、必要劳动时间与剩余劳动时间、必要产品与剩余产品、价值与剩余价值，都是马克思主义政治经济学的核心概念，是揭开资产阶级剥削秘密的钥

① 洪银兴：《社会主义基本经济制度的创新和优势》，《红旗文稿》，2020 年第 1 期。

匙。在私有制社会中，剥削者占有剩余价值，并以占有剩余价值为目的组织生产、扩大生产。

（五）常规劳动和创新劳动

劳动者的劳动能力素质各不相同，因此，面对同样的劳动资料、劳动对象，作用方式不尽相同。基于既有的知识、技术、经验进行的劳动，称为常规劳动；基于既有的知识、技术、经验创造出新知识、新技术、新经验，并将其运用于劳动过程、提升效率和效益的劳动，称为创新劳动。在私有制社会中，创新劳动在相同的条件下、在相同的时间内能够比常规劳动创造更多的价值，从而缩短必要劳动时间，延长剩余劳动时间，创造出更多的剩余价值。因此，资产阶级一方面出于追求更多的剩余价值的动力，另一方面是出于激烈的市场竞争压力，都会不遗余力地推动创新劳动。但是，这种创新劳动对于工人阶级来说没有实质意义，工人不能从这种创新中获得更多的劳动报酬，创新劳动创造的更多的剩余价值将被资本家全部占有，它只会让工人阶级之间产生更加激烈的竞争，甚至因为创新劳动而导致大量工人失业。当然，即便是在私有制社会中，创新劳动在客观上仍然会不断推动社会生产力发展。在公有制条件下，创新劳动生产出更多的价值为社会所占有，社会发展基金就会更加充裕，社会发展条件就会更好，劳动者将会在这种创新劳动中普遍受益。

三、青年大学生要努力提高劳动素质

劳动素质是指劳动者进行劳动所应具备的知识、认识、体能、技能和精神等要素。比如：体能作为一种劳动素质，人与人之间存在一定的差别，但是通过体育锻炼，可以不断提高。一个青年大学生可以通过学习劳动理论，不断提高劳动认识；通过体育锻炼，不断提高体能；通过劳动实践和专业知识学习，不断提高劳动技能。积极学习与弘扬劳动精神、劳模精神、工匠精神的过程，就是提高劳动素质的过程。青年大学生在校学习期间，重点在提高自身的劳动素质，但也要有适当的劳动作为，通过积极参与劳动提高劳动素质。

（一）养成自觉劳动意识

人类社会发展史充分表明，劳动是人类维持生存和生活、保持进化和进步的根本手段。没有劳动就没有人类，就没有人类文明。诚如习近平总书记所讲："人类创造的各种文明都是劳动和智慧的结晶。""人类是劳动创造的，社会是劳动创造的。""劳动是推动人类社会进步的根本力量。"中华文明是人类历史上最伟大的文明之一，它是中华儿女劳动和智慧的结晶。新时代要建设社会主义物质文明、政治文明、精神文明、社会文明、生态文明，同样需要依靠劳动。全面建成小康社会，进而建成富强民主文明和谐美丽的社会主义现代化强国，根本上靠劳动、靠劳动者创造。因此，无论时代条件如何变化，我们始终都要崇尚劳动、尊重劳动者，始终重视发挥工人阶级和广大劳动群众的主力军作用。概而言之，劳动之于人类文明、中华文明具有重要意义，劳动是改变个人命运、国家命运、民族命运、人类命运的根本力量。新时代的青年大学生必须充分认识劳动作用，养成自觉劳动意识，认识到劳动是财富的源泉，也是幸福的源泉。人世间的美好梦想，只有通过诚实劳动才能实现；发展中的各种难题，只有通过诚实劳动才能破解；生命里的一切辉煌，只有通过诚实劳动才能铸就。

（二）不断提高劳动技能

中国古代的神话传说“盘古开天地”“女娲补天”“有巢氏造屋”“燧人氏钻木取火”“伏羲氏结网渔猎”“神农氏遍尝百草”“黄帝造轩辕”“大禹治水”“精卫填海”“愚公移山”等，都讴歌了劳动创造和改造天地万物的伟大力量。可以讲，人类历史就是人类通过劳动认识、改造世界的历史。劳动是人类认识、改造世界的基本方式，人类认识、改造世界都是通过脑力或体力劳动进行的，离开劳动，人类就无法适应和作用于外在客观世界。既然劳动是认识、改造世界的基本方式，那么，为了更好地认识、改造世界就必须不断提高劳动技能。要不断提高劳动技能，就必须发展科学技术。邓小平同志指出：“科学技术是第一生产力。”科学发现、科技发明及其效用的产生，都取决于并反作用于人类的脑力或体力劳动，科学技术在劳动中产生，并推动劳动生产率的提升，即为了更好地进行脑力和体力劳动，甚至在一定程度上替代人类的脑力和体力劳动，以便更好地创造人民美好生活，实现人类文明的永续发展。鉴于劳动是人类认识、改造世界的基本方式，科学技术代表着人类认识、改造世界的能力水平，所以人类社会必须不断推进科学技术发展，广大青年大学生必须努力掌握先进科学技术，不断提高劳动技能，否则就不能更好地认识、改造世界。

（三）大力弘扬劳动精神

崇尚劳动是中华民族的传统美德。“一勤天下无难事”“民生在勤，勤则不匮”“功崇惟志，业广惟勤”“天道酬勤”“勤能补拙”“一生之计在于勤”，这些耳熟能详的话语都深刻反映了中华民族对勤劳美德的崇尚，对劳动作用的深刻认识。中国人民在中国共产党的坚强领导下，在革命、建设、改革事业的历史进程中，始终大力弘扬劳动精神、劳模精神、工匠精神，不断创造伟大劳动成果。习近平总书记指出，“爱岗敬业、争创一流，艰苦奋斗、勇于创新，淡泊名利、甘于奉献”的劳模精神，丰富了民族精神和时代精神的内涵，是我们极为宝贵的精神财富。新时代要继续弘扬劳动精神、劳模精神、工匠精神，让全体人民牢固树立劳动最光荣、劳动最崇高、劳动最伟大、劳动最美丽的观念，进一步焕发劳动热情、释放创造潜能，通过劳动创造更加美好的生活。任何一名劳动者，要想在百舸争流、千帆竞发的洪流中勇立潮头，在不进则退、不强则弱的竞争中赢得优势，在报效祖国、服务人民的人生中有所作为，就要孜孜不倦学习、勤勉奋发干事。一切劳动者，只要肯学肯干肯钻研，练就一身真本领，掌握一手好技术，就能立足岗位成长成才，就都能在劳动中发现广阔的天地，在劳动中体现价值、展现风采、感受快乐。

（四）提高维权意识能力

习近平总书记指出，对幸福生活的追求是推动人类文明进步最持久的力量，享有更好的教育、更稳定的工作、更满意的收入、更可靠的社会保障、更高水平的医疗卫生服务、更舒适的居住条件、更优美的生产生活环境，是中国人民和世界人民的共同梦想。习近平总书记也特别强调："人世间的一切幸福都需要靠辛勤的劳动来创造的。""幸福不会从天而降，梦想不会自动成真。实现我们的奋斗目标，开创我们的美好未来，必须紧紧依靠人民、始终为了人民，必须依靠辛勤劳动、诚实劳动、创造性劳动。我们说'空谈误国，实干兴邦'，实干首先就要脚踏实地劳动。"由于劳动是创造人民美好生活的唯一手段，所以我们一定要适应改革开放和发展社会主义市场经济的新形势，从政治、经济、社会、文化、法律、行政等各方面采取有力措施，促进社会公平正义，实现好、维护好、发展好最广大人民根本利益，特别是要实现好、维护好、发展好广大普通劳动者根本利益。一方面，党和国家要实施积极的就业政策，创造更多就业岗位，改善就业环境，提高就业质量，不断增加劳动者特别是一线劳动者劳动报酬；另一方面，要最大限度增加和谐因素，最大限度减少不和谐因素，构建和发展和谐劳动关系，促进社会和谐，要依法保障职工基本权益，健全劳动关系协调机制，及时正确处理劳动关系矛盾纠纷。广大青年大学生作为未来的劳动大军，在校时就要养成维护合法劳动权益的基本意识和必要能力。

习近平总书记在纪念五四运动100周年大会上发表重要讲话时指出，广大青年"面对复杂的世界大变局，要明辨是非、恪守正道，不人云亦云、盲目跟风。面对外部诱惑，要保持定力、严守规矩，用勤劳的双手和诚实的劳动创造美好生活，拒绝投机取巧、远离自作聪明"。青年大学生是党和人民事业的后继者，是国家和民族的未来，他们能否深刻认识劳动之于国家事业和个人发展的重大作用，能否通过勤奋学习不断提高劳动技能，能否大力弘扬劳模精神和劳动精神，能否坚持通过辛勤智慧的劳动来创造美好生活，关系到党和人民事业兴衰，关系到强国战略的实施和复兴梦想的实现，也关系到、决定着亿万青年自身的人生事业与人生幸福。

新时代的新青年，一定要牢记习近平总书记的谆谆教诲，努力通过辛勤劳动、诚实劳动、创造性劳动克服人生道路上的一切困难，以劳动为桥梁和纽带，将个人梦和中国梦牢牢地连接在一起，与祖国同成长、共进步。

第二节　劳动关系

一、劳动关系的本质及其认定

（一）劳动关系概念

董保华在《劳动法论》一书中对劳动关系定义做了系统梳理后认为，劳动法所调整的劳动关系可概括为：劳动者与用人单位之间为实现劳动过程而发生的劳动力与生产资料相结合的社会关系。王全兴认为，作为劳动法调整对象的劳动关系，是指劳动力所有者（劳动者）与劳动力使用者（用人单位）之间，为实现劳动过程而发生的一方提供劳动力由另一方用于同其生产资料相结合的社会关系。目前学术界通说的观点是："劳动关系是指劳动者与用人单位在实现劳动过程中所构成的社会经济关系，体现的是劳动者和生产资料的结合，是生产关系的重要组成部分，是最基本、最重要的社会关系之一。"在现实生活中，几乎每一个劳动者都要与用人单位形成劳动关系。不管是公有制企业、非公有制企业，还是事业单位，都要形成劳动关系。劳动关系以劳动合同的形式，规定了劳动者在企业或者事业单位的义务和权利，即劳动者遵守、履行企业或事业单位相关规定和义务，享受企业或者事业单位的劳动报酬。劳动者在履行义务与享受相关待遇的过程中，既体现了劳动者在企业或事业单位的经济、政治地位以及所在单位的分配形式，也体现了该社会的性质——生产关系。这就是说，一个社会的劳动关系将该社会抽象的生产关系的重要内容显性化，变成普通人都能看得见、摸得着的东西了。因此，一个社会的性质——生产关系，主要是通过劳动关系这个中介，这个生产关系的重要内容，让人们感觉到它的存在。

专栏 1-3

"签约"就意味着"聘用"吗？

美甲师冯某一直以为自己与某生活服务平台存在劳动关系。然而，在离职时，她想确认这层关系，却遇到了难题。冯某与该网络平台签订了《信息服务协议》，协议约定了合作内容、期限、权利义务等内容。冯某认为，自己通过入职面试和培训进入平台担任美甲师，平台向她支付了工资并进行了管理，因此，自己与平台构成劳动关系。而平台却认为，二者之间系合作关系而非劳动关系："我们根据美甲师的地理位置进行优先推送，美甲师可以自行选择接单或者拒单，公司也不对美甲师进行考勤管理，不安排美甲师的休息时间。"冯某和平台的纠纷最终闹上了法庭，法院驳回了冯某的诉讼请求。与此相类似的是厨师孙某为了与某互联网私厨平台确认双方之间具有劳动关系，也诉至了法庭。据悉，孙某经过面试、"试菜"后凭身份证、健康证等入职平台，双方约定了工资、考勤、工作要求等内容。但是，在入职两个月后，该网络平台要求孙某签订《合作协议》，协议内容否认双方劳动关系，从而使孙某仅仅成为这个互联网私厨平台的兼职抢单厨师，底薪为零，仅发放提成。孙某感到自己的权利受到很大损失，也将此互联网平台告上法庭，要求平台确认双方的劳动关系。然而，该网络平台认为，自己只是信息提供方，与孙某签订的《合作协议》已明确双方不是劳动关系。与冯某不同，孙某的诉讼请求却得到了法院的支持。

思考：

劳动关系到底是什么呢？怎样正确理解劳动关系？

（二）劳动关系的本质特征与实质

1. 劳动从属性是劳动关系的本质特征

马克思最早提出市场条件下工人与资本的关系是从属关系。"劳动力是一种特殊的商品，劳动力的价值和劳动力的使用价值是两个不等的量。在流通领域，劳动力的买者和卖者缔结契约时，双方是自由平等的。但是资本家在交易中支付的只是劳动力的价值、劳动者出卖一定时间的劳动力以后，这个劳动力就属于资本家的；在劳动力的消费中，二者的地位却完全不同了。"因此，这种交换本质上是极不平等的。但是，剥削阶级可以用花言巧语把这种绝对的从属关系描绘成买者和卖者之间的自由契约关系，描绘成同样独立的商品所有者即资本商品所有者和劳动商品所有者之间的自由契约。从马克思的论述中不难看出，从属劳动构成了劳动关系与其他社会关系相区别的根本特征，因而劳动的从属性也成了认定劳动关系的根本标志。

从属劳动，目前主要从人格从属性、经济从属性和组织从属性三个方面予以判断。人格从属性又以以下三种权力所体现：指挥权、监督权和惩戒权。给劳动者分配任务并给雇员以命令和指示的权力，即指挥权；对雇员履行任务和对命令、指挥的遵守进行监督的权力，即监督权；对分配任务不适当或疏忽履行，以及对违反给定任务和指示的行为进行惩罚的权力，即惩戒权。指挥权为雇主在从属性劳动中最本源性的权力，是人格从属性最重要的特征。雇主的指挥权包括由雇主决定雇员从事何种工作、完成工作的手段、工作时间的指定和工作地点的安排。当用人单位具备相当规模时，指挥权则更多透过管理体系和工作规则，以整体的分工来决定雇员的劳务给付方式。我国《关于确立劳动关系有关事项的通知》规定的劳动关系认定标准之一，“用人单位依法制定的各项劳动规章制度适用于劳动者，劳动者受用人单位的劳动管理，从事用人单位安排的有报酬的劳动”，即从属性指挥权之体现。与人格从属性不同，经济从属性主要包括经济资源上的依赖性、雇员无须承担经营风险、经济地位上的弱势性。组织从属性一般被理解为雇员在用人单位组织内部，雇员给付的劳动为雇主组织生产、经营过程中不可欠缺的一环。《关于确立劳动关系有关事项的通知》中，“劳动者提供的劳动是用人单位业务的组成部分”的规定即将组织从属性作为劳动关系认定的必要要素之一。

2. 劳动关系实质是受法律保护的双方的权利义务关系

劳动关系是一种特殊的受劳动法调整的劳动法律关系。这种法律关系中，劳动者为了获得相应的报酬，就需要承担提供劳动的义务。劳动具有自身独特的属性：一方面，劳动的给付是商品生产的一个环节，用人主体接受劳动给付的目的是获得商品，为了获得理想的商品，雇主必然要将个别的劳动者编入一定的生产组织秩序中以实现对劳动者劳动行为的支配与管理；另一方面，劳动是劳动者对个人人身自由的支配，劳动者接受雇主对其劳动的支配就自然体现在对雇主指挥安排的服从上，这就是劳动关系中人身、组织从属性的本质。同时接受劳动的一方也需要承担保护劳动者合法权利的义务。

（三）劳动关系、事实劳动关系及其认定

1. 劳动关系认定

雇佣（劳动）关系从属性，是劳动法产生、发展、适用的原点性问题。我国劳动法对劳动关系成立与认定并未规定明确标准，实践中以《关于确立劳动关系有关事项的通知》作为司法裁量依据。在理论研究上，学界基本承继大陆法系劳动关系从属性理论，总体上以人格、经济、组织从属性为主要认定标志。从拥有成熟理论积累与司法适用的国家（地区）经验看，在劳动关系的认定上“不存在适用于所有行业和岗位的判断标准，要在具体个案中综合考虑所有相关情况判断做出总体评价”，要考量不同行业和工种的差异，灵活地决定哪些因素将占较多的权重，从属性的解释亦以综合判断说为主流。

2. 事实劳动关系及认定

在现实生活中，劳动关系的具体情形复杂多样，因此不论理论界还是实务界对何谓“事实劳动关系”一直存在分歧，这些分歧大致分为以下四种观点：

第一种观点认为事实劳动关系指，虽然雇主与雇员在建立或变更劳动关系时并未签订书面劳动合同，但是雇员根据雇主指示付出劳动，同时雇主根据雇员所付出劳动支付其相应劳动报酬，双方之间虽欠缺书面劳动合同这一形式要件，事实上却仍然存在劳动权利义务关系。

第二种与前述观点完全相反，认为事实劳动关系应是一种不符合法定模式的劳动关系，具体指雇员和雇主之间虽然具备劳动合同，但劳动合同缺乏有效要件，并非缺少书面形式，其理由在于即使缺少书面形式，但雇员和雇主双方通过具体用工行为，从而以默示形式达成劳动合同，而这种默示形式效力值得认可。

第三种观点融合前两种观点，认为事实劳动关系包括欠缺书面形式劳动关系和劳动合同无效的劳动关系两种类型。

第四种观点则在三种观点基础上认为，事实劳动关系不应包括劳动合同因违反法律法规强制性规定或违背公序良俗导致绝对无效的劳动关系，故依其观点，事实劳动关系指欠缺书面要件或劳动合同部分无效的劳动关系。

3. 事实劳动关系的认定标准

（1）原劳动和社会保障部曾在 2005 年下发过相关事项通知《关于确立劳动关系有关事项的通知》，其中涉及确定事实劳动关系成立标准。其以构成要件的形式规定了劳动关系从属性的构成须符合“劳动者受用人单位的劳动管理”“劳动者从事用人单位安排的有报酬的劳动”“劳动者提供的劳动是用人单位业务的组成部分”三大要件，司法实践采取了“非黑即白”的针对要件的认定模式。

（2）以劳动法律关系的基本特征为认定标准。

事实劳动关系是劳动关系下位形态之一，若构成事实劳动关系，那么也就必须满足劳动关系成立标准，即符合劳动关系构成要件，也就是劳动法律关系基本特征。故在我国审判实务当中，有相当法院将是否具备劳动法律关系基本特征作为认定事实劳动关系是否成立的标准。

（3）以劳动法律关系的本质特征——劳动从属性作为认定事实劳动关系的标准。

当前市场经济下劳动关系呈复杂化、多元化、模糊化、劳务化之趋势，仅凭单一的标准对劳动关系作出认定，变得日益困难。“在单个劳动领域的不同的事实和经济情况会提供给我们一个僵化的判断。因此，为确定一个雇员的劳动关系身份，既不必要求他不受限制的符合所有特征，也不必要求所有特征始终存在。”

这就要求我们与时俱进，透过现象，深入认识事物之本质，综合各个判断标准，根据具体案例作出具体判断。劳动关系认定和判断的依据应当是社会公共利益的需要，也就是在国家意志作出对于这一关系的当事人何者有利的选择时，其依据应当是这一选择的作出是否可以增进公共利益，是否有利于社会的进步与和谐发展。

二、新时代中国特色和谐劳动关系的构建

马克思主义认为，生产关系是人们在物质资料的生产过程中形成的社会关系，是生产方式的社会形式。主要包括生产资料归谁所有，产品如何分配以及人们在生产中的地位和相互关系。其中，三者的地位不同，起决定作用的是生产资料所有制，它决定着产品如何分配以及人们在生产中的地位和相互关系。当然，后者也不是完全消极、被动的，它对生产资料所有制形式也具有一定的反作用。劳动关系包含在生产关系之中，生产关系决定劳动关系，劳动关系反作用于生产关系。我们国家的劳动关系由我国生产关系决定，劳动关系也会直接作用于我国的生产关系，因此，我国劳动关系治理的效果，也直接关系到现实社会的生产关系，关系到人民群众对现实社会的认可程度。

（一）新时代中国特色和谐劳动关系理论的背景

中国特色社会主义进入新时代，但我国社会仍处于社会主义初级阶段，社会主要矛盾为人民日益增长的美好生活需要和不平衡不充分的发展之间的矛盾，决定了我国必须开创劳动关系的和谐良好局面。

我国正处于开启全面建设社会主义现代化国家新征程、向第二个百年奋斗目标进军的重要战略机遇期。但是“安而不忘危，存而不忘亡，治而不忘乱”，党中央一直高度重视构建和谐劳动关系及维护国家安全和社会长期稳定的工作。

当前我国劳动关系出现了新变化、新挑战。近年来，受互联网、物联网、大数据、人工智能等科技创新的冲击和经济增长速度放缓、产业结构转型升级等因素的影响，我国劳动关系领域出现了许多新的变化，呈现出一些新的特点，发展和谐劳动关系面临不少新问题和新挑战。劳动关系主体成分和劳动力市场供求关系发生变化，劳动力供给呈现出总体过剩与结构性短缺并存的态势。长期以来，我国一直存在劳动力资源相对过剩和资本资源相对短缺的问题，造成我国劳动力市场长期呈现“强资本、弱劳动”的状态。但是当前劳动力市场“强资本、弱劳动”格局已出现动摇、变化现象。新行业、新业态快速发展，共享经济、零工经济的出现，使用人单位的用工管理和劳动者的劳动形态发生深刻变化，对构建和

谐劳动关系提出新的更高要求。劳动争议数量在高位徘徊，劳动争议特别是集体劳动争议多发仍将成为劳动关系领域一个突出现象，甚至成为影响我国社会发展和稳定的突出问题。

（二）新时代中国特色和谐劳动关系理论的形成过程

早在 2006 年党的十六届六中全会上通过的《关于构建社会主义和谐社会若干重大问题的决定》（以下简称《决定》），针对当时我国劳动关系存在的许多不和谐因素，如企业缺乏社会责任感，职业卫生状况和劳动条件恶劣，强迫超时加班，劳动合同内容不规范、期限短、签订率低，企业拖欠和克扣职工工资，分配机制不完善，劳动监察和争议调处力度不够，群体性事件时常发生，为保障社会公平正义，完善社会管理，该《决定》首次提出“发展和谐劳动关系”，并将其作为推进以改善民生为重点的社会建设、构建和谐社会的重要任务。党的十七届五中全会进一步强调“构建和谐劳动关系”。从此以后，“构建和谐劳动关系”就作为一个比较固定的概念出现在了相关政策性文件中。

2011 年 8 月，全国构建和谐劳动关系先进表彰暨经验交流会在北京举行。这是改革开放以来第一次研究部署和谐劳动关系构建的全国性工作会议，首次将构建和谐劳动关系视为一项紧迫而重要的政治任务，事关党的执政基础的稳固。习近平出席了这次会议并做了重要讲话，指出构建和谐劳动关系的重要性和必要性，构建和谐劳动关系，是建设社会主义和谐社会的重要基础，是增强党的执政基础、巩固党的执政地位的必然要求，是坚持中国特色社会主义道路、贯彻中国特色社会主义理论体系、完善中国特色社会主义制度的重要组成部分，其经济、政治、社会意义十分重大而深远。习近平的讲话为构建和谐劳动关系工作提供了遵循。

党的十八届三中全会从全面深化改革的角度对构建和谐劳动关系作出了重要部署。2015 年 3 月，《中共中央　国务院关于构建和谐劳动关系的意见》正式发布，指出了“在新的历史条件下，努力构建中国特色和谐劳动关系”的意义，明确提出“推动中国特色和谐劳动关系的建设和发展”的目标任务。明确了和谐劳动关系的构建目标是实现“建立规范有序、公正合理、互利共赢、和谐稳定的劳动关系”。这一文件成为新时代我国劳动关系领域的纲领性文件，为调节我国劳动关系矛盾，构建和谐劳动关系提供了原则性与方法性指导。在这个文件中，中央首次正式提出“构建中国特色和谐劳动关系”这一重要命题。

党的十九大再次强调要构建和谐劳动关系，并将劳动关系纳入加强和创新社会治理的框架，要求“完善政府、工会、企业共同参与的协商协调机制，构建和谐劳动关系”。

党的十九届四中全会通过的《中共中央关于坚持和完善中国特色社会主义制度、推进国家治理体系和治理能力现代化若干重大问题的决定》指出，健全有利于更充分更高质量就业的促进机制。其中，带有基础性、抓手性和保障性的一项工作是健全劳动关系协调机制，构建和谐劳动关系，促进广大劳动者实现体面劳动、全面发展。

（三）新时代中国特色和谐劳动关系的核心要义及总目标

1. 新时代中国特色和谐劳动关系是中国共产党领导下的劳动关系

习近平强调："中国最大的国情就是中国共产党的领导。"习近平在党的十九大报告中指出："中国特色社会主义最本质的特征是中国共产党领导。"新中国70多年劳动关系的发展历程表明，中国特色和谐劳动关系是在中国共产党领导下逐步建立发展起来的。坚持中国共产党的领导是中国特色和谐劳动关系最本质特征，也是构建中国特色和谐劳动关系的根本保证。正因为如此，《中共中央国务院关于构建和谐劳动关系的意见》明确要求："各级党委要统揽全局，把握方向，及时研究和解决劳动关系中的重大问题。"中国共产党领导劳动关系工作与西方政党利用劳动关系达到其选举的政治目的有本质差别，我们党是全心全意为人民服务的，没有自己的私利，只有人民的利益。

2. 新时代中国特色和谐劳动关系强调双方根本利益的一致性

中国特色社会主义根本制度、基本制度决定了我国劳动关系是建立在根本利益一致上的劳动关系。无论改革开放以前主要是计划性、单一性劳动关系，还是改革开放以后劳动关系向市场化、多样化的转变，我国劳动关系的社会主义性质一直没有变。这是因为中国共产党的领导地位没有变，工人阶级和所有劳动者作为国家和社会的主人的地位没有变，我国社会主义道路没有变。虽然大家不可避免地产生这样或那样的具体利益差别的矛盾，但作为社会主义国家的公民，大家在根本利益上是一致的。既然根本利益具有一致性，那彼此之间存在和产生的具体利益差别的矛盾就完全能够在协商协调的基础上得到妥善解决。从这个角度来说，强调根本利益的一致性，是构建中国特色和谐劳动关系的重要逻辑基础。事实上，这也是中国特色和谐劳动关系的重要特征。

3. 新时代中国特色和谐劳动关系构建是马克思主义劳动关系理论中国化和时代化的合理发展

新时代中国特色和谐劳动关系理论将劳工问题的成因聚焦于社会主义制度下的"人民内部矛盾"。它立足于中国特色社会主义的国情，强调社会主义制度下的劳动者和企业管理者的根本利益一致，劳资矛盾是人民内部矛盾，可以通过协商、参与、合作等方式实现各自利益目标，达到劳动力与生产资料的有效结合，完成生产过程，实现共商共建共享、合作双赢。突出劳动关系的非对抗性，以劳资合作达到劳动关系和谐，是这一理论的精髓和创新之处。马克思、恩格斯旨在揭示资本主义生产条件下资本对劳动的剥削控制和劳动者解放、自由发展的路径。中国特色和谐劳动关系构建不是要超越历史发展阶段地否定雇佣关系和劳资矛盾，而是对社会主义初级阶段劳资合作和谐发展有效路径的科学探索，是对马克思主义经典劳动关系理论的发展和创新。

4. 新时代中国特色和谐劳动关系的总目标

新时代中国特色和谐劳动关系的总目标是"建立规范有序、公正合理、互利共赢、和谐稳定的劳动关系"。在 2011 年全国构建和谐劳动关系先进表彰会上，习近平提出："采取有力措施引导劳动关系朝着规范有序、公正合理、互利共赢、和谐稳定的方向健康发展。"这个目标是一个有机统一的整体。"规范有序"，就是劳动关系主体行为规范，劳动关系协调机制健全，劳动关系法律法规完善，整个劳动关系运行全过程都纳入法治化轨道；"公正合理"，就是用人单位利益分配建立在公平正义的基础上，劳动关系主体双方权利义务相对均衡，严格按照法律规定享有各种权利，承担各种义务，即使有劳动关系矛盾也能得到公正处理；"互利共赢"，就是劳动关系双方通过相互理解、相互信任、相互合作，共同应对风险和挑战，共同谋划经济利益，共同分享用人单位发展成果，把用人单位打造成事业、利益和命运共同体；"和谐稳定"，就是劳动关系双方和睦融洽、友好相处，劳动关系矛盾能得到有效预防和及时化解，劳动关系处于动态协调、平稳运行状态，最终形成用人单位得发展、职工得实惠、国家社会和谐稳定发展的良好局面。规范有序是必由之路，公正合理是必然要求，互利共赢是基本原则，和谐稳定是最终目标。

（四）新时代中国特色和谐劳动关系构建原则及方法路径

1. 新时代中国特色和谐劳动关系构建原则

（1）坚持和加强党的领导。

新时代中国特色和谐劳动关系的构建必须在党的领导下进行。中国特色社会主义最本质特征是中国共产党的领导。中国共产党代表中国最广大人民的根本利益，党的领导既是社会主义劳动关系性质的必然要求，也是保障最广大人民根本利益的基本途径。因此，各级党委要"统揽全局，把握方向"，"各级政府要把构建和谐劳动关系纳入当地经济社会发展规划和政府责任目标考核体系"，为和谐劳动关系的建设和发展创造条件。《中共中央　国务院关于构建和谐劳动关系的意见》要求各级党委政府要统揽全局，把握方向，及时研究和解决劳动关系中的重大问题，把党政力量、群团力量、企业力量、社会力量统一起来。

(2) 坚持中国特色社会主义工会发展道路。

坚持中国共产党的领导，不断探索新时代中国特色和谐劳动关系构建路径，不应当简单套用西方集体谈判理论。在我国，工会有双重角色甚至多重角色，工会在构建和谐劳动关系中起着桥梁纽带作用，在工会工作实践中应当坚持和发展马克思主义工会理论，坚持走中国特色社会主义工会发展道路。

2015 年 4 月，习近平在庆祝“五一”国际劳动节暨表彰全国劳动模范和先进工作者大会上的讲话中指出：“坚定不移走中国特色社会主义工会发展道路，坚守工会工作的主战场，狠抓工会工作的中心任务，模范履行工会组织的政治责任，更好发挥工会组织作用”。当前，我国劳动关系的主体及其利益诉求越来越多元化，劳动关系矛盾已进入凸显期和多发期。习近平多次对工会提出明确要求，强调工会在构建和谐劳动关系中应发挥的作用。一方面，工会作为劳动者的代表，要把竭诚为职工群众服务作为工会一切工作的出发点和落脚点，全心全意为广大职工群众服务，认真倾听职工群众呼声，维护好广大职工群众包括农民工合法权益，扎扎实实为职工群众做好事、办实事、解难事，不断促进社会主义和谐劳动关系的构建。另一方面，工会作为党领导下的群众组织，要服务于党和国家工作的大局，在党委领导下推动和谐劳动关系的构建，维护社会和谐稳定。

(3) 坚持共建共治共享，完善和创新劳动关系协调机制。

坚持共建共治共享，统筹处理好促进用人单位发展和维护职工权益的关系，调动劳动关系主体双方的积极性、主动性，推动用人单位和职工协商共事、机制共建、效益共创、利益共享。和谐劳动关系的构建不仅需要政府部门、工会、劳动者、用人单位积极参与协商协调，也需要社会组织的协同参与，将劳动关系传统的三方协商关系演进为社会组织协同参与治理的四方关系甚或多方关系，更好地发挥社会组织在构建和谐劳动关系中的作用，不断完善和创新劳动关系协调机制，体现社会主义制度优越性。

(4) 坚持中国特色社会主义法治道路，将劳动关系纳入法治轨道。

坚持依法构建，将劳动关系的建立、运行、监督、调处的全过程纳入法治化轨道，发挥法治在构建和谐劳动关系中的引领和规范作用。

2. 新时代中国特色和谐劳动关系构建的方法路径

(1) 坚持以人民为中心的发展理念，切实维护劳动者权益。

构建和谐劳动关系，要坚持以人为本，把解决广大职工最关心最直接最现实的利益问题，切实维护他们的经济权益、政治权益、文化权益、社会权益，作为根本出发点和落脚点。在新时代，劳动就业、收入分配、社会保障等问题，仍然是劳动者“最关心、最直接、最现实的利益问题”。只有把这些问题解决好了，构建中国特色和谐劳动关系才有可靠基础。习近平指出，要“提高就业质量，不断增加劳动者特别是一线劳动者劳动报酬”。各级政府应充分关注一线职工以及困难职工的生活状况，把提高一线职工待遇纳入工作日程。各政府部门要进行分类指导，将劳动者幸福程度提升作为衡量工作成效的重要指标。

（2）不断完善共建共治共享机制。

这项机制是由政府主导建立的，工会和用人单位代表组织共同参与的研究解决劳动关系重大问题的机制。“共建共治共享”为解决用人单位与职工之间的管理和利益分配问题提供了指导原则，是解决用人单位与职工争端的重要途径，用人单位与职工之间不存在根本利益的冲突，在具体利益方面若二者追求的目标不同，双方可以通过沟通和协商的形式共同解决。共建共治共享机制既有助于保障职工法定性权益的实现，也有利于推动用人单位建立职工发展性福利制度，满足职工日益增长的美好生活需要。

（3）政府倡导并引导用人单位以人为本，承担社会责任，提高民主管理水平，建立和谐劳动关系。

企业是构建和谐劳动关系的重点，应加强对企业构建和谐劳动关系的指导和监督，同时，以人为本也是现代企业实现劳动关系双方互利共赢的生存之道、发展之道。企业只有不断地完善自我，建立相应的激励机制，实施民主管理，协调企业与员工关系，提升员工素质，关心职工生产生活，营造稳定舒适的工作和生活环境，才能走上劳动关系和谐稳定、各方主体合作共赢的发展轨道。

（4）坚持依法治国，做好新时代中国和谐劳动关系构建的法治保障工作。

习近平在党的十九大报告中强调：“完善以宪法为核心的中国特色社会主义法治体系，建设中国特色社会主义法治体系，建设社会主义法治国家。”这就要求必须通过法律来规范劳动关系，促使相关制度规则更加成熟、更加定型。现有劳动法律法规还存在一些不够完善的地方，不能完全有效满足调整和规范新时代劳动关系的现实需要。因此，应根据新时代需要，进一步修订调整治理劳动关系的相关法律及其配套法规规章。

第三节　劳动教育

教育与生产劳动相结合，是培养全面发展的人的重要途径，也是党的教育方针的重要组成部分。学校开展劳动教育，是全面贯彻党的教育方针的基本要求，是培养和践行社会主义核心价值观的有效途径。准确理解劳动教育的内涵，把握劳动教育的属性，认识劳动教育的特性，既是理论上研究劳动教育的前提基础，也是实践上开展劳动教育、培养全面发展的人的重要条件。

一、劳动教育的内涵

《中国大百科全书（哲学卷）》指出，劳动“是人类特有的基本的社会实践活动，也是人类通过有目的的活动改造自然对象并在这一活动中改造人自身的过程”。劳动是人类运动的一种特殊形式。在商品生产体系中，劳动是劳动力的支出和使用。马克思指出：“劳动力的使用就是劳动本身。劳动力的买者消费劳动力，就是让劳动力的卖者为其提供劳动。”从最基本的意义上讲，劳动是人类生存的基础和前提。

有关劳动教育的内涵，一些学者分析了以往劳动教育有关定义，主要有四种：第一，将劳动教育主要视为德育的内容；第二，将劳动教育主要视为智育的内容；第三，将劳动教育视为德育和智育的综合体；第四，将劳动教育视为促进学生全面发展的实践教育形式。①劳动教育作为全面发展的一部分，我们既要看到劳动教育与德育、智育、体育、美育之间的关系，更要看到劳动教育在国民素质形成中不可替代的作用。“劳动教育”作为全面发展教育体系的重要组成部分，是以促进学生形成劳动价值观（即确立正确的劳动观点、积极的劳动态度，热爱劳动和劳动人民等）和养成劳动素养（有一定劳动知识与技能、形成良好的劳动习惯等）为目的的教育活动。②劳动教育是一个丰富的概念，是基于实践培养学生的劳动品质，形成一定的劳动素养，内容上包括劳动价值观、劳动精神、劳动知识与实践能力、劳动习惯等。

劳动教育与“劳动技术教育”“通用技术教育”等概念相互联系，又相互区别。“劳动技术教育”强调技术的学习，也就是以有关生产劳动应用为重点的技术教育，与职业定向存在密切的关联；“通用技术教育”则是开展通用基础技术教育的课程形式，其技术是指宽泛的、体现基础性和通用性并与专业技术相区别的技术，是在日常生活中应用广泛，对学生发展有广泛迁移价值的技术。劳动教育面向所有教育对象，其教育内容不局限于技术教育，更指向育人整体功能。“劳动技术教育”“通用技术教育”两个概念中虽也有“劳动”的要素，但是前者指向劳动技能，后者强调基础性和通用性技术的学习，它们和劳动教育存在着显

---

① 刘向兵等：《新时代高校劳动教育论纲》，社会科学文献出版社 2019 年，第 45-49 页。

② 檀传宝：《劳动教育的概念理解：如何认识劳动教育的基本内涵与基本特征》，《中国教育学刊》，2019 年第 2 期。

著的差异。

准确理解劳动教育内涵，还应认识劳动精神、劳动能力和劳动素养三个重要概念。

（一）劳动精神

劳动教育要培养劳动精神。劳动精神主要指人们对劳动的热爱态度以及对劳动本身的价值认识。劳动教育最核心、最本质的价值目标就是培养学生尊重劳动的价值观，培养受教育者对于劳动的内在热情与劳动创造的积极性等核心素养。正如《中共中央 国务院关于全面加强新时代大中小学劳动教育的意见》中所要求的，通过劳动，让学生“体会劳动创造美好生活，体认劳动不分贵贱，热爱劳动，尊重普通劳动者，培养勤俭、奋斗、创新、奉献的劳动精神”。劳动精神是劳动教育的核心所在。劳动精神不是空洞的，不是抽象的，而是体现在当代劳动模范身上，体现在工匠精神中，也体现在千千万万普通劳动者的拼搏进取精神中。

（二）劳动能力

劳动教育还要培养学生的劳动能力，离开劳动能力培养的劳动教育是空谈。教育部颁布的《大中小学劳动教育指导纲要（试行）》中要求，使学生“具有必备的劳动能力。掌握基本的劳动知识，正确使用常用劳动工具，增强体力、智力和创造力，具备完成一定劳动任务所需要的设计、操作能力及团队合作能力”。这里所说的劳动能力，不能简单等同于职业教育的劳动技能，而是通识性劳动能力，也就是所有人都必须具有的基础性劳动能力。檀传宝认为，劳动教育是一个涉及所有人的教育目的的概念、一个普通教育的概念。从这个意义上来说，劳动教育属于普通教育的范畴，与职业教育有着本质区别。劳动能力的培养，既体现在专门的劳动课程里，也体现在其他课程中，例如逻辑推理能力、空间能力、合作意识等，都是劳动能力的基础，这些能力体现在学校的很多课程中。

（三）劳动素养

劳动教育最终目的是形成学生的劳动素养。什么是素养？在国际学生评价项目（PISA）中，素养是学生在主要学科领域应用知识和技能的能力，以及在不同情境中提出、解决和解释问题时有效分析、推理和交流的能力。有学者在研究中指出，素养是知识、技能、能力在相关工作领域与个体特质相互作用的结果，是个体学习经验的整合，并通过一定的方式表现出来，形成一种整合的素养。素养是个体为了健全发展，必须满足生活情境需求所不可或缺的知识、能力、技术能力和态度。苏霍姆林斯基最早提出了劳动素养的概念，他认为劳动素养不只包含完善的实际技能和技巧，还包含劳动活动在一个人的精神生活中的作用和地位，以及劳动创造中的充实的智力内容、丰富的道德意义和明确的公民目的性。劳动素养应基于劳动实践活动的内在要求，是劳动认知、情感、态度及相应品格和能力的整体。劳动教育可以全面提高学生劳动素养，使学生树立正确的劳动观念，具有必备的劳动能力，掌握基本的劳动知识和技能，培育积极的劳动精神，养成良好的劳动习惯和品质。从以上可以看出：第一，劳动素养与劳动知识、劳动技能、劳动情感和态度等相关；第二，劳动素养是一个整合性概念；第三，劳动素养的形成离不开教育，劳动素养是由训练和实践而获得的一种行为方式、修养或者倾向性。若仅有单纯的劳动知识学习，或者劳动技能训练，而缺乏劳动素养的养成，就不能称之为劳动教育。

二、劳动教育的价值

（一）劳动教育是贯彻落实新时代党对教育的新要求

党和国家一直高度重视劳动教育。切实加强劳动教育，努力把广大青少年培养成爱劳动、会劳动的高素质劳动者，是新时代党和国家对教育的必然要求。2018 年 9 月 10 日，习近平总书记在全国教育大会上发表重要讲话，提出“培养德智体美劳全面发展的社会主义建设者和接班人”，明确将“劳动教育”和“德智体美”列为一体。2020 年 3 月，中共中央、国务院颁布了《关于全面加强新时代大中小学劳动教育的意见》。2020 年 7 月，教育部印发《大中小学劳动教育指导纲要（试行）》。新时代劳动教育具有重大的时代价值和鲜明的现实针对性。

首先，劳动教育具有重要的时代价值。习近平总书记指出：“人世间的美好梦想，只有通过诚实劳动才能实现；发展中的各种难题，只有通过诚实劳动才能破解；生命里的一切辉煌，只有通过诚实劳动才能铸就。”“以劳动托起中国梦。”幸福是靠奋斗出来的。全面建成小康社会，建成富强民主文明和谐美丽的社会主义现代化强国，实现中华民族复兴，根本上要靠劳动，靠劳动者的汗水和创造。

其次，劳动教育具有现实的针对性。一方面，当前大中小学劳动教育存在弱化和边缘化状态，劳动教育还没有得到足够的重视。中小学应试教育倾向仍然存在，劳动和技术教育课程边缘化。劳动技术教育在高校教育教学中的地位还不高，对学生劳动精神和劳动观念的培养还不够重视。劳动教育场所缺乏，师资不足，教学缺乏保障，等等。另一方面，随着生活水平的提高，近年来，一些青少年中出现了不珍惜劳动成果、不想劳动、不会劳动的现象，劳动的独特育人价值在一定程度上被忽视，劳动教育正被淡化、弱化。这迫切需要“通过劳动教育，使学生能够理解和形成马克思主义劳动观，牢固树立劳动最光荣、劳动最崇高、劳动最伟大、劳动最美丽的观念；体会劳动创造美好生活，体认劳动不分贵贱，热爱劳动，尊重普通劳动者，培养勤俭、奋斗、创新、奉献的劳动精神；具备满足生存发展需要的基本劳动能力，形成良好劳动习惯”（《中共中央　国务院关于全面加强新时代大中小学劳动教育的意见》）。

最后，新时代劳动形态发生了深刻转变。由于技术的发展，许多旧的职业消失了，新的职业出现了。很多需要耗费大量体力的劳动被机器取代，随着智能化时代到来，甚至人的一些脑力劳动也大量被机器取代。有人就认为，人工智能时代，我们可以不用劳动了。其实，这只是劳动形态的变化，人们逐渐告别了简单性劳动，但是复杂性劳动和创造性劳动却在不断增加，复合型劳动成为劳动的新形态。人对于劳动的需要是永远不变的。劳动对于彰显个人在社会生活中的主体性和创造性，更具有重要的意义。

（二）劳动教育是促进学生全面发展的重要途径

劳动教育是国民教育体系的重要内容，是学生成长的必要途径。劳动是人的本质特征和存在方式，教育与生产劳动相结合，是培养全面发展的人的重要途径。苏霍姆林斯基认为：“教育的任务就是让劳动渗入我们所教育的人的精神生活中去，渗入集体生活中去，使得对劳动的热爱在少年早期和青年成为他的重要兴趣之一。”（《帕夫雷什中学》）离开了劳动就没有真正的教育。劳动教育是人的全面发展教育的重要组成部分，具有独特的育人价值。我们要从劳动教育在五育中的地位，认识劳动教育的重要价值。社会主义全面发展教育包括德育、智育、体育、美育和劳动教育，简称为“五育”。劳动教育为人的全面发展提供条件和基础。首先，劳动教育具有道德教化功能，劳动教育的树德价值实质上就是一种提升和净化人的心灵的功能，劳动教育要培养学生的劳动情感和劳动品德，劳动过程有助于勤劳、合作、助人等品质的养成。劳动教育有助于学生智力发展，劳动教育加深学生对理论知识的理解和巩固，提升学生利用理论知识解决问题的能力。特别是在科学技术飞速发展的当下，劳动教育对于促进学生快速接受和掌握新事物、新知识、新技术具有重要意义。劳动教育具有强体价值，大学生通过劳动教育能磨炼意志，保持旺盛的生命力与愉快的情绪；能锻炼强健的体魄、柔韧的筋骨。劳动教育还具有审美功能，劳动教育本身就是一种具有审美价值的活动。劳动教育融入美育教学，能够通过劳动使学生加强对自然、生活和社会的直观感受，在劳动过程中发现美、领悟美、创造美，塑造正确的审美观。①

① 田鹏颖、李雨珊：《劳动教育的本体地位、本体价值及实践创新》，《中国劳动关系学院学报》，2021 年第 1 期。

以劳树德、以劳增智、以劳强体、以劳育美。

（三）劳动教育是大学生思想政治教育的应有之义

劳动教育有着独特的思想政治教育功能，有利于强化大学生思想政治教育的实践性，增强大学生思想政治教育的针对性。当前客观存在一些大学生劳动意识淡薄的现象，有的大学生不乐于参加劳动，甚至有的大学生存在“渴望不劳而获”“希望一夜暴富”的错误思想。世界上不存在所谓的捷径，只有踏踏实实依靠自己的劳动才能获得应有的果实。加强大学生劳动教育，有利于大学生在体味艰辛、挥洒汗水中塑造坚强的心理素质，在艰苦奋斗、顽强拼搏中磨炼自己的意志，热爱劳动，尊重劳动；有利于大学生增强时代责任感、使命感和荣誉感，培养诚实劳动、创造劳动的品格。加强劳动教育，能让大学生坚定理想信念、锤炼高尚品格、培养劳动情怀，自觉地将人生理想融入国家富强和民族复兴的事业中。

三、劳动教育的属性

要认识劳动教育的属性，首先要认识劳动与劳动教育的关系，不能将劳动等同于劳动教育。虽然劳动中包含了教育功能，但是劳动的教育作用是自发和中性的。劳动教育是围绕教育目的有意识、有计划的教育实践活动，是自觉的和正向的。教育性而不是生产性是劳动教育与劳动的根本区别。劳动遵循的是生产逻辑，注重劳动结果的产出和劳动效率的提高。劳动教育强调的是人的生长逻辑，注重人的发展功能。[①]劳动教育虽然包含了劳动技能的学习、劳动习惯的形成、劳动情感的培养等，但是其最核心和最本质的价值是培养学生的劳动价值观。

（一）劳动教育包含价值引导

劳动价值观的培养是劳动教育的核心，是劳动教育的教育属性的最集中体现。劳动教育的教育性在根本上体现为劳动教育的价值引导功能。教育部颁布的《大中小学劳动教育指导纲要（试行）》要求，在劳动教育中要“关注学生劳动过程中的体验和感悟，引导学生感受劳动的艰辛和收获的快乐，增强获得感、成就感、荣誉感”。劳动教育首先包含了学生发展的价值引导。通过劳动教育，青少年能够准确理解劳动本身存在的价值和意义，劳动在促进个人全面发展中的作用，避免劳动教育中“有劳无教”的现象。纯粹的劳动技能的教育也不能称得上是劳动教育，它更倾向于职业培训而不是教育。虽然劳动教育的开展离不开具体

---

① 班建武：《劳动与劳动教育的关系辨析及其实践意义》，《广西师范大学学报》（哲学社会科学版），2021年第2期。

的劳动形式以及专门劳动技术的学习，但真正健全的劳动教育则应当特别注重核心目标的达成，即努力帮助学生确立正确的劳动观点、积极的劳动态度，努力帮助他们形成尊重与热爱劳动过程、劳动成果和劳动主体——劳动人民的价值态度。[①]在当代社会分工日益精细的背景下，应加强青少年学生有关劳动平等的价值观念教育。市场经济中，劳动能力具有市场的商品属性，劳动能力具有明显的交换性，但是不同的劳动都是平等的。随着科技变革和社会发展，会有一些新的工作出现，一些旧的工作消失，这只是劳动形式的变化，但是一切劳动都是平等的。

加强大中小学生劳动教育，首先要引导大中小学生充分认识劳动的价值，深刻理解劳动教育的内涵，培养热爱劳动、尊重劳动者、珍惜劳动成果的情感态度，塑造诚实劳动的优良品德，养成勤于劳动的自觉习惯，积聚创造劳动的青春气魄。学校在设计劳动教育课程与活动、开展劳动教育实践时，首先应围绕以劳动价值引导为核心的劳动教育目标来展开。

（二）劳动教育符合学生发展需要

劳动教育要契合当代学生的发展需要。随着当今社会物质的不断丰富，我们的精神需要将会越来越丰富。尤其是在一个价值多元化的社会，劳动价值功利化逐渐渗透到青少年当中。青少年当中存在轻视劳动、不喜欢劳动的倾向。当今中国存在大量的独生子女，有的家长过分宠爱孩子，不主张和鼓励孩子去做家务。例如，有家长会说，孩子还太小，没必要进行劳动；有家长会说，劳动是普通人和下层人干的事情；也有家长会说，学习成绩好最重要，劳动不劳动无所谓。虽然当代物质生活日益充裕，劳动形态发生了改变，但是劳动作为人的本质对象化的实践活动的本质没有变化，劳动仍然是人的需要。根据马斯洛需求理论，人们的“优势需要”越来越聚焦于高层次的精神追求。劳动对于彰显人在社会发展与个人生活中的主体性、创造性，引导学生理解并获得积极的人生意义，都具有越来越重要的意义。[②] 劳动教育是生活的需要，而不仅仅是谋生需要。因此，回归劳动促进个体发展的内在目的，需要通过劳动教育促进学生健康成长，使其掌握基本的生活和劳动技能，学会关爱他人，保持身心健康，尊重他人劳动，形成正确的劳动价值观念，以劳动作为实现价值的内在需要。

正确理解劳动教育的本质属性，有利于我们澄清现实中有关劳动教育的一些理解误区。例如，异化劳动教育概念，有些学校仍将劳动当作教育惩罚的手段，将打扫卫生、擦窗户、值日等活动当作对违纪行为的惩罚；肤浅地理解劳动教

---

① 檀传宝：《劳动教育的概念理解——如何认识劳动教育概念的基本内涵与基本特征》，《中国教育学刊》，2019 年第 2 期。

② 檀传宝：《培养有劳动素养的时代新人》，《云南教育》，2020 年第 4 期。

育，有些学校开展游学旅行，组织学生到工厂企业、农村田野等劳动场所参观体验，把这种体验旁观式的活动称为劳动教育；窄化劳动教育概念，有些学校将劳动教育等同于体力劳动教育，劳动教育就是让学生参加劳动生产，一定要让学生流些汗，否则就不是劳动教育。这些在实践中出现的问题，根本原因在于对劳动教育本质认识不清，没有把握劳动教育的属性。

四、劳动教育的特征

(一) 劳动教育的实践性

劳动本身就是实践，所以劳动既是教育的内容，也是教育的目的。劳动实践也是精神、道德、信念产生的前提和基础，只有把劳动教育融入社会实践才能从真正意义上达到劳动教育的目的。开设劳动教育课，开展劳动教育理论学习固然重要，组织学生进行实践劳动、亲身体验劳动更为重要。《全面加强大中小学劳动教育的意见》中指出：“实施劳动教育重点是在系统的文化知识学习之外，有目的、有计划地组织学生参加日常生活劳动、生产劳动和服务性劳动，让学生动手实践、出力流汗，接受锻炼、磨炼意志，培养学生正确劳动价值观和良好劳动品质。”

劳动教育不是坐而论道，而是要在劳动实践中参与劳动的过程，体会劳动的艰苦，体验劳动的快乐。没有亲身体验的旅游观光式劳动教育并不是真的劳动教育。“劳动教育的载体是一种操作性的、创造性的实践活动，是基于劳动主体对劳动对象的操作、应用和创新。”①劳动教育的实践性是建立在体力劳动与物质生产劳动基础之上的，表现为学习中的实际体验与动手操作，工作中的辛勤劳作与协作配合，生活中的公益活动与自我服务，等等。青少年积极参与劳动，走进社会，走近劳动者，才能获得劳动创造财富、劳动创造社会、劳动创造美的感性认识，才能丰富劳动体验，才能树立正确的劳动观、择业观和职业观。

(二) 劳动教育的时代性

随着科技的发展，社会的进步，劳动形态不断丰富，我们要充分认识劳动教育的时代性。当前正面临第四次工业革命，第四次工业革命是数字技术革命，以新一代通信技术、物联网、区块链、量子通信等为代表。劳动与科技紧密结合，脑力劳动的比重变得越来越大，创造性劳动的重要性日益增加，复合型劳动成为

---

① 陈理宣、刘炎欣：《劳动教育与德智体美教育的基础关联和价值彰显》，《中国教育学刊》，2017 年第 2 期。

最常见的劳动形态，劳动的复合型和复杂性更为凸显。因此劳动教育要体现劳动的新形态，要充分认识新时代劳动关系的复杂性，以及劳动形式的多样性。

当代劳动形式在本质上从机械的重复性劳动向灵活的创造性劳动转变，劳动从被动发生向主体自觉发生转变，劳动的对象范围增大，劳动主体的素质越来越高，劳动需求也不断扩增，逐渐呈现劳动的信息化、智能化趋向。《大中小学劳动教育指导纲要（试行）》中指出，劳动教育要“紧跟科技发展和产业变革，准确把握新时代劳动工具、劳动技术、劳动形态的新变化，创新劳动教育内容、途径、方式，增强劳动教育的时代性”。在今天进行劳动教育要积极与物联网、云计算、大数据、人工智能等新技术衔接，不断创新劳动教育形式，运用人工智能技术搭建网络空间、虚拟环境教育情景，鼓励学生运用多学科知识，开展创造性劳动。劳动教育要与新产业、新业态、新技术相呼应，挖掘劳动教育新内涵。劳动教育要与德智体美相结合，通过劳动教育，最终实现道德的提升、智慧的增长、体质的强健、美感的积累，从而更加彰显劳动教育的综合育人价值。

（三）劳动教育的复合型

劳动可划分为“体力劳动”和“脑力劳动”，“生产性劳动”和“非生产性劳动”，“第一二产业劳动”和“第三产业劳动”，“抽象劳动”和“具体劳动”，“简单劳动”和“复杂劳动”，等等。这些简单的划分已经无法适应和全面表达新时代劳动的特点。新时代劳动的外延范围迅速扩张，一些现代化的虚拟劳动、创造性劳动、管理劳动、情绪劳动、体验劳动等新的形态逐渐闯进人们视野，劳动的范畴体系愈来愈庞大。随着信息技术、人工智能技术发展，当代劳动形式已经发生翻天覆地的变化，劳动形式已经超越了脑力和体力的简单分离，走向复合化和多样化。将劳动教育局限于体力劳动范畴，事实上还是体力劳动与脑力劳动的简单分离。既不能把某一种劳动形式理解为劳动的全部，也不能以某一种形式而否定另一种关联的形式。要防止两种倾向：①将劳动教育等同于体力劳动的教育，劳动教育等同于体力锻炼，认为劳动教育就是让学生从事劳动生产，就是要流汗，而忽视了随时代变革而涌现的新的劳动形式，例如存在于信息化、智能化领域的新的劳动形式；②简单否定体力劳动。体力劳动仍然是一种重要的劳动形式，体力劳动和脑力劳动这两种形式都不可偏废。

（四）劳动教育的整体性

劳动教育在人才培养中具有独特的地位，但是科学的人才培养体系离不开劳动教育和其他各育之间的融合，离不开家庭、学校和社会等教育力量的整合。劳动教育的整体性，首先体现在培养目标的整体性上。劳动教育目标与德智体美四育既关联又独立，五育构成完整的育人目标体系，具有很强的整体性。劳动教育目标也涉及思想认识、情感态度、能力习惯等不同方面，包括劳动观念、劳动精神、劳动能力、劳动习惯与劳动品质多个维度。劳动教育目标还具有层级性，即各个目标具有不同的层级，实施中应把握劳动教育目标的层级性，将劳动观念、劳动精神、劳动能力、劳动习惯与劳动品质的培养融入教学目标中。

其次体现在内容的整体性上。劳动教育内容包括日常生活劳动、生产劳动和服务性劳动三方面，他们之间相互关联，构成劳动教育内容的整体性。《大中小学劳动教育指导纲要（试行）》指出，劳动教育的内容主要包括日常生活劳动、生产劳动和服务性劳动中的知识、技能与价值观。日常生活劳动教育立足个人生活事务处理，注重生活能力和良好卫生习惯培养，树立自立自强意识。生产劳动教育要让学生在工农业生产过程中直接经历物质财富的创造过程，体验从简单劳动、原始劳动向复杂劳动、创造性劳动的发展过程，学会使用工具，掌握相关技术，感受劳动创造价值，增强产品质量意识，体会平凡劳动中的伟大。服务性劳动教育让学生利用知识、技能等为他人和社会提供服务，在服务性岗位上见习实习，树立服务意识，实践服务技能；在公益劳动、志愿服务中强化社会责任感。

最后体现在实施途径的整体性上。其包括学校学科教学中的劳动教育，多种形式的校内劳动、家庭劳动、校外劳动等。劳动教育要拓宽实施途径，强化家庭、学校、社会综合实施。多途径的劳动教育实施需要学校发挥主导作用，促进横向贯通，独立设课与学科渗透教学有机结合，在其他学科教学中有机融入劳动教育内容，打破学科之间、课堂内外、校园内外的边界，创新课程形态，完善劳动教育课程体系，充分实现课程育人的功能。

思考题

1. 为什么说劳动创造了人本身？
2. 青年大学生在校期间应该怎样提高自身劳动素质？
3. 什么是劳动关系？如何认定劳动关系？
4. 谈谈构建新时代中国特色和谐劳动关系的原则和方法路径。
5. 劳动教育有哪些特征？

第二章 劳动价值观

本章目标

准确理解劳动价值理论的科学内涵有助于大学生牢固树立马克思主义劳动观。通过本章学习，大学生可以掌握马克思劳动观的核心要义，了解习近平总书记关于劳动的系列重要论述的精神内涵及其对马克思劳动观的发展意义；能够结合新科技革命时代发展特点准确认识和分析关于劳动的各种观点；能够结合经典马克思劳动价值理论研判各种新的劳动形式、劳动现象；能够牢固树立马克思主义劳动价值观，从而为形成正确的世界观、人生观、价值观奠定基础。

导入案例

人工智能时代的劳动

2020年1月，广东省深圳市南山区人民法院一审审结，原告深圳××计算机系统有限公司诉被告上海××科技有限公司侵害著作权及不正当竞争纠纷一案，认定人工智能生成的文章构成作品。此案系全国首例认定人工智能生成的文章构成作品案件。该案例的重要意义在于，在法律上首次确认了人工智能独立的法律主体地位问题，一定程度上赋予了人工智能独立人格权利，对我们认识现代智能社会的特征具有重要启示意义。人工智能作为人类自己创造出来的“人造物”，发展至今，在很多领域都可以代替人类劳动了。如果人工智能具有自主意识并获得独立的人格地位，意味着人类创造了自己的“同类”。

人工智能技术的发展是否意味着劳动不再是人类的专属权利？信息革命深度发展和人工智能技术的大规模应用，引发了人们新的思考。

思考：

1. 人工智能时代来临，未来人类可以不再需要劳动吗？

2. 马克思是怎样看待人类劳动及其价值的，如何看待人工智能时代的马克思劳动价值观？

3. 劳动如何才能成为“人们生活的第一需要”？

第一节　马克思劳动价值观

马克思劳动价值观是一个包括价值的本质、价值实体、价值量、价值形式和价值规律理论的完整体系。马克思从分析资本主义经济细胞商品入手，揭示了商品和货币所体现的社会经济关系，建立了劳动价值理论。

马克思在关于劳动的论述中提出了劳动、劳动力、简单劳动、复杂劳动、私人劳动、社会劳动、具体劳动、抽象劳动、劳动的异化、劳动的外化等概念。准确理解这些概念的科学内涵，是理解马克思劳动价值理论的基础。

“劳动首先是人和自然之间的过程，是人以自身的活动来中介、调整和控制人和自然之间的物质变换的过程。”劳动力是劳动者的劳动能力，是劳动者体力和脑力的总和，劳动力存在于具有劳动能力的人的身体之内。劳动过程就是劳动力的使用。“劳动过程的简单要素是：有目的的活动或劳动本身，劳动对象和劳动资料。”（《马克思恩格斯文集》）

在生产力极端落后的漫长的原始社会，人们为了生存，首先就要解决吃穿住等问题。“劳动是整个人类生活的第一个基本条件，而且达到这样的程度，以致我们在某种意义上不得不说：劳动创造了人本身。”（《马克思恩格斯文集》）恩格斯在《自然辩证法》中鲜明地提出劳动创造人的观点。没有劳动就没有人，劳动是人类社会区别于猿群的首要的特征。“动物所能做到的最多是采集，而人则从事生产，人制造最广义的生活资料，这些生活资料是自然界离开人便不能生产出来的。”（《马克思恩格斯文集》）劳动作为人和人类社会的存在和发展方式是由人和人类社会的存在状况决定的。

在自然经济条件下，劳动生产直接满足生产者或经济单位的需要。自然经济是同生产力水平低和社会分工不发达相适应的。在人类社会发展的历史进程中，原始社会、奴隶社会和封建社会的生产力水平都很低，社会分工极不发达，自然经济就成为这些社会形态的基本经济形式。在自然经济条件下，劳动力（人口）、土地是最现实的生产要素。以人口为表现形式的劳动力也往往和土地一起，被剥削阶级占有和掠夺。占有劳动力（人口），就意味着对劳动者的劳动成果的占有以及对劳动过程的支配。

一、劳动力成为商品

商品经济的出现需要两个历史条件：一是存在社会分工，二是生产资料和劳动产品属于不同的所有者。商品经济是一定社会历史条件的产物。随着生产力的发展，劳动的社会分工出现，在自然经济基础上发展形成了以交换为目的的商品经济形式。封建社会末期，小商品生产者日益分化，在原始积累过程中，大批小生产者被剥夺了生产资料，为资本主义的产生和发展，提供了大量的自由劳动力。在资本主义生产方式中，劳动者只能靠出卖自己的劳动力过活，劳动者具有人身自由，可以独立支配自己的劳动力。正是在资本主义的发展过程中劳动力才成为商品。劳动力成为商品与商品经济一样，也是特定历史条件的产物。

18 世纪中叶以来，工业革命的发展，极大地推动了人类社会生产力的发展，社会分工也极大地丰富和细化了。随着资产阶级革命的发展，以雇佣劳动制度为核心的资本主义生产方式也不断在世界范围发展，商品经济逐渐成为人类社会的主要经济形态。资本主义通过反封建斗争逐渐形成了世界范围的市场体系。在资本主义原始积累过程中，逐渐形成了具有人身自由的无产阶级劳动大军。在资本主义生产方式下，劳动力成为商品，资本家通过买卖（雇佣）劳动力，按照劳动力的价值支付劳动者一定的工资。但是，资本家同时通过延长劳动时间和提高劳动生产率的方式，提高劳动力所创造出来的价值，这个价值和资本家所支付的劳动力的价值之间产生差额，而这个差额就是剩余价值。马克思通过研究得出剩余价值理论，并且在此基础上阐释了劳动的异化、阶级理论和剥削理论。

二、私有制条件下的商品经济基本矛盾

在商品经济中，生产各种不同商品的劳动，其复杂程度是不同的，并且不同劳动的具体形式也是不同的。生产不同商品的不同劳动之间为什么可以自发地完成“换算”“折算”？为了解决这个问题，就得弄清具体劳动与抽象劳动之间的关系。生产商品的劳动可区分为具体劳动和抽象劳动，这就是劳动的二重性。具体劳动指生产一定使用价值的具体形式的劳动，马克思称之为“有用劳动”；抽象劳动是指撇开一切具体形式的、无差别的一般人类劳动，即人的体力和脑力的消耗。前者形成商品的使用价值，后者形成商品的价值实体。任何劳动都有这样的两种属性。不同具体劳动形式生产出来的商品之间为什么可以相互比较？这是因为它们之中存在着同质的东西，即都消耗了体力和脑力。复杂、复合程度越高的劳动，同样时间内消耗的抽象劳动量也就越大，形成的价值量也就越大；反之就越小。所以关于“复杂劳动”和“简单劳动”的区分，既是关于“具体劳动”的一种区分，也为“抽象劳动”与“具体劳动”的区分提出理论要求。在商品经济

私有制条件下的商品经济基本矛盾（视频）

中，商品生产者创造使用价值和价值的过程是同一的过程。但是，如果要实现商品的价值就需要让渡商品的使用价值。商品的使用价值是价值的物质承载体，商品使用价值的让渡就意味着商品所有权的让渡。换言之，商品是使用价值和价值的统一体。一方面，商品的使用价值和价值是相互依存的，缺一不可，否则就不能成为商品；另一方面，使用价值和价值又是相互排斥、互相对立的。

在具体的社会制度下，对劳动的不同形式的区分，还会涉及私人劳动与社会劳动的区分问题。一般而言，一种劳动必须同时具有私人性和社会性才能成为劳动，因为劳动首先是一种社会性的活动，它总在一定社会关系中进行；其次，劳动因劳动者不同而具有不同程度的私人性。

马克思将劳动区分为私人劳动和社会劳动，是为了更好地剖析资本主义社会的异化劳动产生的社会根源。资本主义社会是商品经济占主导地位的社会，存在着大量的经常的社会分工，商品生产者的劳动既是社会劳动，又是私人劳动。由于存在着社会分工，每个商品生产者的劳动都应当是社会总劳动中的一部分，商品交换的成功使得他们的劳动相互得到认可，获得了其天然的社会合理性。同时，资本主义社会又是生产资料私有制社会，商品生产者的劳动更多地体现了自己的利益和要求，表现为具有私人性质的“私人劳动”。只要存在着私有制商品经济及相应的社会分工，私人劳动与社会劳动的矛盾就会存在。私人劳动与社会劳动的基本矛盾是私有制商品经济的基本矛盾。这对基本矛盾的解决，决定着具体劳动与抽象劳动、简单劳动与复杂劳动之间的“换算”“折算”“还原”过程，从而决定着使用价值与价值矛盾的解决。换句话说，如果私人劳动被社会认可，私人劳动凝结而形成的价值能够顺利实现，商品的两因素即使用价值与价值之间的矛盾就能得到解决。反之，如果私人劳动不被社会所认可，私人劳动就可能成为“过剩”的劳动，私人劳动生产的产品就会成为过剩产品，社会上就会出现“生产过剩”（相对过剩甚至绝对过剩）。生产过剩如果达到严重的程度，就会使私人劳动经常性地、周期性地不被社会认可，这种现象就是资本主义社会特有的“经济危机”。劳动者自己劳动的结果就与当初的愿望分离，劳动的异化现象就出现了。

三、商品价值量的决定

自然界中不会自动产生商品。万千种类的商品都是人的劳动的产物。凡是能够成为商品的物品（服务），都凝聚了“一般的人类劳动”。归根结底，商品的价值是人的劳动创造的，所以商品的价值量是由生产这种商品所耗费的劳动量决定的，而劳动量是用劳动时间来计量的。决定商品价值量的不是各个商品生产者生产商品所消耗的个别劳动时间，而是社会必要劳动时间。“社会必要劳动时间是现有的正常的生产条件下，在社会平均的劳动熟练程度和劳动强度下制造某种使用价值所需要的劳动时间。”（《马克思恩格斯文集》）社会必要劳动时间形成商品的社会价值。在以私有制为基础的社会，社会必要劳动时间是通过生产各种商品的生产者之间的竞争自发形成的。

马克思所称的“一般的人类劳动”，就是人的体力与脑力的支出，既包括物质力量的付出，也包括管理、筹划、设计等脑力活动方面的付出。由于社会各生产部门的劳动繁简程度不同，生产商品的劳动，实际存在着简单劳动和复杂劳动的区别。简单劳动是不需要经过专门培训即可进行的劳动。复杂劳动是指具有一定文化知识和技术专长的劳动，而要获得这些技术专长和知识，需要接受专门的培养和训练。复杂劳动等于倍加或自乘的简单劳动。这是因为，虽然简单劳动和复杂劳动都是人力的耗费，都是脑力和体力的消耗（这是它们作为劳动的共同本质）；但是简单劳动基本上是单一劳动，它借助的工具也是简单的、单一的，而复杂劳动往往是复合劳动，是多种劳动的结合，它所借助的工具也就更加多样，工序更加复杂，单位时间内它所转移到新产品中去的价值以及驱动生产资料的价值往往就更大，所以复杂劳动可以看作多个简单劳动的组合，具有更大的劳动耗费。

劳动力作为商品，也具有使用价值和价值。劳动力的价值和其他商品一样，是由生产和再生产这种商品所必要的劳动时间决定的。劳动力的价值，就是维持和延续劳动力所必要的生活资料价值和有关费用。具体来说，它包括三个部分：第一，维持劳动者本人生存和劳动力再生产所必需的生活资料的价值；第二，维持劳动者家属的生活所必需的生活资料的价值，这是保持劳动力接续的要求；第三，一定的教育和训练费用，这是劳动者适应生产力发展特别是机器大工业的要求。

商品的价值量是由社会必要劳动时间决定的，但社会必要劳动时间并不是一个不变的量，它随着劳动生产率的变化而变化。劳动生产率水平越高，单位时间内生产的商品数量越多，生产每件商品所需要的社会必要劳动时间就越少，反之就越大。商品的价值量与生产商品所耗费的劳动时间成正比，与劳动率成反比。劳动生产率指的是劳动者生产使用价值的效率。它的高低可以用单位时间生产的商品数量来测量，也可以用单位商品中所耗费的劳动时间来测量。影响劳动生产率的因素很多，主要有劳动者劳动的平均熟练程度、科学技术的发展程度及其在生产中的应用、生产过程组织和管理水平、生产资料的规模和效能、自然条件等。上述影响生产率的因素在不同的生产部门中，对劳动生产率的影响是不一样的。

劳动生产率的变化必然引起生产商品的社会必要劳动时间的变化，从而引起商品价值量的变化。但是，无论劳动生产率怎样变化，同一劳动在同一时间内生产的全部商品的价值量是不变的，八小时的价值量还是八小时，只体现在或多或少的使用价值上而已。

四、人工智能不会使劳动阶级成为“无用阶级”

人的本质决定了人工智能永远不可能具备人的社会生产者和消费者的双重主体地位。提出人类终将迎来机器智能超越人类智能的“奇点论”的雷·库兹韦尔也承认：“即便计算机的复杂性和容量与人脑相当，也仍然无法与人类智能的灵活性相媲美。”①

恩格斯提出：“人在怎样的程度上学会改变自然界，人的智力就在怎样的程度上发展起来。”（《马克思恩格斯文集》）因此，从技术和人的相互建构和共同进化角度看，人工智能由弱向强的发展，必然也伴随着人类智力水平由低到高的发展。近年来，人工智能、物联网、大数据、区块链、脑机接口技术的融合已经触发人类智能革命浪潮。脑机接口技术已经实现人脑的电信号的部分解析。微型芯片无创伤植入人脑技术研发和应用正展现“脑联网”的现实可能。人类智能增强技术的发展表明，人类智能可能正处在加速跃升的时期。基于脑机接口技术的人机混合智能与基于脑联网的群体智能有望催生更强大的人类个体和人类群体智能。未来，随着“脑联网”开发和应用，人机融合技术将塑造全新的人类智能和人类本身。弗朗西斯·福山认为，基因工程技术应用改造人类特性，将塑造“后人类”。②基于对数字技术和生物技术融合发展和应用前景的预判，世界经济论坛主席克劳斯·施瓦布认为，“定制人类”将成为第四次工业革命带来的定制化社会需求技术引爆点之一。③技术进化中，人工智能在何种意义上能取代人的劳动取决于我们如何定义处在技术和社会双重进化中的“人类智能”和“人类”。从根本上讲，人工智能时代，劳动阶级将成为“无用阶级”是伪命题。

---

① ［美］雷·库兹韦尔：《机器之心：当计算机超越人类，机器拥有了心灵》，胡晓娇，张温卓玛，吴纯洁译，中信出版社 2016 年。

② ［美］弗朗西斯·福山：《我们的后人类未来：生物技术革命的后果》，黄立志译，广西师范大学出版社 2016 年。

③ ［德］克劳斯·施瓦布：《第四次工业革命》，李菁译，中信出版社 2016 年。

专栏 2-1

揭秘人工智能背后鲜为人知的人工力量——数据标注

所谓“得数据者，得人工智能”，如今人工智能早已在我们的生活中屡见不鲜，像“指纹解锁”“人脸识别”等都属于人工智能的范畴，然而人工智能的上游基础产业，数据标注却鲜为人知。

1. 什么是数据标注

在了解数据标注之前，先来了解人工智能。

人工智能（artificial intelligence），英文缩写为 AI。它是研究、开发用于模拟、延伸和扩展人的智能的理论、方法、技术及应用系统的一门新的技术科学。它企图了解智能的实质，并生产出一种新的能以人类智能相似的方式作出反应的智能机器，该领域的研究包括机器人、语言识别、图像识别、自然语言处理和专家系统等。人工智能从诞生以来，理论和技术日益成熟，应用领域也不断扩大，可以设想，未来人工智能带来的科技产品，将会是人类智慧的“容器”。

人工智能，其实是部分替代人的认知功能。人工智能算法是数据驱动型算法，也就是说，如果想实现人工智能，首先需要把人类理解和判断事物的能力教给计算机，让计算机学习到这种识别能力。

类比机器学习，我们要教它认识一只猫，直接给它一张猫的图片，它完全不知道这是什么。

我们要先有猫的图片，上面标注“猫”这个字，然后机器学习大量的图片中的特征，这时候再给机器任意一张猫的图片，它就能认出来这是猫了。

用于人工智能的训练集和测试集都是标注过的数据。以猫为例，假设我们有 1 000 张标注着“猫”的图片，那么我们可以拿 800 张作为训练集，200 张作为测试集。机器从 800 张猫的图片中学习，得到一个模型，然后将剩下的 200 张机器没有见过的图片让其识别，我们就能够得到这个模型的准确率了。

所以目前人工智能需要标注大量数据，即对原始信息进行数据标注。

数据标注是通过分类、画框、标注、注释等，对图片、语音、文本等数据进行处理，标记对象的特征，以作为机器学习基础素材的过程。

数据标注是大部分人工智能算法得以有效运行的关键环节。数据标注是把需要机器识别和分辨的数据贴上标签，然后让计算机不断地学习这些数据的特征，最终实现计算机自主识别。

2. 数据标注应用场景

（1）智能安防。

智能安防是人工智能与信息技术结合的关键领域，对于城市与民生发展有重要的意义。通过生物识别、行为监测等技术手段，其广泛地应用于城市道路监控、车辆人流监测、公共安全防范等领域。

人脸标注在智能安防中主要应用于人脸识别与身份识别。

人脸识别也称人像识别、面部识别，是基于人的脸部特征信息进行多年龄段、多角度、多表情、多光线的人脸图像采集，从而完成身份识别的一种生物识别技术。人脸识别涉及的技术主要包括计算机视觉、图像处理等。

人脸识别在国内的应用大致经历了从公共安全领域扩展到商业领域的过程。最初，机场、高铁站以及酒店等场景使用这项技术对个人身份进行验证，随后商业银行也开始采用人脸识别实现远程开户。再之后，刷脸支付、刷脸门禁也相继出现，人脸识别逐渐从少数有限场景渗透到人们的日常生活之中。目前，人脸识别技术已广泛应用于多个领域，除了智能安防之外，还应用于金融、司法、公安、边检、航天、电力、教育、医疗等众多领域。

此外，物品标注在智能安防应用中，需要和行为标注相结合。

(2) 智能交通。

近年来，随着人工智能浪潮的兴起，无人驾驶、智能交通安全系统走进了我们的生活，国内许多公司纷纷投入自动驾驶和无人驾驶的研究，例如百度启动的“百度无人驾驶汽车”计划，其自主研发的无人驾驶汽车 Apollo 还曾亮相 2018 年央视春晚。

在汽车自动驾驶的过程中，想要让汽车本身的算法做到处理更多、更复杂的场景，背后就需要有海量的真实道路数据做支撑，而这就需要依靠数据标注。

此外还有智慧停车，这些也都要依赖于人工智能数据标注的介入，对行车视频进行采集，对路况进行提取，对停车点进行标注。为行人识别、车辆识别、红绿灯识别、车道线识别等技术提供精确训练数据，为智能交通保驾护航。

(3) 智能医疗。

智能医疗通过打造健康档案区域医疗信息平台，利用最先进的物联网技术，实现患者与医务人员、医疗机构、医疗设备之间的互动，逐步达到信息化。AI 与医疗行业的结合将有望迎来跨越式发展。

医疗影像标注是对医疗影像进行区域标注及分类标注，多应用于辅助临床诊断。人工智能通过学习大量的医疗影像标注数据集，将很好地辅助医生进行临床诊断并提出治疗方案。

3. 得数据者，得人工智能

人工智能主要算法应用领域集中在计算机视觉、语音识别与合成，以及自然语言处理三个方面。

（1）计算机视觉。

一个新研发的计算机视觉算法需要上万张到数十万张不等的标注图片训练，新功能的开发需要近万张图片训练，而定期优化算法也有上千张图片的需求，一个用于智慧城市的算法应用，每年都有数十万张图片的稳定需求。

（2）语音识别与合成。

头部公司累计应用的标注数据集已达百万小时以上，每年需求仍以20%～30%的增速上升，要求数据服务商不仅要掌握专业的声学知识、数据标注经验，还要拥有语音合成的算法能力。

（3）自然语言处理。

随着工业、医疗、教育的AI应用产品进一步爆发，将会有更多交互方式出现，自然语义数据处理的需求将会持续增长，有望成为继图像、语音之后的第三大增量市场。

4. 有多少智能，就有多少人工

这些海量的数据几乎全部依赖数据标注师手工进行标注，数据标注行业的缺口十分大，并且数据标注已经在各行业产生了极广的应用，行业也开始逐渐升级，走向产业化。

在数据标注行业流行着一句话："有多少智能，就有多少人工"。

来自普林斯顿大学、康奈尔大学、蒙特利尔大学，以及美国国家统计科学研究院共同发表的论文指出，这部分手动标记工作大多在美国及其他西方国家之外完成，对全球各地的工人施以残酷剥削。

现代人工智能依赖各种算法处理规模达数百万的示例、图像或文本素材。但在此之前，首先需要工作人员在图片数据集中手动标记出对象，再将标记完成的大量图像交付给算法以学习，学会如何准确识别对象。这类工作量极大、过程极其枯燥且耗时的手动数据标记过程，已经成为AI经济体系中的重要组成部分。（资料来源：北京物联网智能技术应用协会）

思考：

1. 人工智能的"劳动意识"和"劳动材料"来自哪里？
2. 人工智能的"智能"来自哪里，其本质是什么？
3. 人工智能的"劳动"与人的劳动具有同等意义吗？

但是，历史也表明，技术的进化和应用不可能在所有社会成员中同时发挥积极效应。因此，随着人工智能时代的来临，思考技术性失业问题仍然具有重要意义。人工智能技术的迅猛发展在许多工作岗位上替代了人的劳动，不仅使大量的

体力劳动岗位消失，而且连文学创作、新闻写作、音乐制作、司法审判、教育教学等原先只能由人来承担的工作也可能被人工智能取代。伴随着人工智能技术狂飙发展的是人类对自身的主体地位丧失的深度忧虑和恐惧。如何解析人工智能代替人类劳动的过程，阐明人类和人工智能的对立统一关系，是当下亟待回答的问题。这就必须从理论上阐明，“人的劳动”与人工智能的“劳动”二者之间在何种程度上可以实现替代或融合？

马克思劳动价值观中，劳动之所以是人的特有的活动，是因为人的活动是有意识的、有目的的活动。

马克思从人和其他生命体活动差异的视角阐明了“人的劳动”本质内涵。劳动是人之为人的活动。人怎样思考和劳动，人就以怎样的方式存在和发展。人工智能的出现是生产力发展的产物。人的劳动能力是人通过社会化实践习得的，而人工智能的“劳动”能力是人借助人工系统生成的。人工智能的“劳动”过程主要表现为获取数据、算法建模，完成既定的工作任务。无人驾驶汽车能够投入使用，依赖研发和维护它的工程师的劳动。离开工程师的劳动，无人驾驶汽车无法实现自动“驾驶”。真正的“无人工厂”是不存在的。对人类而言，本质上，人类开发的人工智能与工业文明时代人类开发的蒸汽机、发电机等机器是同等属性的，它们要发挥替代或减少人类劳动的功用，离不开有知识的劳动阶级。人工智能“劳动”与“人的劳动”内涵的差异确证了人对人工智能的主体地位。

科技革命的发展以及科学技术与人类劳动的结合，使人类创造了大量的能够增强人类劳动能力的工具和机器。在人工智能技术诞生前，“人工体能”技术早已被人类应用在生产生活中。汽车比人跑得快，飞机比人飞得高，但我们不会认为汽车、飞机能取代人的行走。我们用计算机进行信息处理，同时我们也不会停止运用大脑进行信息处理。“人工智能即使再发达，人也不会因此不再使用自己的智能，而是将智能转向更有意义的领域。”①实际上，工业革命以来，一部分劳动形态消失，同时更多的劳动形态被新的社会需求创造出来。技术进化的历史，也是人类劳动形态进化的历史。人工智能归根结底是对人类体能和智能的模仿，二者之间不具同等意义。

智能时代，大规模人工智能的应用，特别是人工智能与实体经济结合，引发传统的劳动形式和劳动形态的变化，对劳动者的要求不是削弱了，而是更高了。随着智能社会的深度发展，劳动者从事的劳动将是需要融入人的情感、智慧、灵

---

① 肖峰：《人工智能与人工体能的哲学比较》，《思想理论教育》，2019年第4期。

感、社会经验，以及人之为人的不可或缺价值观、责任感、审美能力等特质的劳动。人工智能条件下，人类劳动将主要体现为人的创造性活动。富有创造力以及善于与他人或机器协同工作的人将成为智能社会最需要的人。

当整个社会劳动成为丰富和发展人的本质活动的时候，劳动就成为“人们生活的第一需要”。智能科技赋能人类社会发展，人的创造性活动成为发达的生产力源泉。这种人的“活动”必然是与人的休闲、工作、劳动融合为一体的人的本质的活动。

马克思站在批判资本主义生产方式立场，认为在机器体系的资本主义应用中，“只要工人的活动不是资本的需要所要求的，工人便成为多余的了”。就是说，工人“多余”是相对于机器体系的资本应用而言的。马克思关于共产主义高级阶段的预见认为，作为生产力的科学一旦摆脱资本的束缚，“于是以交换价值为基础的生产便会崩溃，直接的物质生产过程本身也就摆脱了贫困和对抗性的形式。……那时，与此相适应，由于给所有的人腾出了时间和创造了手段，个人会在艺术、科学等等方面得到发展”（《马克思恩格斯文集》）。可以预见，随着人工智能代替人类越来越多的一般劳动，人类社会就可能在科学、教育、艺术等一切能丰富和实现人的本质领域充分全面发展起来。劳动阶级不仅不会成为多余阶级，反而会成为创造新社会的主力军。

五、人工智能不能自发消解资本主义雇佣劳动制度

一方面，人工智能是社会生产力发展到新的水平的标志。人工智能应用能够极大提高资本有机构成，作为资本形态，其诞生后必然以“吞噬活劳动”为最大职能。另一方面，“黑人就是黑人。只有在一定的关系下，他才成为奴隶。纺纱机是纺棉花的机器。只有在一定的关系下，它才成为资本”（《马克思恩格斯文集》）。人工智能不天然就是资本。作为人类创造的技术存在，人工智能的资本主义应用带来的创造性破坏，既一定程度上强化这个制度，又在一定深度上为消解这个制度创造条件。人工智能要发挥撬动人类文明跃升的“历史杠杆”作用，关键在于它能否在先进社会制度和价值体系中被人们自觉应用。

正如原子能可以造福人类，也可以毁灭人类一样，人工智能的应用也有两面性。人工智能只有接受人类制定的法律、伦理制度的规约，才会被人类大规模正常应用。在相当大的程度上，当今人类恐惧的不是人工智能本身，而是它的滥用，包括各种垄断资本对人工智能的利用。即使在资本逻辑框架中，人工智能也被限定在一定的规约中。欧、美、日等发达资本主义国家和地区都相继制定了各

自人工智能应用法律。这些人工智能的立法总体上能够促进人工智能在资本主义社会的发展。由此人工智能的应用在一定程度上可以推动资本主义生产力继续发展，从而起到了巩固和延续资本主义雇佣劳动制度的作用。

人工智能的资本主义应用是新的技术条件下资本逻辑向社会各领域蔓延的又一动能。“智能化生产技术在资本主义劳动过程中的应用，颠覆了车间内部的分工协作方式，改变了传统的雇佣方式。但是，这种改变只是一种形式变化，就本质而言，资本无偿占有劳动者所生产的剩余价值的本质没有变化。……智能化技术的资本主义利用方式意味着新技术革命无法解决资本主义社会的内在矛盾，不可能实现工人的真正解放。”①人工智能可以无限类似人，但永远不可能与人等同。资本家投资人工智能是看好智能技术赋能商品生产过程可以提高资本有机构成，从而攫取更多的剩余价值。人工智能的资本主义应用实质上是资本主义生产方式新的发展形式，是资本逻辑的使然，不能改变资本主义雇佣劳动制度的实质。

人工智能的资本主义应用一方面创造了极致生产力；另一方面，这种生产力不是由全社会共同占有，而是由资本家阶级占有。人工智能的资本主义应用只会在新的基础上累积劳动与资本之间的不可调和的矛盾。资本逻辑决定了人工智能时代，资本主义经济危机、政治危机和社会危机不仅不能消除，反而会在新的基础上趋向激烈。人工智能的资本主义应用，只能进一步制造更多的“异化劳动”，形成更多的生产成果的占有和分配的不公和矛盾，从而累积更加激烈的阶级分化和阶级斗争。这就是为什么以人工智能为代表的第四次工业革命发展以来，生产力极致增长，资本主义经济危机不仅没有消除，而且还显露出向更大范围蔓延的态势。人工智能的资本主义应用不能尊重劳动创造价值的事实，劳动人民的历史主体地位没有随着智能时代的发展而彰显，智能革命以来的资本主义经济和社会危机就不可避免。

新冠肺炎疫情暴发以来，人工智能的资本主义应用与社会主义应用的对比，鲜明地反映了整个社会是围绕“资本”旋转还是围绕“劳动”旋转。一些发达资本主义国家，一方面受感染的病患数量不断攀升，另一方面为了维持所谓经济运转依然不采取严格抗疫措施，充分暴露了资本主义劳动关系的异化。

科技革命的历史发展表明：只要资本主义雇佣劳动制度还存在，人工智能的资本主义应用就会在更深更广的历史范围累积资本主义社会的基本矛盾。在资本

---

① 赵敏、王金秋：《资本主义智能化生产的马克思主义政治经济学分析》，《马克思主义研究》，2020 年第 6 期。

主义雇佣劳动制度中，“劳动对工人来说是外在的东西，也就是说，不属于他的本质；因此，他在自己的劳动中不是肯定自己，而是否定自己，不是感到幸福，而是感到不幸，不是自由地发挥自己的体力和智力，而是使自己的肉体受折磨、精神遭摧残”（《马克思恩格斯文集》）。实践证明，仅有科技和产业革命，没有引导发达的生产力由社会共同占有的社会革命，各种资本体系“吞噬活劳动”就无法避免。人工智能本身不会自发消解资本主义雇佣劳动制度。人工智能在多大程度上发挥消解资本主义雇佣劳动制度的“历史杠杆”作用，取决于人工智能时代工人阶级和劳动人民的历史自觉意识和历史主体意识的发展。

以物联网、区块链和人工智能技术为代表的新一轮信息革命发展迅速，一方面，伴随着“物质生产方式”的转变，资本操控的“马克思主义过时论”“社会主义失败论”等资本主义话语甚嚣尘上；另一方面，事情的实质并没有改变，人工智能归根结底是人类劳动创造的“技术现象”。新一轮科技革命和产业革命发生以来，几乎同时伴随着全球性资本主义经济金融危机。2008 年以来，资本主义制度在西方受到广泛质疑，在资本主义内部同时出现了“反思马克思主义”“重新认识马克思主义”“回归马克思”的思潮。人工智能时代的发展不仅没有动摇马克思劳动价值论，反而在更广阔的历史空间确证了马克思劳动价值观的科学洞见。

六、人工智能时代马克思劳动价值观的“变”与“不变”

“人工智能是引领这一轮科技革命和产业变革的战略性技术，具有溢出带动性很强的‘头雁’效应。在移动互联网、大数据、超级计算、传感网、脑科学等新理论新技术的驱动下，人工智能加速发展，呈现出深度学习、跨界融合、人机协同、群智开放、自主操控等新特征，正在对经济发展、社会进步、国际政治经济格局等方面产生重大而深远的影响。”[①]从马克思劳动价值观中汲取智慧，是校准和调适人们对人工智能认识的重要方法。马克思强调：“任何一个民族，如果停止劳动，不用说一年，就是几个星期也要灭亡。”恩格斯强调：“劳动和自然界在一起才是一切财富的源泉，自然界为劳动提供材料，劳动把材料转变为财富。但是，劳动的作用还远不止于此。”

人工智能代替人的劳动，使人的劳动形态面临颠覆性变化。但是，人的劳动

① 习近平：《加强领导做好规划明确任务夯实基础 推动我国新一代人工智能健康发展》，《人民日报》，2018 年 11 月 1 日。

作为价值唯一源泉没有改变，改变的是参与价值创造的生产要素及其对价值创造过程贡献的大小。科技、创意、灵感、数据资源等非物能形态的生产要素在劳动过程中的作用正在凸显。数据资源成为智能社会最重要的生产要素之一。劳动者高阶的能力对促进智能社会的发展具有决定性意义。自由协作、人机协同、互利共享成为智能时代劳动内涵丰富和发展的方向。劳动者自由全面发展成为促进智能时代社会高质量发展的内在要求。

马克思劳动价值观及以其为基础的马克思剩余价值理论最简明地揭示了资本家对于工人的剥削机制，从而体现了无产阶级和资产阶级之间利益的根本对立和不可调和的矛盾。人工智能的发展及其大规模应用到社会物质生产、精神生产进程中，为无产阶级的解放开辟了新的宏观环境和技术条件。随着智能经济和智能社会的发展，劳动复归为人的本质活动已经成为人工智能时代的经验性现实。

在一定意义上，当代中国，大规模人工智能的社会主义应用，特别是人工智能融入社会主义物质生产、精神生产过程，引发传统的劳动形式和劳动形态的变化，已经确证了马克思的预见。人工智能的社会主义大规模应用，为当代中国经济社会高质量发展创造了广阔空间。随着智能经济和智能社会的发展，劳动者将迎来更多的自由全面发展的主客观条件。这既是中国社会自觉坚持和贯彻马克思劳动价值观的结果，又是马克思劳动价值观科学性的生动诠释。

在中国“战疫”斗争中，丰富的人工智能应用，体现了科技的社会主义应用的价值导向和宏观效用。历史确证了包括人工智能在内的科学技术应用于不同社会制度形成的不同效应。由于人工智能的核心机制是信息的交互性和组织性，从信息文明的本性出发，人工智能时代的社会主体越参与信息共享，就越具有创构新文明的能力。①因此，人工智能的社会主义应用能够极大地促进社会生产力的增长，增进社会的公共福利和满足人民美好生活需要。在劳动逻辑中，人工智能的应用越充分，意味着人的自由劳动就越具有发展的空间，从而就越能增强和丰富人的本质，肯定和发展人的本质，从而体现出相较资本主义社会制度的更多优势。当代中国的人工智能的应用已经并将继续确证这一发展趋势。

人工智能的社会主义应用为人类社会自由全面发展开辟了新的动能。人工智能的社会主义应用创造的生产力属于社会共同占有的生产力，体现的是共同劳动、共同享有劳动成果的宏观社会价值导向。人工智能的社会主义应用不仅能加快劳动的解放进程，而且更重要的意义在于劳动成为人的本质活动得到历史的自

---

① 王天恩：《信息文明时代的造世哲学》，《河海大学学报》（哲学社会科学版），2020年第4期。

觉尊重和主动发展。人工智能凝结的发达的社会生产力置于人民共同的集体运用中，协同、互利、合作蕴含的生产力将进一步得到开掘和应用。人工智能等科学技术凝结的人类智慧将造福整个社会。人工智能的社会主义应用具有比资本主义更显著的优越性，必将在科技革命和产业革命进程中，开拓世界社会主义新的发展机遇和前景。

人类迈向智能时代的社会发展表明，人工智能代替人的劳动不仅不能加持资本主义制度，反而加速暴露资本主义制度的历史局限性和暂时性。从科技角度而言，人工智能的发展意味着消除人类必要劳动具有现实的可能。人工智能时代，劳动解放的生产力条件已具有经验性现实基础。劳动正义、劳动创造历史的理论逻辑与实践逻辑正趋向统一。整个社会自觉尊重劳动人民历史主体地位成为推动智能时代世界社会主义复兴的根本力量。

人工智能时代，仍然是马克思主义所指明的历史时代。不改变资本主义私有制及其雇佣劳动制度，人工智能无法给社会带来普惠发展。智能社会的发展再次确证了资本主义无法容纳它自己创造的生产力。马克思劳动价值观不仅没有过时，而且更加显示出其真理性力量。

第二节　新时代劳动价值观

党的十八大以来，习近平总书记高度重视劳动及劳动教育问题，并就劳动的价值意蕴、核心内涵及其和谐关系构建等基本问题发表了一系列讲话，从而形成了逻辑严密、内涵丰富、立意深远的新时代劳动价值观。梳理新时代劳动的价值意蕴，并在此基础上总结其基本要求及和谐劳动关系的构建路径，这无论是对传承中华民族热爱劳动的美德，还是对实现中华民族的伟大复兴，都具有重大的理论和现实意义。

一、新时代劳动的价值意蕴

新时代劳动的价值意蕴即指劳动在新时代所处的地位和作用。对于这一问题，习近平总书记主要从人类社会、民族国家、政党及个人等四个层面进行阐述，从而为我们理解新时代为什么要营造热爱劳动的氛围指明了方向。

（一）从人类社会层面而言，劳动是推动人类社会进步的根本力量

2013 年 4 月 28 日，习近平总书记在全国劳动模范代表座谈会上指出，人民

创造历史，劳动开创未来。劳动是推动人类社会进步的根本力量。在这里，习近平总书记精辟地指出了劳动在人类社会发展进程中所具有的重要作用。

马克思主义唯物史观认为，劳动构成了人类历史的第一个基本前提，是解开“历史之谜”的钥匙。如果离开了劳动，便无法理解人类社会的产生和发展。正如马克思所指出的那样：“整个所谓世界历史不外是人通过人的劳动而诞生的过程。”（《马克思恩格斯全集》）习近平总书记在继承劳动创造历史这一唯物史观基本观点的基础上，又提出了“劳动是推动人类社会进步的根本力量”这一重要论断，从而进一步丰富和发展了马克思主义关于劳动重要性的认识。那么，该如何理解这一论断呢？我们应当着重把握以下三个方面：

1. 劳动生产力是历史发展的根本动力

历史既不是自创的，也不是神创的，而是由实践着的人民群众创造的。正如马克思所指出的那样，历史不过是追求着自己目的的人的活动而已。也就是说，历史是每个从事实践活动的个体所共同创造的，尽管这其中每个个体力量的大小有所不同，方向也有所差异。当然，需要进一步指出的是，任何人作用于历史都是主观见之于客观的过程，即每个个体都必须通过劳动实践将自己的主观意志和客观实际联系起来，进而把自己的主观诉求外化成客观的对象性存在而影响历史。由此可见，人们的劳动实践在历史发展进程中扮演着至关重要的作用，是推动历史变化和发展的根本力量。

与此同时，劳动对历史发展的作用还体现在生产力与生产关系这对矛盾体系之中。生产力与生产关系的矛盾运动是历史发展的基本动力，它们之间的相互运动推动着历史不断向前发展。而在这对矛盾体系中，生产力又是最活跃、最积极的因素，生产力的变迁直接推动着人类社会形态的更替，正如马克思所指出的那样：“手推磨产生的是封建主为首的社会，蒸汽磨产生的是工业资本家为首的社会。”（《马克思恩格斯文集》）事实上，伴随着劳动生产力的每一次重大变革和发展，人类历史都会获得或快或慢的进步。总之，在推动历史前进的众多因素中，劳动生产力是最根本的动力。

2. 社会关系的形成和发展也离不开劳动实践

社会关系就是人们在共同劳动实践过程中发生的交往关系、合作关系、生产资料占有关系、分配关系及政治关系等，而这些关系都是以劳动实践为基础并在劳动过程中发展起来的。正如马克思、恩格斯所指出的那样，以一定的方式进行生产活动的一定的个人，发生一定的社会关系和政治关系。在此基础上，他们还以麻布生产为例，认为一定的社会关系同麻布、亚麻等一样，也是人们生产出来的。由此可见，马克思、恩格斯在这里强调我们所形成的社会关系，不是来源于人类现实生活之外的某种神秘的东西，而是产生于人们所从事的各种劳动实践之中。当然，社会关系的范围是非常广泛的，有些社会关系看起来离劳动实践较远，甚至好像与劳动实践无关，但归根结底，所有的社会关系都来源于人类的劳动实践，离开了这种劳动实践，任何社会关系将无从谈起。

另外，社会关系的发展也离不开劳动实践。对此，正如马克思所指出的那样，各个人借以进行生产的社会关系，即社会生产关系，是随着物质生产资料、生产力的变化和发展而变化的。

3. 劳动实践推动社会形态的更替

马克思、恩格斯非常重视社会形态的研究，特别是到了晚年，马克思重点研究了经济文化较落后国家的社会形态问题。在马克思、恩格斯看来，社会形态是衡量一个国家社会发展水平和社会发展阶段的一个重要概念。就整个人类社会而言，社会形态遵循着从低级到高级不断发展的进程。那么，促成这一进程的根本动力是什么呢？马克思认为，一切社会变迁和政治变迁的终极原因存在于生产方式和交换方式的变更中。也就是说，在马克思看来，社会形态演进的根源在于人们的物质劳动之中，劳动形式的不同，所形成的社会形态也不一样，如奴隶劳动只能产生奴隶制社会，而徭役劳动只能产生封建社会。由此可见，未来的共产主义社会形态，也必定是在一定的劳动形态的基础上发展起来的。如果没有劳动形态的不断推进和发展，那也就不会有社会形态的更替。

（二）从民族国家层面而言，劳动创造了中华民族

如前所述，劳动既然是人类社会进步的根本推动力量，那么在具体民族国家的创立和发展进程中，劳动也无疑扮演着重要的作用。对此，习近平总书记明确指出："劳动创造了中华民族。"随后，他进一步补充道，劳动"造就了中华民族的辉煌历史，也必将创造出中华民族的光明未来"。[①]由此可见，在习近平看来，劳动创造了中华民族具有两层含义。

1. 就过去而言，劳动铸造了中华民族的辉煌历史

中华民族是勤于劳动、善于创造的民族。习近平总书记在十三届全国人大一次会议上指出，中国人民是具有伟大创造精神、伟大奋斗精神、伟大团结精神、伟大梦想精神的人民。可以说，中华民族几千年来历经艰难曲折，还能始终屹立在世界的东方，首先靠的就是中国人民勤于劳动这个传家宝。一部中华民族形成、发展壮大的历史，其实质就是一部中国人民辛勤劳动的历史。

中国共产党成立后，进一步继承和发扬了中华民族热爱劳动的优良传统，

① 习近平：《习近平谈治国理政》，外文出版社2014年，第46页。

团结带领全国人民顽强奋斗、砥砺前行，最终在中国建立起了社会主义制度，并使得中华民族伟大复兴展现出前所未有的光明前景。在这一进程中，也涌现出了诸多的劳动模范，如新中国成立初期的王进喜、孟泰、赵梦桃等，正因为有了广大劳动人民的辛勤劳动，才使得新中国初期的经济得到迅速恢复和发展。

专栏 2-2

铁人王进喜

王进喜，甘肃玉门人，是新中国第一批石油钻探工人，全国著名的劳动模范。1938 年，15 岁的王进喜进入玉门石油公司当工人，新中国成立后历任玉门石油管理局钻井队长、大庆油田 1205 钻井队队长、大庆油田钻井指挥部副指挥，1956 年加入中国共产党。他率领 1205 钻井队艰苦创业，打出了大庆第一口油井，并创造了年进尺 10 万米的世界钻井纪录，展现了大庆石油工人的气概，为我国石油事业立下了汗马功劳，成为中国工业战线一面火红的旗帜。王进喜以“宁可少活二十年，拼命也要拿下大油田”的顽强意志和冲天干劲，被誉为油田铁人。1959 年，王进喜在全国“群英会”上被授予全国先进生产者称号。

1959 年，他作为石油战线的劳动模范到北京参加“群英会”，看到大街上的公共汽车，车顶上背个大气包，他奇怪地问别人：“背那家伙干啥?”人们告诉他：“因为没有汽油，烧的煤气。”这话像锥子一样刺痛了他。王进喜后来说：“北京汽车上的煤气包，把我压醒了，真真切切地感到国家的压力、民族的压力，呼地一下子都落到了自己肩上。”他曾多次向工友们说：“一个人没有血液，心脏就停止跳动。工业没有石油，天上飞的，地上跑的，海上行的，都要瘫痪。没有石油，国家有压力，我们要自觉地替国家承担这个压力，这是我们石油工人的责任啊。”

1960 年春，我国石油战线传来喜讯——发现大庆油田，一场规模空前的石油大会战随即在大庆展开。王进喜从西北的玉门油田率领 1205 钻井队赶来，加入了这场石油大会战。一到大庆，呈现在王进喜面前的是许多难以想象的困难：没有公路，车辆不足，吃和住都成问题。但王进喜和他的同事下定决心：有天大的困难也要高速度、高水平地拿下大油田。钻机到了，吊车不够用，几十吨的设备怎么从车上卸下来？王进喜说：“咱们一刻也不能等，就是人拉肩扛也要把钻机运到井场。有条件要上，没有条件创造条件也要上。”他们用滚杠加撬杠，靠双手和肩膀，奋战三天三夜，38 米高、22 吨重的井架迎着寒风矗立于荒原。这就是著名的“人拉肩扛运钻机”。要开钻了，可水管还没有接通。王进喜振臂一呼，带领工人到附近水泡子里破冰取水，硬是用脸盆水桶，一盆盆、一桶桶地往井场端了50吨水。在重重困难面前，王进喜带领全队苦干五天五夜，打出了大庆第一口喷油井。在随后的10个月里，王进喜率领1205钻井队和1202钻井队，在极端困苦的情况下，克服重重困难，双双达到了年进尺10万米的奇迹。在那些日子里，王进喜身患重病也顾不上去医院，几百斤重的钻杆砸伤了他的腿，他拄着双拐继续指挥。一天，突然出现井喷，当时没有压井用的重晶粉，王进喜当即决定用水泥代替。成袋的水泥倒入泥浆池却搅拌不开，王进喜就甩掉拐杖，奋不顾身跳进齐腰深的泥浆池，用身体搅拌，井喷终于被制服，可是王进喜累得站不起来了。房东大娘心疼地说："王队长你可真是铁人啊！""铁人"的名字就是这样传开的。王铁人为发展祖国的石油事业日夜操劳，积劳成疾，于1970年患胃癌病逝，年仅47岁。

改革开放后，我国在经济建设、全面深化改革、思想文化和生态文明建设等领域取得了重大成就。也正是基于此，习近平总书记在庆祝"五一"国际劳动节暨表彰全国劳动模范和先进工作者大会上的讲话中指出："正是因为劳动创造，我们拥有了历史的辉煌。"

由此可见，中华民族辉煌的过去与中国人民热爱劳动的优良传统是分不开的。如果没有中国人民勤于劳动的基因，如果没有中国人民艰苦奋斗的作风，那就没有中华民族过去所取得的一切成就，更没有我们今天幸福美好的生活。

2. 就未来而言，实现中华民族的伟大复兴依然要靠劳动

中华民族过去的辉煌史使我们认识到，世界上没有坐享其成的好事，要幸福就要奋斗，要过上更好的生活就要努力，这对我们在新时代坚持和发展中国特色社会主义依然具有重要的指导意义。在党的十九大报告中，习近平总书记指出："今天，我们比历史上任何时期都更接近、更有信心和能力实现中华民族伟大复兴的目标。"在此基础上，习近平总书记还为中华民族的伟大复兴作出了战略安排，从而进一步激发了广大人民群众建设社会主义现代化强国的积极性、主动性和创造性。然而，就现实性来说，中华民族的伟大复兴并非轻轻松松、敲锣打鼓就能实现，在前进的道路上，我们必将面临许多新的困难和挑战。那么，对此我们应该怎么办呢？对于这一问题，习近平总书记给出的答案是依靠劳动。在习近平总书记看来，只有全党全国各族人民脚踏实地，付出更为艰辛的努力和劳动，中国梦的实现才能有牢固的基础。正因为如此，习近平总书记向全党全社会发出了"以劳动托起中国梦"的号召。

在实现中华民族伟大复兴的进程中，道路不可能一帆风顺，目标不可能一

蹴而就，梦想不可能一夜成真。离实现中华民族伟大复兴的目标越近，就越不能懈怠，越要加倍努力和奋斗。正如习近平总书记所指出的那样："面向未来，全面建成小康社会要靠实干，基本实现现代化要靠实干，实现中华民族伟大复兴要靠实干。"也就是说，空谈只会误国，实干方能兴邦。只要中国人民大力弘扬真抓实干、埋头苦干的良好风尚，我们就一定能够实现中华民族伟大复兴。

（三）从政党层面而言，劳动是加强党的建设的有效方式

热爱劳动不仅是中华民族的传统美德，同时也是中国共产党人的优良传统。正是通过一代又一代共产党人的辛勤劳动和艰苦奋斗，我们党才能永葆先进性和纯洁性，才能一步步地走向壮大，从而带领人民取得了一个又一个胜利。正如习近平总书记所指出的那样："劳动，是共产党人保持政治本色的重要途径，是共产党人保持政治肌体健康的重要手段，也是共产党人发扬优良作风、自觉抵御'四风'的重要保障。"[①]习近平总书记的这一论述，将劳动实践与全面从严治党有机统一起来，这不仅进一步深化了人们对劳动价值的认识，同时也拓宽了新时代党的建设的内涵，因而具有重要的理论和现实意义。我们可以从以下三个方面进行理解。

1. 劳动是保持共产党人政治本色的重要途径

马克思、恩格斯明确指出，过去的一切运动都是少数人的，或者为少数人谋利益的运动。无产阶级的运动是绝大多数人的，为绝大多数人谋利益的独立的运动。从这一论述可知，人民立场构成了共产党人的根本政治立场，同时也是彰显共产党人政治本色最为重要的方面。那么，如何理解共产党人的这一政治本色与劳动之间的关系呢？其中，至少包含以下两层含义：其一，共产党人践行人民立场的理念离不开劳动。劳动实践是主观见之于客观的中介。这也就意味着共产党人是否真正坚持了人民立场，关键在于有没有在实际中践行这一理念。换句话说，广大党员干部一定要明白"劳动才是我们完成历史使命的必由之路"这一道理，进而通过自己的辛勤劳动带领人民不断过上更加美好的生活。其二，共产党人保持人民立场的理念也离不开劳动。人民立场作为马克思主义政党区别于其他政党的显著标志，是我们必须始终坚持的重大立场。共产党人与人民群众共同劳动，就能及时地了解和掌握人民群众的所思所想，从而为人民立场的坚守提供不竭动力。

---

① 习近平：《在乌鲁木齐接见劳动模范和先进工作者、先进人物代表　向全国广大劳动者致以"五一"节问候》，《人民日报》，2014年5月1日。

总之，劳动对保持共产党人的政治本色具有至关重要的作用，因此在任何时候和任何情况下，共产党人都不能忽视劳动、漠视劳动和轻视劳动，而要把劳动作为锤炼自己政治本色的重要途径。唯有如此，才能永葆共产党人对党忠诚、为党分忧、为党尽职、为民造福的政治本色。

2. 劳动是共产党人保持政治机体健康的重要手段

勇于自我革命、从严管党治党，这既是中国共产党的优良传统，也是我们党最鲜明的品格。党的十八大以来，以习近平同志为核心的党中央高度重视党的建设问题，不仅提出了全面从严治党这一理念，还将其纳入中国特色社会主义事业战略布局之中，从而体现了中国共产党管党治党的决心。推进全面从严治党的一个重要目的就是保持党的先进性和纯洁性，而劳动恰恰是保持党的先进性和纯洁性的重要手段。党要想保持自身的先进性，很关键的一点就在于必须科学把握形势的变化，特别是要准确捕捉到人民群众的新期待和新向往，而这一切都离不开劳动实践。也就是说，脱离了人民群众火热的劳动实践，那党的先进性便无从谈起。事实上，党的根基在人民、血脉在人民、力量在人民。谋划发展，最了解实际情况的是人民群众；推动改革，最大的依靠力量也是人民群众。因此，我们党制定任何一项政策，推进任何一项改革，都要倾听人民呼声，汲取人民智慧。只有这样，我们党才能永葆先进性。

与此同时，劳动除了保持党的先进性外，还能保持政治机体的纯洁性。这是因为共产党员只有时刻与人民群众劳动在一起，才能更好地体察民情、了解民意，进而在实际工作中真正贯彻以人民为中心的理念。相反，如果共产党人不想劳动或逃避劳动，那他就不可能体会到民之艰辛，也就不会在实际工作中自觉践行群众路线，这无疑会影响党的纯洁性。

3. 劳动是共产党人发扬优良作风、自觉抵御“四风”的重要保障

无论是共产党人发扬优良作风，还是自觉抵御“四风”的侵扰，都离不开劳动实践。一是党的优良作风的发扬需要依靠劳动实践。众所周知，我们党在发展壮大的进程中逐渐形成了理论联系实际、密切联系群众、批评与自我批评三大优良作风，而这些优良作风的形成与发展均离不开劳动。广大党员干部只有同人民群众一道劳动，才算是真正发扬了党的优良传统。二是劳动是抵御“四风”问题的重要保障。当前党内存在的“四风”问题，不管其表现形式如何，说到底是思想认识出了问题，即思想与实际出现了脱节。劳动实践，有助于共产党人养成奉献精神、责任意识和实干作风，从而有效克服工作中出现的不务实、不作为、安于现状等现象。正是基于以上考量，习近平总书记一再告诫共产党人“要带头弘扬劳动精神，增强同劳动人民的感情，带头在各自岗位上勤奋工作、

踏实劳动”①。唯有如此，才能不断提高党的建设质量，从而把党建设成为始终走在时代前列、人民衷心拥护、勇于自我革命、经得起各种风浪考验、朝气蓬勃的马克思主义执政党。

（四）从个人层面而言，劳动是劳动者实现自我发展的现实载体

劳动在具有宏观作用的同时，对劳动者而言还具有微观的作用。习近平总书记在党的十九大报告中强调，要“使人人都有通过辛勤劳动实现自身发展的机会”②。具体来说，劳动对劳动者自身发展的意义主要体现在自我价值与社会价值两方面。

1. 劳动能够满足个体对自我价值的需要

所谓自我价值，就是个体生活活动对自己生存和发展所具有的意义。个体通过劳动，一方面创造自己所需要的物质和精神财富，从而能够直接满足自身需要；另一方面，在劳动过程中，劳动者的劳动情感、劳动态度和劳动能力能够得到相应的提高，其智力、体力和品德也得到相应的发展。最为重要的是，劳动者通过辛勤劳动可以实现自己的愿望和梦想。习近平总书记指出：“我们要在全社会大力弘扬劳动精神，提倡通过诚实劳动来实现人生的梦想、改变自己的命运。”③

2. 个体社会价值的实现也必须依靠劳动

社会价值是个体对社会和他人的生存发展所具有的贡献，而要作出这些贡献，同样离不开个体的劳动实践。

专栏 2-3

劳模朱卫东

“我的工作其实很简单，就是一名普通的钳工，是东风给了我成长的舞台。”朱卫东微笑地说。他 1988 年从二汽技工总校毕业后，进入原二汽（东风）设备制造厂组装车间，从事机床装调钳工工作，先后荣获“荆楚工匠”“中国汽车业十大工匠”“全国五一劳动奖章”等荣誉。

朱卫东从事的钳工装配的精度以微米计算，因此被大家称为“微米钳工”。工作三十多年来，朱卫东大胆创新，总结出一套“望、闻、听、诊、切”的工作方法，能迅速判断机床各种故障。他参与的《工业缝纫机机壳、底板高效生产线的研制》课题获得东风公司科技进步一等奖。他注重成果推广，编写出《DH 加

① 习近平：《在乌鲁木齐接见劳动模范和先进工作者、先进人物代表　向全国广大劳动者致以“五一”节问候》，《人民日报》，2014 年 5 月 1 日。

② 习近平：《习近平谈治国理政》（第三卷），外文出版社 2020 年，第 36 页。

③ 习近平：《在知识分子、劳动模范、青年代表座谈会上的讲话》，《人民日报》，2016 年 4 月 30 日。

工中心操作规范》《DH加工中心操作、维修培训》《DH系列加工中心设备常见故障诊断手册》等标准作业指导书。他不满足于个人的成长进步，将自己总结出的多项绝技绝活无私传授给更多的员工掌握。2015年至今，他利用“名师讲堂”等平台已开展三十多场培训和经验分享会。

劳动者要想展现自己的价值，只有通过劳动这一现实的载体才能实现。劳动使人的本质得到确认，而个体也在为社会和他人劳动的过程中，精神得以升华，意志得以锻炼。个体在劳动过程中实现了自我价值与社会价值的统一，而在这种统一中，个体也得到了全面发展。

二、新时代劳动的核心内涵

劳动的基本要求和核心内涵在不同的时代具有不同的表现。在新时代，习近平总书记基于对劳动者和劳动实践的科学把握，重点从基本理念、价值导向及行为准则等三方面对劳动的时代内涵进行了全新的阐述，从而为我们把握新时代劳动的深刻内涵奠定了理论根基。

（一）要树立“劳动最光荣、劳动最崇高、劳动最伟大、劳动最美丽”的基本理念

理念是行动的先导，只有树立正确的价值理念，行动上才能有成效。那么新时代劳动的价值理念是什么呢？对此，习近平总书记给出了明确的回答，那就是要让“劳动最光荣、劳动最崇高、劳动最伟大、劳动最美丽”的观念在全社会蔚然成风。对于这一理念，习近平总书记在全国劳动模范代表座谈会、表彰全国劳动模范和先进工作者大会、全国教育大会上都曾提及，这种多场合、高频次和持续性的强调，足以说明习近平总书记对这一理念的重视程度。习近平总书记的上述论述，“不仅是对唯物史观关于劳动创造历史的原理的遵循，而且进一步规定了新时代评价劳动意义的社会标准”①，这必将有利于激励广大劳动人民群众投入建设社会主义现代化强国的伟大实践中来。

劳动最光荣，劳动是这个世界上最朴实无华的活动，任何人都可以通过劳动来实现自己的梦想。只要是劳动人民，只要肯付出艰辛的劳动，那就是光荣的和值得称赞的，在劳动中没有高低贵贱之分。劳动从使命而言是崇高的，一方面我

---

① 范宝舟、赵建芬：《论新时代劳动的内涵创新及价值意蕴——学习习近平总书记关于劳动的系列重要论述》，《思想理论教育》，2019年第6期。

国宪法规定公民有劳动的神圣权利和义务，任何单位或个人不能妨碍正常的劳动；另一方面，任何好吃懒做、游手好闲的行为都将受到社会的唾弃。劳动的伟大之处在于其所具有的价值，如前所述，劳动不仅对人类社会、民族国家具有重要的意义，而且对政党和劳动者而言同样具有重要的价值。在一定程度上，我们可以说没有劳动就没有人类所拥有的一切。劳动的美不仅在于劳动能创造美好的物质和精神财富，而且还在于劳动过程中所展现的互帮互助、顽强拼搏、永不放弃等优良品质。

（二）要形成“崇尚劳动、造福劳动者”的价值导向

劳动创造了社会和人本身，理应受到重视。然而，随着改革开放进入深水区和攻坚期，外加受到西方享乐主义和拜金思潮的影响，人们的劳动意识和劳动精神有所淡化，甚至出现了一些错误的劳动观念。概括而言，这些错误的劳动观念主要体现在以下三方面：一是妄想“不劳而获”的风气依然存在。马克思主义认为，劳动是创造财富的源泉，是获取财富的唯一手段。但劳动毕竟是艰辛的，它需要劳动者付出一定的时间和精力，有时甚至需要牺牲休息时间。正因如此，社会上有些人就产生了“不劳而获”的歪念，妄想将他人劳动成果占为己有。二是歧视劳动特别是歧视体力劳动的现象较为突出。众所周知，劳动可分为脑力劳动和体力劳动，它们在人类社会发展进程中均扮演着重要的作用。但随着生产力的提高和信息社会的到来，脑力劳动的重要性越发凸显。在这样的情形下，一些人就觉得体力劳动不如脑力劳动，于是歧视体力劳动的现象时有出现，特别是在一些青年群体中，这种现象还较多，有的人甚至认为在新时代，体力劳动已失去了其存在的必要性。三是糟蹋劳动成果的现象时有发生。新中国成立以来，特别是改革开放以来，在人们辛勤劳动的基础上，我国的物质生产得到极大发展，但糟蹋和浪费劳动果实的现象也随处可见。

所谓崇尚劳动，就是要对劳动和劳动者怀有一种尊重和崇敬之情。首先，要明白“梦想只有靠劳动才能实现”的道理。“不劳而获”的价值理念，与社会主义核心价值观所倡导的理念格格不入。因此，我们要摒弃那种妄图一夜暴富的投机心理，认识到只有脚踏实地、诚实劳动，才能最终通向成功。正如习近平总书记所强调的：“人世间的美好梦想，只有通过诚实劳动才能实现。”①其次，要树立劳动平等的理念。劳动只有领域之分而无贵贱之分，一切合法和诚实的劳动都应该被平等对待。无论是体力劳动还是脑力劳动，也无论是个人创造还是集体创造，都值得尊重和鼓励。最后，要尊重劳动者创造的价值。任何劳动果实都是劳

---

① 习近平：《习近平谈治国理政》，外文出版社 2014 年，第 46 页。

动者通过辛勤劳动才创造出来的，糟蹋劳动成果意味着对劳动者的不尊重。因此，我们要合理使用劳动成果，坚决杜绝浪费行为。造福劳动者就要求我们在实际工作中贯彻以人民为中心的理念，多为劳动者办实事、办好事，切实维护和保障他们的权益。

（三）要遵循“辛勤劳动、诚实劳动、创造性劳动”的行为准则

新时代劳动的核心内涵除了树立正确的理念和形成向上向善的价值导向之外，更为关键的还在于行动，即真真切切地将习近平总书记所提的“辛勤劳动、诚实劳动、创造性劳动”贯穿到生活的方方面面。一是要辛勤劳动。习近平总书记指出：“人世间的一切幸福都需要靠辛勤的劳动来创造。”如果离开了辛勤劳动，那幸福就犹如“镜中花”和“水中月”。一方面，辛勤劳动对劳动者而言本身就是一种幸福，这是因为劳动者能从中实现自我价值和社会价值，从而产生喜悦感、成就感和幸福感；另一方面，辛勤劳动也是幸福的保障。幸福虽说是一个主观性极强的概念，但毋庸置疑的是，权力、金钱及地位等都不是幸福的保障。要想幸福之花常开，唯一的方法就是辛勤劳动。这就要求我们在实际工作中真抓实干、埋头苦干，做到干一行爱一行，爱一行专一行。二是要诚实劳动。这是我们处理劳动关系的基本准则。它要求劳动者在劳动过程中务必遵守相关法律法规，严格依法办事，切勿为了一时之利而损害了长远利益。习近平总书记强调：“在工厂车间，就要弘扬‘工匠精神’……在田间地头，就要精心耕作……在商场店铺，就要笑迎天下客，童叟无欺。”①只有依靠诚实劳动，才能保证市场健康有序运行。三是要创造性劳动。随着信息技术革命的深化发展，劳动的形态也随之发生了变化，新时代的劳动愈加呈现出信息化、数字化、智能化，这也迫切要求我们提升创新能力，将创新精神融入劳动实践中，进而开创劳动的新局面。

当然，需要进一步指出的是，习近平总书记提出的“辛勤劳动、诚实劳动、创造性劳动”并不是一个并列的关系，而是层层递进、环环相扣的关系。“‘辛勤劳动’是最低要求，是每一个劳动者最起码要遵循的准则。而诚实劳动则在更高层面赋予了人社会交往和社会规范的意义。”②它彰显的是劳动更高层面的准则，所要解决的是劳动过程中人与人之间的关系。创造性劳动在三者中居于最高地位，它要求劳动必须紧跟时代潮流，在注重苦干的基础上，更加强调劳动的“巧干”和创造性思维的作用，以便为实现人的全面发展创造条件。

---

① 习近平：《在知识分子、劳动模范、青年代表座谈会上的讲话》，《人民日报》，2016年4月30日。

② 陈好敏、熊建生：《新时代劳动精神的价值意蕴》，《学校党建与思想教育》，2020年第4期。

三、新时代和谐劳动关系

习近平总书记指出："劳动关系是最基本的社会关系之一。"[①]能否构建和谐的劳动关系，不仅关乎民生改善和社会和谐稳定，更关系到国家长治久安和社会主义现代化建设的进程。正因为如此，习近平总书记高度重视劳动关系问题，并提出了一系列关于构建和谐劳动关系的举措。早在2011年，习近平就提出以"党委领导、政府负责、社会协同、企业和职工参与"为格局来构建和谐劳动关系。而在党的十九大上，习近平总书记进一步指出"完善政府、工会、企业共同参与的协商协调机制，构建和谐劳动关系"[②]。

（一）加强教育是构建和谐劳动关系的前提基础

教育是改变人的思想认识的有效方式。构建和谐劳动关系既要靠劳动者的自律自觉，但同时也离不开外在的教育引导。新时代加强劳动教育需要在明确教育内容、创新教育方式及抓住重点群体上着手。

首先，要明确新时代劳动教育的内容。总体而言，新时代劳动教育主要围绕着日常生活劳动、生产劳动和服务性劳动三大内容开展教育。但具体而言，针对不同学段和类型学生特点，内容侧重上又有所差别。如小学低年级主要进行劳动意识的启蒙，而小学高年级主要培养卫生、劳动习惯养成；初中阶段主要使学生初步养成认真负责、吃苦耐劳的品质和职业意识；高中主要围绕丰富职业体验、开展服务性劳动、参加生产劳动而进行；高等学校则主要对学生开展创新创业、实习实训、专业服务、社会实践、勤工助学等方面的教育，从而使大学生树立正确的择业观，并养成自愿服务意识和奉献精神。

其次，要创新教育的方式。好的教育方式可以起到事半功倍的效果。当前加强劳动教育应重点运用以下方式方法：其一，要加强对新兴媒体的利用。新科技的发展催生了许多新兴媒介，如微信、QQ、论坛、微博、抖音等，我们要充分利用好这些媒体，使之成为宣传劳动精神的强大阵地。其二，要抓住重要时间节点进行教育。如重要纪念日、传统节日、党课等都是培养劳动情怀和意识的最佳时机。其三，要坚持从正面加以引导。在广大人民群众中，存在着无数令人感动的普通劳动者，如"最美乡村教师""最美环卫工人""最美消防员"等。对于他们的事迹，我们要加强宣传和报道，通过树典型、赞劳模的方式激励越来越多的

---

① 习近平：《在庆祝"五一"国际劳动节暨表彰全国劳动模范和先进工作者大会上的讲话》，《人民日报》，2015年4月29日。

② 习近平：《习近平谈治国理政》（第三卷），外文出版社2020年，第36页。

人向他们学习。其四，领导干部要发挥好言传身教的作用。领导干部的一言一行对普通民众具有很强的教育意义。基于此，习近平总书记号召“各级领导干部要带头发扬劳模精神，出实策、鼓实劲、办实事，不图虚名，不务虚功”①。

最后，要重点抓住青少年群体的劳动意识教育。青年兴则国家兴，青年强则国家强。只有广大青少年树立了正确的劳动观，民族复兴才有希望。因此，青少年群体理应成为教育的重点对象。对此，习近平总书记强调：“要通过各种措施和方式，教育引导广大青少年牢固树立热爱劳动的思想、牢固养成热爱劳动的习惯。”②在对广大青少年群体进行劳动教育的过程中，要遵循区别对待的原则，把握好青少年的认知规律，将理论讲授与实践体验结合起来，将思想教育与解决实际问题结合起来，从而使青年群体养成尊重劳动、热爱劳动的自觉意识。

（二）加强党的领导是构建和谐劳动关系的根本保证

党政军民学，东西南北中，党是领导一切的。在构建和谐劳动关系上，也必须始终坚持党的领导。唯有坚持党的领导，才能为劳动关系的和谐发展提供根本保证。要想坚持党的领导，就必须提高党在构建和谐劳动关系上把方向、谋大局、定政策的能力。为此，应当从以下几方面入手。

首先，要建立健全相关体制机制。制度是保障劳动关系和谐发展的长效方式。习近平总书记十分重视制度在构建和谐劳动关系中的作用。一是要完善收入分配制度。分配制度事关劳动者的切身利益，能否构建公平、合理的分配制度，将直接影响劳动关系的和谐稳定。一方面，要适当提高劳动者收入水平，即“坚持在经济增长的同时实现居民收入同步增长、在劳动生产率提高的同时实现劳动报酬同步提高”；另一方面，要增加低收入者收入，调节过高收入，取缔非法收入，以此来不断缩小收入分配差距。二是要健全保障职工基本权益的制度。当前，中国改革进入了攻坚期和深水区，面临着利益关系和利益格局的深刻调整，这难免会引起劳动者之间以及劳动者和用人单位之间的关系紧张。对此，习近平总书记指出：“要依法保障职工基本权益，健全劳动关系协调机制，及时正确处理劳动关系矛盾纠纷。”③其中，习近平总书记特别强调劳动保障监察制度、劳动争议调解仲裁机制、劳动关系群体性事件预防和应急处置机制的完善。当然，制度的建设是一个破立并举的过程，习近平总书记在强调建立和完善各项制度的同

① 习近平：《习近平谈治国理政》，外文出版社2014年，第48页。

② 习近平：《在乌鲁木齐接见劳动模范和先进工作者、先进人物代表 向全国广大劳动者致以“五一”节问候》，《人民日报》，2014年5月1日。

③ 习近平：《在庆祝“五一”国际劳动节暨表彰全国劳动模范和先进工作者大会上的讲话》，《人民日报》，2015年4月29日。

时，也指出我们要敢于废除某些不合时宜的制度，如妨碍劳动力流动的体制机制、制约劳动群众就业创业的体制机制等。只有这样，才能保证制度效能的最大化。

其次，要加强劳动关系工作能力建设。当前的劳动关系工作能力与新时代的实践要求还存在一定差距，特别是在平台建设、经费保障和人员配备等方面，还存在许多亟待解决的问题。这就要求各级党委和政府加强顶层设计和宏观指导，从力量配置、经费投入上给予支持，保障构建和谐劳动关系工作顺利开展。

最后，加大构建和谐劳动关系宣传教育力度。教育是改变人的思想认识的有效方式。构建和谐劳动关系要靠制度保障和能力建设，同时也离不开外在的教育引导。各级党政机关要充分利用传统媒介和新兴媒介，特别是在各主流媒体上，大力宣传构建和谐劳动关系的必要性、实际经验和所取得的成就，以此来营造构建和谐劳动关系的良好氛围。

（三）发展和创新工会工作是构建和谐劳动关系的必然要求

作为“职工之家”，工会是党联系职工群众的桥梁和纽带。只有将工会建设好，把工会干部打造成职工的“娘家人”，才能为构建和谐劳动关系奠定坚实基础。其一，要增强工会组织的政治性。工会作为党领导的群团组织，要不断加强自身的政治建设，牢牢把握正确的政治方向，坚持走中国特色社会主义道路，自觉做到在思想上、政治上、行动上同党中央保持高度一致。其二，要坚持以职工为中心的工作理念，即要时刻把为职工服务作为工会工作的出发点和落脚点。受社会主要矛盾发生转变的影响，广大职工的需求必然发生变化。面对此，坚持以职工为中心最重要的就是精准把握职工的多样化需求，并在此基础上进行精准服务。唯有如此，才能提升服务的质量和效益。其三，要善于创造科学有效的工作方法。一方面，工会要切实改进工作作风，破除衙门式作风，摒弃行政化倾向，真正把工会建设成联系职工、服务职工的平台；另一方面，面对中国特色社会主义事业的向前推进，工会在组织体制、运行机制、活动方式等方面也要不断改革创新。特别是在民间交流方面，要积极发展我国工会同各国工会组织、国际和区域工会组织的关系，以便进一步彰显我国工会的国际责任。其四，党和政府要加大对工会的支持力度。各级党委和政府要高度重视工会工作，及时研究和解决工会工作中遇到的各种问题，并在制度完善、经费保障、干部培养等方面给予工会适当支持，以便为工会开展各项工作创造更好条件。

（四）提升劳动者素养是构建和谐劳动关系的重要之举

素养是对一个人整体状况作出综合性判断的概念。劳动者素养的高低不仅对劳动生产力具有重要的影响，而且也是影响劳动关系状况的重要因素。正如习近平总书记所指出的："素质是立身之基，技能是立业之本。"①只有广大劳动者自身拥有较高的素养，才能为构建和谐劳动关系夯实根基。对劳动者而言，其素养集中体现在专业素养和思想品德两方面。为此，就需要"引导广大职工和劳动者树立终身学习理念，不断提高思想道德素质和科学文化素质"。一方面，要通过各种方式提升劳动者的专业技能。专业能力的强弱是影响劳动者劳动能力的重要因素。一般而言，专业技能高的劳动者不仅具有较强的认识和改造世界的能力，而且他们在构建和谐劳动关系中也往往发挥着表率作用。就此而言，党和国家要加强对劳动者的专业技能培训，要从加大经费投入、完善体制机制等方面入手，从而使劳动者有权利、有机会接受劳动教育资源。与此同时，劳动者自身也要在劳动实践中多磨炼，要树立肯学、肯干的理念，并善于利用一切机会来提升自己。另一方面，要加强劳动者思想道德素质的培育。我国是社会主义国家，我们要构建的是中国特色和谐劳动关系。因此，仅有过硬的专业技能是不够的，对劳动者而言，还必须树立正确的世界观、人生观和价值观。这就要求劳动者要勤于学习马克思主义特别是习近平新时代中国特色社会主义思想，自觉践行社会主义核心价值观，当个人利益与集体利益发生冲突时，要发扬识大体、顾大局的优良传统，自觉做社会稳定的维护者。唯有如此，才能为构建劳动关系提供价值指引。正是基于以上判断，习近平总书记作出了"要始终高度重视提高劳动者素质，培养宏大的高素质劳动者大军"②的重要论断。

劳动艺术化

思考题

1. 阐述马克思的劳动价值观的核心要义。
2. 试述人工智能时代马克思劳动价值观的"变"与"不变"。
3. 谈谈你对新时代劳动内涵的理解。
4. 试论新时代劳动的价值意蕴。

① 习近平：《在知识分子、劳动模范、青年代表座谈会上的讲话》，《人民日报》，2016 年 4 月 30 日。

② 习近平：《在庆祝"五一"国际劳动节暨表彰全国劳动模范和先进工作者大会上的讲话》，《人民日报》，2015 年 4 月 29 日。

第三章　劳动精神

本章目标

大学生劳动精神教育有助于培养学生崇尚劳动、热爱劳动、辛勤劳动、诚实劳动的劳动精神，爱岗敬业、争创一流、艰苦奋斗、勇于创新、淡泊名利、甘于奉献的劳模精神，执着专注、精益求精、一丝不苟、追求卓越的工匠精神。通过本章学习，大学生可以掌握劳动精神和劳模精神的内涵，了解劳动精神、劳模精神对劳动实践活动的影响和作用；了解工匠精神的形成与内涵，及其与劳模精神的联系与区别；能够结合自身性格特点、专业实际等，采取恰当方法培育和弘扬劳动精神、劳模精神、工匠精神；能够自觉向劳动模范和先进工作者等榜样看齐。

导入案例

习近平给郑州圆方集团全体职工的回信

郑州圆方集团全体职工：

你们好！新冠肺炎疫情发生后，你们在集团党委带领下，一直坚守保洁、物业等岗位，不少同志主动请战驰援武汉等地的医院，以实际行动为抗击疫情作出了贡献。大家辛苦了！

伟大出自平凡，英雄来自人民。面对这次突如其来的疫情，从一线医务人员到各个方面参与防控的人员，从环卫工人、快递小哥到生产防疫物资的工人，千千万万劳动群众在各自岗位上埋头苦干、默默奉献，汇聚起了战胜疫情的强大力量。希望广大劳动群众坚定信心、保持干劲，弘扬劳动精神，克服艰难险阻，在平凡岗位上续写不平凡的故事，用自己的辛勤劳动为疫情防控和经济社会发展贡献更多力量。

值此“五一”国际劳动节之际，我向你们、向全国各族劳动群众致以节日的问候！

习近平

2020 年 4 月 30 日

圆方集团是河南郑州一家综合服务型民营企业，现有员工 6 万名，其中党员500多名。2020年年初，新冠肺炎疫情发生后，集团党委号召成立“党员突击队”，从正月初八开始，一个多月的时间里，10支党员突击队驰援湖北武汉、十堰及北京等地医院。在党员先锋力量的带动下，公司6万名员工像一颗颗钉子一样“钉”在岗位上，圆满完成了126家医院发热门诊、隔离病房的保洁消杀工作，实现了零感染的战绩，还有人在疫情一线递交了入党申请书。

党的十九大代表、圆方集团党委书记薛荣给习近平总书记写信，代表全体职工汇报了坚守本职岗位、积极参与抗疫的情况，表达了共担责任、共克时艰的决心。在“五一”国际劳动节来临之际，中共中央总书记、国家主席、中央军委主席习近平于4月30日给郑州圆方集团全体职工回信，向他们并向全国各族劳动群众致以节日的问候。

2020年11月24日，全国劳动模范和先进工作者表彰大会在北京人民大会堂隆重举行。习近平出席大会并发表重要讲话。他强调，要大力弘扬劳模精神、劳动精神、工匠精神。劳模精神、劳动精神、工匠精神是以爱国主义为核心的民族精神和以改革创新为核心的时代精神的生动体现，是鼓舞全党全国各族人民风雨无阻、勇敢前进的强大精神动力。

思考：

1. 圆方集团全体职工的抗疫行动体现了什么样的劳动精神？

2. 新时代如何培育和弘扬劳动精神？

第一节　劳动精神概述

一、劳动精神的概念、特征及内涵

（一）劳动精神的概念

近年来，学术界对劳动精神给予了高度关注，不少专家学者对劳动精神的概念、特征、内涵及其功能价值进行了论述。这表明，无论在现实需要层面还是在学理层面，对劳动精神进行科学阐释都是一个十分重要的课题。然而，从已有的研究来看，对于“何谓劳动精神”这一问题，学术界仍旧存在着一些不同的观点和认识。

劳动精神的概念、特征（视频）

一些专家学者对劳动精神所作的定义如下：①劳动精神是人们关于劳动的思想意识和心理状态的总括；②劳动精神是关于劳动的理念认知和行为实践的集中体现；③劳动精神是指一定社会用因劳称义原则建构起来的人们共同的精神系统；④劳动精神是每一位劳动者为创造美好生活而在劳动过程中秉持的劳动态度、劳动理念及其展现出的劳动精神风貌。

综合以上不同观点，可将劳动精神定义为：一定社会中的人们在长期劳动实践中形成的由相对稳定的劳动态度、理念、情感和习惯所共同构成的观念体系和精神风貌。

（二）劳动精神的特征

从以上定义出发，我们不难发现，劳动精神具有以下特征。

1. 劳动精神的主体性

劳动精神的主体是广大的劳动者。作为社会整体的精神系统来说，劳动精神的主体性牵涉的必然是全体劳动者，社会整体的精神系统只有在每个人都共同实践和执行的时候才具有“活性”。正是广大劳动者的一致行动，才整体地激活了劳动精神。需要注意的是，劳动精神并不是所有劳动者的精神力量的总和或简单的机械相加。

2. 劳动精神的实践性

劳动精神是在劳动实践过程中产生的。人们如不参加劳动，就很难或无法产生劳动精神。反之，人们只有在劳动过程中才能体验劳动的甘苦、锤炼劳动的品性、端正劳动的态度、树立劳动的理念。当下，培养和弘扬劳动精神，也应该在劳动过程中完成。

3. 劳动精神的指向性

劳动精神体现了劳动的目的。劳动精神反映了人类劳动的最高目的是创造美好生活。劳动可以创造财富，更可以创造幸福；可以实现梦想、破解难题，也可以成就生命和创造人类文明。

4. 劳动精神的稳定性

劳动精神具有较强的稳定性。劳动精神的这种稳定性是源于人们在长期劳动实践过程中积淀和形成的对于劳动的态度、情感、习惯等，一旦这样的劳动态度、情感、习惯等形成之后，在一个相对长的时期中，都会比较稳固，而且具有延续性和传承性。

5. 劳动精神的时代性

劳动精神具有鲜明的时代特征。劳动精神的时代性与稳定性是辩证统一的。随着时代变迁和社会发展进步，人们的劳动能力、劳动方式、劳动形式、劳动对象等都将发生深刻变化，劳动精神随之也会发生动态转化。不同时代的劳动精神会有不一样的时代烙印，不同时代也将赋予劳动精神不一样的时代内涵。

6. 劳动精神的民族性

劳动精神是在一定社会中人们的劳动实践过程中产生和形成的，这就意味着，不同国家、地域和民族的劳动精神是各不相同的。这就能够很好地解释为什么我们在生活现实中看到的，不同国家地域、民族的人们在劳动过程中，展现出的精神面貌并不相同。

（三）劳动精神的内涵

劳动精神具有深刻丰富的内涵。有人认为，劳动精神就是崇尚劳动、尊重劳动者。有人认为，劳动精神包括劳动者伟大精神、劳动伟大精神两方面。有人认为，近现代中国最具代表的劳动精神可分为四种，即“探索”“抗争”“建设”和“发展”。还有人认为，人类的劳动精神主要包括：劳动创造财富、劳动使人幸福的为民精神，劳动最光荣、劳动要勤奋的敬业精神，劳动出智慧、劳动靠智慧的科学精神，劳动靠大家、协作出成果的合作精神。劳动精神就是人类为了自身的幸福而不懈努力奋斗的精神，和谐相处、合作共事的精神，解放思想、富于创新的精神，讲求效率、追求完美的精神。

随着时代的发展，劳动精神的内涵也在不断丰富和发展。中国特色社会主义进入新时代，新时代的劳动精神有其特定的时代语境和内涵表达。

2014 年 4 月 30 日，习近平总书记在乌鲁木齐接见劳动模范和先进工作者、先进人物代表时，对弘扬劳动精神提出了明确要求。

2018 年 9 月 10 日，习近平总书记在全国教育大会上强调：“要在学生中弘扬劳动精神，教育引导学生崇尚劳动、尊重劳动，懂得劳动最光荣、劳动最崇高、劳动最伟大、劳动最美丽的道理，长大后能够辛勤劳动、诚实劳动、创造性劳动。”这一论述，包含两个层面的内容，即思想认知层面和行动实践层面。

在思想认知层面，体现为崇尚劳动、尊重劳动，懂得劳动最光荣、劳动最崇高、劳动最伟大、劳动最美丽的道理。崇尚劳动指对待劳动本质的认识问题，就是要真正认识到劳动是人类社会存在和发展的基础，是创造文明、推动历史、促进人的全面发展的根本手段。尊重劳动指对待劳动价值的态度问题，就是要真正明白劳动是创造价值的唯一源泉，是美好幸福生活的直接来源。劳动最光荣、劳动最崇高、劳动最伟大、劳动最美丽指对待劳动的情感问题，就是要有勇挑重任的担当。

在行动实践层面，体现为辛勤劳动、诚实劳动和创造性劳动的要求。辛勤劳动指劳动过程中要不怕苦、不怕累，踏实工作、埋头苦干，敬业乐业，这是对劳动者素质的基本要求。诚实劳动指在劳动过程中要坚持实事求是原则和诚信原则，劳动报酬实行按劳分配。创造性劳动指在遵循客观规律、遵从法律法规、遵守伦理道德的前提下，勇于创造、敢于创新，这是人类社会发展规律的必然要求。当然，三者之间也是相互联系、相互促进的。辛勤劳动是诚实劳动、创造性劳动的基础，这是由劳动的本质特性所决定的；诚实劳动是辛勤劳动、创造性劳动的必然要求；创造性劳动是辛勤劳动、诚实劳动的发展，是人的全面发展和社会全面进步的客观要求。

2020 年 11 月 24 日，习近平总书记在全国劳动模范和先进工作者表彰大会上的讲话中明确指出，在长期实践中，我们培育形成了“崇尚劳动、热爱劳动、辛勤劳动、诚实劳动的劳动精神”。简言之，新时代劳动精神的内涵就是崇尚劳动、热爱劳动、辛勤劳动、诚实劳动。

二、新时代劳动精神的价值作用

社会的进步、国家的富强，不仅要靠生产力发展和物质财富的创造，也要靠先进思想和崇高精神的引领。新时代劳动精神展现着新时代中国人民砥砺奋进的新风貌，彰显着中国道路、中国理论、中国制度和中国文化的价值，是促进人的全面发展和社会全面进步、实现“两个一百年”奋斗目标和中华民族伟大复兴中国梦的重要力量源泉。

（一）促进人的自由全面发展的根本手段

劳动精神的发挥，将引导人实现自由全面的发展。劳动是促进人的自由全面发展的根本手段。劳动不仅改造客观世界，也在改造主观世界，使人获得自身的发展。人类社会发展的历史充分表明，劳动的产生就是人类的产生，劳动的异化就是人类的异化，劳动的解放和发展就是人类的解放和发展。在劳动的过程中，通过劳动精神的发挥，人的劳动观念、劳动态度、劳动情感和劳动能力等得到发展，自我的道德品质、智力水平、体力水平和审美能力得到充分提升；人的需要得到满足，人的本质得以确认，人的发展得到实现，最终实现自我价值与社会价值的统一，人们的劳动获得感与幸福感得以增强，人的“德智体美劳”全面发展得以实现。

（二）彰显中国特色社会主义制度优越性的重要标志

新时代劳动精神与剥削阶级的劳动观有着根本区别，是中国特色社会主义制度的鲜明特色，充分体现了中国特色社会主义制度的优越性。在剥削社会中，由于以私有制为经济基础，劳动分工是非自愿和强制性的，劳动对于人自身而言，是与之相对立的力量。物的增值即人的贬值，这样，劳动成为奴役性的活动。我国建立并坚持以公有制为主体的经济制度，确立了劳动者的主人翁地位，把劳动者的地位和尊严放在首位。我国实行以按劳分配为主体、多种分配方式并存的分配制度，坚持效率和公平有机统一，极大地调动了劳动者的积极性。新时代劳动精神生动地诠释了社会主义条件下“劳动光荣、劳动者伟大”“劳有所得、得实相符”“成果共享”的劳动观念，强调构建和谐劳动关系，高扬社会公平正义。

（三）实现中华民族伟大复兴中国梦的强大力量

习近平总书记强调，实现中国梦必须走中国道路、弘扬中国精神、凝聚中国力量。“人民是中国梦的主体，是中国梦的创造者和享有者。”“幸福不会从天而降，梦想不会自动成真。”劳动精神的培育，将促使广大劳动群众充分意识到实现中华民族伟大复兴中国梦过程中劳动、劳动精神的意义和价值，批判和摒弃剥削阶级轻视体力劳动和好逸恶劳的观念，确认自我在实现中国梦过程中的角色与职责，以辛勤劳动、诚实劳动、创造性劳动投身实现中国梦的实践之中。每一位劳动者都是追梦者，更是圆梦者，广大人民群众要勇敢承担起造梦者的责任，争当劳动者，敢于有梦，敢于追梦，敢于充当先锋，将青春奋斗、聪明才智贡献给中国特色社会主义伟大事业。劳动精神之所以伟大，就在于它将凝结广大人民群众的劳动热情，将人民的需要、意志和智慧全都汇集到中华民族伟大复兴的事业当中；它将最广泛、最充分地调动一切积极因素，激活各种劳动资源，让一切劳动、知识和资本的发展活力和创造能量充分释放；它将使广大人民群众正视实现中华民族伟大复兴道路上的艰难险阻，发挥主体性、能动性和创造性，为中国梦的实现无悔拼搏、接续奋斗。

专栏 3-1

令人惊叹的中国速度背后的中国力量

2020 年 2 月 2 日，武汉火神山医院举行交付仪式。火神山医院从 1 月 23 日宣布筹建，到 2 月 2 日完工，整整十天。十天时间，一座可容纳 1 000 张床位的传染病专科医院正式落成。十天建成一座防控疫病的高标准医院，这是新时代奋斗者们创造的又一奇迹。从建设决定的正式宣布，到设计师们一遍遍修改图纸、优化设计方案；从一夜之间集结数百台挖掘机、数千名建设工人，到顶着严寒夜以继日地干个不停：时间紧、任务重、难度大。有人用航拍的方式记录了火神山医院的建设过程。在视频中可以看到，现场有上百台五颜六色的挖掘机同时开工，数不清的渣土车进进出出，场面令人震撼，宛如大片。有外国网友看完视频后评价：“现代工程奇迹，只有中国才行!”

“中国速度”何以如此之快，“中国力量”为何源源不断？

武汉火神山、雷神山、方舱医院的“中国速度”，是成千上万的建设者不分昼夜，通过辛勤劳动、埋头苦干创造的。广大劳动群众的辛勤劳动，是成就“中国速度”的基础。习近平总书记说过：“我们最大的优势是我国社会主义制度能够集中力量办大事。这是我们成就事业的重要法宝。”“中国力量”源源不断，就在于广大劳动群众在劳动实践中大力弘扬劳动精神。新时代劳动精神是彰显中国特色社会主义制度优越性的重要源泉，就在于它能将广大劳动群众充分感召和调动起来，汇聚成中华民族办大事、成大事的磅礴之力。

三、新时代大学生弘扬伟大劳动精神的知与行

大学生是青年群体中的中坚力量，肩负着实现国家富强、民族复兴、人民幸福的时代重任。在新时代的时代际遇和历史方位下，培育和弘扬劳动精神对于大学生而言，有着重要的价值意蕴。

那么，新时代大学生应该如何大力弘扬伟大的劳动精神呢？以下分别从认知和行动两个层面简要谈一谈。

在认知层面，大学生应该自觉树立正确的劳动观和努力培育“崇尚劳动、热爱劳动、辛勤劳动、诚实劳动”的劳动精神，真正发自内心地做到崇尚劳动、尊重劳动，懂得劳动最光荣、劳动最崇高、劳动最伟大、劳动最美丽的道理。这就要求大学生一方面要加强理论学习，要站在自身成长成才成功的高度上，认真学习领会习近平总书记关于劳动和劳动精神的系列重要讲话精神，深刻认识劳动的价值、劳育的重要性和劳动精神的伟力，正确认识德智体美劳五育并举的重要意义，努力追求“德智体美劳”全面发展；另一方面要注重在开展学习和实践等脑力劳动和体力劳动的过程中，消除对劳动的一些错误认识和不尊重劳动、劳动者和劳动成果的错误行为，充分体会劳动的价值和劳动带来的身心愉悦感，充分体会脑力劳动和体力劳动的不同甘苦，充分认识“劳动只有分工之别，而没有贵贱之分”。通过以上两个方面的体认，大学生就能逐步树立正确的劳动观念和理念，做到崇尚劳动、尊重劳动，认识到劳动最光荣、劳动最崇高、劳动最伟大、劳动最美丽。

在行动层面，大学生应该切实做到辛勤劳动、诚实劳动、创造性劳动。大学生应该努力学习、刻苦钻研，大学生从事的劳动以脑力劳动居多，除了进行脑力劳动以外，还应该适量进行一些体力劳动；除了课堂学习以外，课后还要拓展学习深度，要努力跟踪了解学术前沿动态和挖掘学术热点问题；除了专业学习，还

要增加阅读量，多涉猎其他学科知识，扩充知识面，既要博又要专。此外，大学生在学习中要注重理论与实践相结合，还要有效利用好课余和假期时间，积极参与社会实践、专业实习实训等，做到学以致用、学有所用。大学生应该在学习、工作和生活中，坚守诚信，将诚信作为治学与为人处世的重要准则。在日常学习中，要自觉遵守学习纪律，踏踏实实学习，认认真真思考，少一点“拿来主义”，多一些“独立自主”；在开展学术研究时，要遵守学术规范，恪守学术道德；在考试、考核和评价中，要坚守诚信，不能投机取巧、弄虚作假。大学生应该在学习和实践过程中，注重培养批判性思维和创新思维，要勇于突破固化思维，能够运用批判性思维和创新思维进行学习、思考、研究和工作，努力使自己成为独立性强、善于思考、富有创造性的时代所需的高素质创新型人才。

新时代培育和弘扬大学生的劳动精神，既是高校劳动教育的重要内容，也是高校人才培养和大学生思想政治教育的重要渠道。只有充分认识人类劳动的实践意义，熟悉大学生弘扬劳动精神的时代价值，大力开展高校劳动教育，才能更好培养担当民族复兴大任的德智体美劳全面发展的时代新人。广大青年大学生只有积极培育并大力弘扬劳动精神，才能更好地在实现中华民族伟大复兴中国梦的广阔舞台上成就青春梦和个人梦，才能在全面建设社会主义现代化国家新征程上参与创造新的时代辉煌、铸就新的历史伟业！

第二节　劳模精神与工匠精神

“劳动模范是民族的精英、人民的楷模，是共和国的功臣。”①一代又一代劳模不仅创造了巨大的物质财富，而且也创造了伟大的精神财富——劳模精神。理解劳模精神，首先要弄清楚其创造者、承载者是如何产生的，即探寻劳模评选制度变迁。

一、劳模的评选制度变迁

通过回顾历史，我们大致可以把劳模评选制度划分为四个主要阶段。

（一）劳模评选制度的早期探索

劳动模范评选制度发端于中央苏区时期。1931 年 11 月 7 日，中华苏维埃共

① 习近平：《在全国劳动模范和先进工作者表彰大会上的讲话》，《人民日报》，2020 年 11 月 25 日。

和国临时中央政府在江西瑞金成立。面对反“围剿”和治国的双重压力，中国共产党积极调动广大劳动者的革命热情和生产积极性，开始探索通过劳动竞赛表彰先进劳动者。毛泽东在《在第二次全国苏维埃代表大会上的报告》中指出：“提高劳动热忱，发展生产竞赛，奖励生产战线上的成绩昭著者，是提高生产的重要方法。”《第二次全国苏维埃代表大会关于苏维埃经济建设的决议》中明确指出：“苏维埃政府应该特别奖励模范的乡村的农户、模范的工厂、生产队以及个别的劳动战线上的英雄。”[①]苏区“四大红报”之一《红色中华》就记录了当时劳模的光荣事迹。这些探索使劳模评选制度雏形得以形成。

扩大革命根据地和实现革命队伍生产自给是当时摆在中国共产党面前的重要任务，动员广大干部群众参与生产劳动既是战略选择也是现实要求。1937 年 9 月，陕甘宁边区政府成立。在苏联经验和苏区经验的基础上，中国共产党再次开展劳动竞赛，发挥英雄模范和先进人物的示范效应，以此来提高根据地劳动生产率。1939 年 5 月，陕甘宁边区政府举办了首届工业展览会，并奖励了一些先进工厂和劳动英雄，正式开启了劳模评选运动。为保证劳模评选有序进行，边区政府陆续颁布了《陕甘宁边区人民生产奖励条例》《陕甘宁边区督导民众生产运动奖励条例》《机关、部队、学校人员生产运动奖励条例》《陕甘宁边区劳动英雄与模范生产工作者大会及其代表的选举办法》等，对在生产运动中取得重大成绩者予以奖励。这一时期，涌现出赵占魁等近千名劳动英雄以及“三五九旅”等模范群体。1945 年以后，劳模评选不再由边区政府统一进行，改为由各县政府自主选择区域和日期举办。1947 年，由于国民党大举进攻陕甘宁边区，劳模评选工作中断。

《陕甘宁边区人民生产奖励条例》

（二）劳模评选制度的形成

1949 年 10 月 1 日，中华人民共和国成立。1950 年，中央召开全国工农兵劳动模范代表会议，授予李凤莲、赵占魁、孟泰等 464 人全国劳动模范称号。1956 年，中央召开全国先进生产者会议，授予孟泰、裔式娟、林巧稚、华罗庚、钱学森、夏鼐等 4 703 人全国先进生产者称号。同时，本次表彰将集体纳入其中，共表彰 853 个全国先进集体。

1959 年，全国工业、交通运输、基本建设、财贸方面社会主义建设先进集体和先进生产者大会（又称全国群英会）召开，授予王崇伦、倪志福、张秉贵、时传祥、王进喜、赵梦桃等 3 267 人全国先进生产者称号，同时表彰 2 565 个全

① 中共中央文献研究室、中央档案馆：《建党以来重要文献选编（1921—1949）（第十一册）》，中央文献出版社 2011 年，第 137、169 页。

国先进集体。全国群英会突出集体主义价值导向，减少了对先进生产者个人的表彰，扩大了对先进集体的表彰。1960 年，中央召开全国教育和文化、卫生、体育、新闻方面社会主义建设先进单位和先进工作者代表大会（又称全国文教群英会），授予 2 686 人全国先进生产者称号，授予 3 092 个企业全国先进企业称号，集体表彰数量首次超过先进生产者个人数量。“文革”开始后，劳动模范评选活动被迫中断。

新中国成立后的十年间，社会经济迅速发展，受表彰的先进对象来自工、农、教、文、卫、体等各条战线，既有生产能手、岗位标兵，又有科学技术人员、教育工作者。四次表彰在会议名称、评选条件及受表彰对象等方面呈现明显差异，表彰的对象从工农兵扩展到工业战线的先进人物，再到文教战线的先进人物，这与国家恢复生产、发展工业，提高劳动生产率水平的发展需要紧密呼应。

（三）劳模评选制度的定型

随着“文革”的结束，劳模评选迅速得以恢复。从 1977 年 4 月到 1979 年 12 月，短短两年多的时间里，中共中央、国务院连续举办了五次全国劳模表彰大会，开启了劳模评选表彰工作的新高潮。之所以进行如此密集的劳模表彰，是因为“文革”期间，国家经济社会发展遭受巨大创伤，此时需要发挥劳模的榜样引领作用，动员引导社会各界继续艰苦奋斗，努力发展经济，把精力集中到社会主义现代化建设上来。

前三次以中共中央、国务院的名义进行表彰，表彰对象多为 1960 年至 1978 年的劳动模范，带有拨乱反正、落实政策的性质；后两次以国务院的名义进行表彰，表彰对象为 1978 年至 1979 年涌现的先进典型，表彰对象逐步转移到新时期的社会主义现代化建设者，这种变化体现出十一届三中全会前后党的路线方针政策的重大转变。因此，在这段历史时期，“判断一个职工是不是模范，一个集体是不是先进，归根到底要看其在生产力发展方面是不是起了显著作用，对社会主义建设事业是不是做出了较大的贡献”①。

（四）劳模评选制度的深化

1982 年，“奖励劳动模范和先进工作者”被写入宪法。从 1989 年开始，劳模表彰大会正式命名为“全国劳动模范和先进工作者表彰大会”，并沿用至今；从 1995 年开始，每 5 年召开一次。

值得关注的是，从 1989 年 9 月开始，全国劳模的表彰单位由中共中央、国

① 全国供销合作总社：《中国供销合作社史料选编》（第 1 辑・下），中国财政经济出版社 1986 年，第 113 页。

务院变更为国务院；从 2015 年 4 月开始，全国劳模的表彰单位再次回归为中共中央、国务院，这一回归充分体现出在迈向中华民族伟大复兴的征程中党和国家对劳模评选表彰工作的高度重视。

总结这一时期的劳动模范评选，具有以下特点：

一是评选方式更加科学民主。评选工作坚持公开、公平、公正原则，推荐人选须自下而上产生，并接受公众监督。

二是评选标准更加合理。在倡导“无私奉献”的同时，将“对社会有突出贡献”作为重要评选条件，并且在评价指标中增加了敬业精神、创新精神和职业道德等要素。

三是评选范围更加广泛，劳动模范的构成多样化。评选对象包括工人、农民、知识分子、个体经营者、私营企业主、体育明星等。

四是注重持续提高一线职工和农民的比例。2000 年，劳动模范评选分配原则规定“企业一线职工不得低于总数的 35%，农民应占总数的 20%，企业负责人不得超过总数的 8%”。2020 年，要求推荐人选时注重发现、挖掘在疫情防控一线涌现出的先进个人。

五是表彰时间、规模日趋稳定。每次表彰均在 4 月底进行，表彰人数在 3 000 人左右。2020 年，受新冠肺炎疫情影响，推迟至 11 月举行（表 3-1）。①

表 3-1　全国劳动模范和先进工作者表彰情况（1989—2020）

序号	名　称	时　间	颁奖机构	表彰情况	代表人物
1	全国劳动模范和先进工作者表彰大会	1989 年 9 月 28 日—10 月 2 日	国务院	全国劳动模范称号 1 987 人，全国先进工作者称号 803 人	徐虎、申纪兰、包起帆、邓稼先、蒋筑英、聂卫平等
2	全国劳动模范和先进工作者表彰大会	1995 年 4 月 29 日	国务院	全国劳动模范称号 2 157 人，全国先进工作者称号 716 人	徐虎、申纪兰、孔繁森等
3	全国劳动模范和先进工作者表彰大会	2000 年 4 月 29 日	国务院	全国劳动模范称号 1 931 人，全国先进工作者称号 1 015 人	徐虎、李素丽、吴登云等
4	全国劳动模范和先进工作者表彰大会	2005 年 4 月 30 日	国务院	全国劳动模范称号 2 124 人，全国先进工作者称号 845 人	许振超、姚明、刘翔、孔祥瑞、宋鱼水、王顺友等

① 李珂：《楷模与引领：劳动模范评选制度的嬗变与省思》，《教学与研究》，2018 年第 6 期。

续　表

序号	名　　称	时　　间	颁奖机构	表彰情况	代表人物
5	全国劳动模范和先进工作者表彰大会	2010 年 4 月 27 日	国务院	全国劳动模范称号 2 115 人，全国先进工作者称号 870 人	窦铁成、李瑞英等
6	全国劳动模范和先进工作者表彰大会	2015 年 4 月 28 日	中共中央、国务院	全国劳动模范称号 2 064 人，全国先进工作者称号 904 人	巨晓林、白永明等
7	全国劳动模范和先进工作者表彰大会	2020 年 11 月 24 日	中共中央、国务院	全国劳动模范称号 1 689 人，全国先进工作者称号 804 人	洪家光、周家荣、刘双燕、刘丽、胡洪炜、潘从明等

劳模评选的制度化流程如下：

第一步：中央成立大会筹委会。筹委会下设办公室，负责推荐、审核、表彰等各项具体工作。中共中央办公厅、国务院办公厅印发工作通知，对评选表彰工作进行全面部署。

第二步：逐级推荐。严格按照自下而上、逐级推荐、差额评选、层层审核的方式进行。推荐人选经过所在单位、省级公示后再在全国公示。

第三步：严格把关。中央筹委会审核推荐比例、事迹以及程序等；同时，对群众举报意见认真核查，确保拟表彰人选经得住考验。

第四步：网络核查。中央筹委会利用互联网技术、各有关部门的经营异常名单和黑名单等，对拟表彰人选进行认真核查。

如何评选出劳模？怎样能成为劳模？

第五步：全国公示。经过初审和复审，对拟表彰人选在人民日报等中央媒体进行公示，广泛接受社会监督。

第六步：国家表彰。公示期结束后，中共中央、国务院联合下发表彰决定，在人民大会堂召开表彰大会。

二、劳模精神的基本内涵

劳模精神内涵丰富，不同的时代有不同的侧重点。我们可以从历史表达、理论表达和时代表达来理解劳模精神的丰富内涵。

（一）劳模精神的历史表达

不同的年代，对劳模精神有着不同的诠释。革命战争年代，劳动英雄和先进生产者主要来自农业、工业、机关和军队方面。在这一时期，被誉为“边区一面旗帜”的赵占魁、“兵工事业开拓者”的吴运铎等劳动模范的先进事迹和崇高品质，集中体现了以“新的劳动态度对待新的劳动”的社会主义劳动精神。新中国成立之初，劳模主要来自工业战线的基层，一线产业技术工人是主流，评选出来的劳模通常是具有熟练的操作技能、良好的生产能力的“老黄牛式”的技术工人。在这一时期，以闻名全国的“孟泰精神”为代表，树立了工人阶级强烈的主人翁责任感，以及艰苦创业、勤俭节约的高尚情操。社会主义建设时期，铁人王进喜的模范事迹集中体现了中国工人阶级为国争光、为民族争气的爱国主义精神，独立自主、自力更生的艰苦创业精神，胸怀全局、为国分忧的奉献精神。改革开放以来，邓稼先、袁隆平、洪家光等模范人物的先进事迹体现了解放思想、实事求是、紧跟时代、勇于创新、知难而进、一往无前、艰苦奋斗、务求实效、淡泊名利、无私奉献的为社会主义现代化事业不懈奋斗的时代精神。

专栏 3-2

袁隆平——稻田“守望者”

袁隆平，中国工程院院士，国家杂交水稻工程技术研究中心主任，是享誉全球的“杂交水稻之父”。先后荣获国家发明特等奖、首届国家最高科学技术奖、“世界粮食奖”等二十多项国际国内大奖，并当选为美国科学院外籍院士。

他所发明的杂交水稻，被西方专家称为“东方魔稻”，比常规水稻增产 20% 以上，每年因种植杂交水稻而增产的稻谷可以多养活 7 000 万人口，从而从根本上解决了中国人吃饭难的问题。如今，杂交水稻已经推广到全世界二十多个国家和地区，不仅为解决中国人的温饱和保障国家粮食安全作出了杰出贡献，更为世界和平和社会进步树立了丰碑。

（二）劳模精神的理论表达

进入 21 世纪以来，随着劳模评选工作的深入推进，人们对劳模精神的理论认识也进一步深化。2005 年，胡锦涛在全国劳模和先进工作者表彰大会上指出：“一代又一代先进模范人物，以自己的实际行动铸就了爱岗敬业、争创一流，艰苦奋斗、勇于创新，淡泊名利、甘于奉献的伟大劳模精神。”在 2010 年全国劳动模范和先进工作者表彰大会上的讲话中，胡锦涛再次明确爱岗敬业、争创一流，艰苦奋斗、勇于创新，淡泊名利、甘于奉献的伟大劳模精神。党的十八大以来，习近平总书记在多个重大场合的讲话中，继续沿用了这个理论表达。

从内在结构来看，劳模精神的三个方面各有侧重，但又相互关联。其中，爱岗敬业、争创一流侧重于强调岗位责任，艰苦奋斗、勇于创新侧重于强调崇高品质，淡泊名利、甘于奉献侧重于强调价值追求。爱岗敬业、争创一流是劳模精神的本质特征，体现了劳模对国家、社会、职业的高度的责任感、使命感和舍我其谁的主人翁精神。艰苦奋斗、勇于创新是劳模精神的品质体现，劳模是辛勤劳动、诚实劳动、创造性劳动的榜样，他们发愤图强、敢为人先，在实现中华民族伟大复兴的伟大征程中创造了实绩。淡泊名利、甘于奉献则是劳模精神的价值追求，劳模精神的内涵虽随着时代变迁而不断发展，但其价值追求和精神引领未曾改变，一代又一代劳模总是不计名利、甘于平淡，体现党和国家的核心价值导向。

(三) 劳模精神的时代表达

党的十八大以来，习近平总书记高度重视劳模精神，为劳模精神赋予了新的时代内涵。

第一，新时代劳模精神是中国精神的生动体现。在 2020 年全国劳动模范和先进工作者表彰大会上的讲话中，习近平总书记明确提出这一重要论断。他说，劳模精神是“以爱国主义为核心的民族精神和以改革创新为核心的时代精神的生动体现”。首先，劳模精神是民族精神的生动体现。广大劳模继承中华民族崇尚劳动的优秀品质，“在平凡的岗位上创造了不平凡的业绩，以实际行动诠释了中国人民具有的伟大创造精神、伟大奋斗精神、伟大团结精神、伟大梦想精神”①。其次，劳模精神是时代精神的生动体现。劳模是劳模精神的创造者、承载者，他们在时代中成长，又引领时代发展。劳模精神本身就具有时代性，在不同的时代强调的重点不同。新时代劳模精神生动体现了以改革创新为核心的时代精神，既传承了劳模前辈们辛勤劳动、诚实劳动的精神传统，充分汲取时代的先进元素，从而又推动时代精神的丰富和发展。

第二，新时代劳模精神是社会主义核心价值观的生动诠释。习近平总书记明确指出，劳模精神“生动诠释了社会主义核心价值观，是我们的宝贵精神财富和强大精神力量”②。劳模不仅是劳动创造的模范，也是践行社会主义核心价值观的模范。社会主义核心价值观回答了建设什么样的国家、构建什么样的社会、培育什么样的公民的重大问题。劳模精神强调必须通过劳动来建设国家、构建社会、培育公民，在价值追求上与社会主义核心价值观内在耦合，生动体现了社会主义核心价值观的理想图景和现实要求。

---

① 习近平：《在全国劳动模范和先进工作者表彰大会上的讲话》，《人民日报》，2020 年 11 月 25 日。

② 习近平：《在庆祝“五一”国际劳动节暨表彰全国劳动模范和先进工作者大会上的讲话》，《人民日报》，2015 年 4 月 29 日。

专栏 3-3

守住光明，守住希望

在抗击新冠肺炎疫情期间，国网湖北省电力有限公司检修公司输电检修中心带电作业二班班长胡洪炜坚守岗位，确保武汉不发生一起电网事故。

2020 年 2 月下旬，一条为武汉送电的超高压线路发生一起危急隐患，但是乡村都被土堆封住，胡洪炜和同事们背着近 70 千克的装备疾行 4 公里赶到作业点。“当时我一口气都没有歇，直接爬到 40 米高的高空，争分夺秒完成了故障排查。下来后感觉身上都湿透了，又冷又饿。”在战疫期间，他和同事们三天三夜为雷神山通电，五天五夜为火神山通电，37 小时为武汉最大的方舱医院通电。“日日夜夜都是惊心动魄，我们守住了光明，也守住了希望。”胡洪炜说道。

胡洪炜从事的职业与我们每个人的生活和整个社会的运行息息相关。尤其是在抗击新冠肺炎疫情的特殊时期，保障电力安全供应就是在与病毒赛跑、在与死神抢人，正是有胡洪炜为代表的广大电力人的艰辛付出，才保证了万家灯火通明，才保证了抗疫一线各种生活设施、救治器械的正常运转。胡洪炜从事的职业很平凡，但在平凡的工作中造就了不平凡的成就，不仅给人们带来了光明，而且给人们带来了希望，是劳模精神在抗击疫情斗争中的生动体现。

思考：

1. 胡洪炜身上体现了哪些优良品质？

2. 如何看待人们的职业与社会贡献的关系？

3. 如何理解“在平凡的岗位上创造不平凡的业绩”这句话？

三、劳模精神的时代价值

劳模精神是我们极为宝贵的精神财富，在培育时代新人、增强文化自信、实现伟大梦想等方面都有重要的价值。

（一）新时代劳模精神是培育时代新人的精神资源

党的十九大提出了培养担当民族复兴大任的时代新人的战略要求。时代新人是德智体美劳全面发展的人才，崇尚劳动、尊重劳动是时代新人的内在素质要求。我们要用劳模精神培育时代新人。劳模精神以劳动精神为基础，是对劳动精神的深化和推崇。在新时代，纵然人们的物质生活条件得到了极大改善，但劳模精神并没有过时，反而更需要弘扬和践行。面对新情况、新挑战，我们要“以劳动模范为榜样，爱岗敬业、勤奋工作，锐意进取、勇于创造，不断谱写新时代的劳动者之歌”[①]。一方面，劳动是一切幸福的源泉，劳模精神作为社会主义核心价值观的生动诠释，更容易为人们所接受、认同和践行，对培养时代新人具有重要推动作用。另一方面，劳模精神本身蕴含育人价值，通过强化教育引导、舆论宣传、文化熏陶、实践养成、制度保障，培养和造就具有劳模精神的时代新人，激发广大劳动者的积极性、主动性和创造性。

（二）新时代劳模精神是增强文化自信的精神底气

“文化是一个国家、一个民族的灵魂。文化兴国运兴，文化强民族强。没有高度的文化自信，没有文化的繁荣兴盛，就没有中华民族伟大复兴。”[②]文化自信是更基础、更广泛、更深厚的自信，是更基本、更深沉、更持久的力量。劳模精神是中国特色社会主义文化的重要形态，对于增强文化自信具有重要支撑作用。一方面，劳模精神是中国特色社会主义文化的重要组成部分，始终贯穿于中国特色社会主义文化建设的全过程。劳模精神根植于中国人民的劳动过程，特别是中国特色社会主义伟大实践中，继承和发展了中华优秀传统文化，以及党领导人民创造的革命文化和社会主义先进文化。另一方面，劳模精神是建设社会主义文化强国的关键要素。社会主义文化强国建设要靠劳动、要靠劳模精神。具体来说，劳模精神有助于培育和践行社会主义核心价值观，有助于促进中国特色社会主义文化繁荣发展，有助于保持对中国特色社会主义文化理想、文化价值的高度认同。

（三）新时代劳模精神是实现伟大梦想的精神动力

中华民族伟大复兴的中国梦不是轻轻松松、敲锣打鼓就能实现，“根本上要靠包括工人阶级在内的全体人民的劳动、创造、奉献”[③]。伟大时代孕育伟大精神，实现伟大梦想需要伟大精神。一方面，劳模精神是实现伟大梦想的宝贵精神财富。在全社会弘扬和践行劳模精神，营造尊重劳动、尊重知识、尊重人才、尊重创造的社会氛围，涵养以辛勤劳动为荣、以好逸恶劳为耻的社会风气，培育积极健康、开放包容的社会心态，才能够让“劳动光荣、创造伟大”成为时代强音，让劳模精神成为我们时代人人向往的精神高地。另一方面，劳模精神是实现伟大梦想的强大精神力量。在 2020 年全国劳动模范和先进工作者表彰大会上，习近平总书记明确指出，劳模精神是“鼓舞全党全国各族人民风雨无阻、勇敢前进的强大精神动力”。劳模精神不仅可以激发创造物质财富的不竭力量，不断增

---

① 习近平：《在知识分子、劳动模范、青年代表座谈会上的讲话》，《人民日报》，2016 年 4 月 30 日。

② 习近平：《决胜全面建成小康社会　夺取新时代中国特色社会主义伟大胜利——在中国共产党第十九次全国代表大会上的报告》，新华网，2017 年 10 月 27 日。

③ 习近平：《同中华全国总工会新一届领导班子集体谈话》，《人民日报》，2013 年 10 月 24 日。

强劳动本身的价值指数；而且可以提升劳动主体的道德品格和幸福指数，进一步在精神层面凝聚起全社会共识。概括而言，劳模精神能够为中国经济社会发展汇聚强大能量，为全面建设社会主义现代化国家提供强大精神动力。

专栏 3-4

匠心守护飞机“心脏”

他是我国航空发动机制造行业的佼佼者，登上过国家科技最高领奖台，他通过十几年的潜心钻研，研究出“航空发动机叶片磨削用滚轮精密制造技术”，成为行业领军人物，他就是中国航发沈阳黎明航空发动机有限责任公司车工、高级技师洪家光。

航空发动机被誉为现代工业“皇冠上的明珠”，相当于飞机的“心脏”。洪家光加工的精密零件，正是影响发动机安全性能的关键承载部件。

多年前，在加工发动机的修正工具金刚石滚轮时，恰巧当时掌握此项技术的师傅生病住院，任务节点迫在眉睫。得知此事后，洪家光主动承担起任务。

加工这一零件，精度要求极高，如果金刚石滚轮有 1 个尺寸超差，就会导致修理的零件报废。他与团队成员仔细研究叶片的结构特点，用心揣摩，找资料、请教专家、做试验，不断潜心探索实践。那段时间，他连续工作了 10 天，终于攻克了这项难题。

此后，经过不断努力，他与团队成员研发出叶片磨削用金刚石滚轮制造工具。这一工具经生产单位应用后，叶片加工质量和合格率得到了提升。2018 年，凭借该项技术，39 岁的洪家光获得国家科技进步二等奖，是当时获奖者中最年轻的一位。

如今，看洪家光干活已成为一种享受：一身整洁的工装，双手将一块金属装夹在车床上，启动车床，打开切削液开关，左手移动大托盘，右手移动中托盘，试切削一刀，火花飞溅。随后，观看切削面的颜色和亮度变化，调整细微偏差后，再次进行加工，迅速移动托盘回到初始位置，用千分尺测量精度，整套动作一气呵成。

遇到棘手问题，他总是努力想办法解决。他擅长采用先进的加工方法，充分发挥设备、刀具的加工能力。20 年来，他先后完成了 200 多项革新，解决了 300 多个难题。

2015—2019 年，在洪家光与团队成员共同努力下，他领衔的劳模创新工作室团队申报并授权发明专利 5 项，实用新型专利 26 项。同时，团队完成创新和攻关项目 84 项，成果转化 63 项，解决临时难题 65 项。（资料来源：《匠心守护飞机“心脏”》，《工人日报》，2020 年 11 月 30 日）

四、劳模精神的实践要求

习近平总书记指出，要大力弘扬劳模精神，“我国工人阶级和广大劳动群众要继续学先进赶先进，自觉践行社会主义核心价值观，用劳动模范和先进工作者的崇高精神和高尚品格鞭策自己，焕发劳动热情，厚植工匠文化，恪守职业道德，将辛勤劳动、诚实劳动、创造性劳动作为自觉行为”。在新时代，弘扬劳模精神，需要我们在顶层设计、社会导向、个体实践等方面协同发力。

（一）完善弘扬劳模精神的顶层设计

弘扬劳模精神是一项系统的社会工程，“各级党委、政府和工会组织要高度重视劳模、关心爱护劳模，支持劳模发挥骨干带头作用，帮助劳模解决生产生活中的问题，广泛宣传劳模先进事迹，使劳模精神不断发扬光大”[①]。因此，党和国家要在物质层面和精神层面完善顶层设计，重视劳模、关心劳模、爱护劳模，真正体现出党和国家对劳模的高度重视、关心支持和真诚爱护；同时，要创新体制机制，构建各种宣传教育平台，畅通各类弘扬渠道，广泛宣传劳模事迹，讲好劳模故事，支持劳模发挥榜样功能和带头作用。为此，中共中央、国务院于2020年3月颁布《关于全面加强新时代大中小学劳动教育的意见》，明确劳模精神是劳动教育课程体系的重要内容，为新时代弘扬劳模精神构建起了基本行动框架。随后，教育部制定了《大中小学劳动教育指导纲要（试行）》，有的地方还进行了省级顶层设计。例如，湖北省人民政府制定了《全面加强新时代大中小学劳动教育若干措施》。高校是弘扬劳模精神的重要场域和责任主体，各类学校要根据党和国家、教育部以及省委省政府的要求，结合实际制订本校的劳动教育方案，将弘扬劳模精神贯穿劳动教育全过程全方位。

（二）优化弘扬劳模精神的社会导向

全社会都应该尊敬劳动模范，弘扬劳模精神，让诚实劳动、勤勉工作蔚然成风。党的十八大以来，中华全国总工会出台《关于进一步解决劳动模范社会保障和生活困难等问题的通知》，湖北省、江苏省、山东省等纷纷响应，体现了党和国家尊重和保护劳模、弘扬劳模精神的鲜明社会导向。习近平总书记强调：“全社会要崇尚劳动、见贤思齐，加大对劳动模范和先进工作者的宣传力度，讲好劳模故事、讲好劳动故事、讲好工匠故事，弘扬劳动最光荣、劳动最崇高、劳动最

---

① 习近平：《习近平谈治国理政》（第一卷），外文出版社2018年，第47页。

伟大、劳动最美丽的社会风尚。”[1]因此，要真正尊重劳模、关心劳模、爱护劳模，营造学习劳模、争做劳模的良好社会氛围，加快推进劳模精神进企业、进校园、进社区等方面的工作，使劳模精神融入社会主义劳动者诚实劳动、勤勉工作的全过程，在全社会构建社会主义劳动价值认同体系，实现全社会对劳动、知识和创造的普遍认同与尊重。

（三）创新弘扬劳模精神的个体实践

第一，劳模要加强自身素质提升和榜样引领作用。“广大劳动模范和先进人物要珍惜荣誉、再接再厉，爱岗敬业、无私奉献，做坚定理想信念的模范、勤奋劳动的模范、增进团结的模范。”[2]一方面，劳模要把荣誉作为前进动力，秉持积极向上的岗位意识、职业意识、集体意识和进取意识，进一步继承和发扬一代又一代劳模所孕育的优良精神传统；另一方面，劳模要围绕国家重大战略、重大工程、重大项目、重点产业，在出大力、流大汗、苦干、实干、巧干的基础上，融入知识元素、技术元素、创新元素和智力元素，不断提升自身综合素质，以奋力拼搏的干劲、奋勇当先的闯劲、奋发有为的钻劲在新时代继续发挥榜样引领作用。

第二，党员干部要把弘扬劳模精神融入党性修养全过程。习近平总书记指出，各级领导干部要“带头发扬劳模精神，出实策、鼓实劲、办实事，不图虚名，不务虚功，坚决反对干部群众反映强烈的形式主义、官僚主义、享乐主义和奢靡之风‘四风’，以身作则带领群众把各项工作落到实处”[3]。对待劳动、劳动人民和劳模精神的态度体现了党员干部的党性修养。党员干部要密切同劳动人民的联系，增强同劳动人民的感情，在各自岗位上向劳模一样勤奋工作、踏实劳动。因此，党员干部要不断从劳模精神中汲取力量，在学习践行劳模精神的过程中实现自身理想信念、党性修养、政治品格、业务素养的提升和发展。

第三，工人阶级、知识分子等要积极践行劳模精神。在社会主义社会，劳动没有高低贵贱之分，只有具体分工的差别，本质上都是为人民服务。社会主义劳动者“要立足本职岗位诚实劳动。无论从事什么劳动，都要干一行、爱一行、钻一行”；“要立足岗位学，向师傅学，向同事学，向书本学，向实践学”；学习和践行劳模精神，培育辛勤劳动、诚实劳动、创造性劳动的劳动理念，真正尊重劳动、崇尚劳动，尊重劳动者和奋斗者，“通过诚实劳动来实现人生的梦想、改变自己的命运，反对一切不劳而获、投机取巧、贪图享乐的思想”[4]。工人阶级、

---

① 习近平：《在全国劳动模范和先进工作者表彰大会上的讲话》，《人民日报》，2020 年 11 月 25 日。

② 习近平：《习近平谈治国理政》（第一卷），外文出版社 2018 年，第 46—47 页。

③ 习近平：《习近平谈治国理政》（第一卷），外文出版社 2018 年，第 48 页。

④ 习近平：《在知识分子、劳动模范、青年代表座谈会上的讲话》，《人民日报》，2016 年 4 月 30 日。

知识分子等要自觉学习和践行劳模精神，立足岗位、肩负使命、学以致用，充分发挥自身优势，勇于担当、敢于创新，服务社会、报效人民，为建设社会主义现代化强国提供人才支撑、智力支撑、创新支撑。

第四，广大青少年要在学习生活中培养劳模精神。习近平总书记指出，要“教育引导青少年树立以辛勤劳动为荣、以好逸恶劳为耻的劳动观，培养一代又一代热爱劳动、勤于劳动、善于劳动的高素质劳动者”①。因此，学校要积极探索劳模精神进校园的实践路径，将其融入学校教育教学全过程全方位，以劳模的先进事迹感动青少年，以劳模的卓越贡献激励青少年，以劳模的高尚情操带动青少年，以劳模的创新创造引领青少年，促进劳模精神内化为青少年的精神追求，外化为自觉行动。

五、工匠精神的形成与基本内涵

回顾人类历史，工匠的出现几乎与人类的历史一样久远。恩格斯强调，劳动创造了人本身，真正的劳动“是从制造工具开始的”。制造工具是最初的手工艺，这使得前人迈出了人猿相揖别的关键一步。

中国古代涌现出了鲁班、李春、李冰等能工巧匠，流传着庖丁解牛、匠石运斧等匠人佳话，孕育了人类宝贵的精神财富——工匠精神。

在西方，工匠精神萌芽于古希腊罗马时期，那时的工匠精神被看作一种“非利唯艺”的纯粹精神。随着工业化时代的到来，工匠从传统手工业开始向制造业扩张，使工匠精神的内涵也得以丰富。

在发展过程中，我们深刻认识到工匠对于国家发展和民族进步的重要意义，对大国工匠和工匠精神的需要更为迫切，他们是我们实现从制造大国转变为制造强国的重要力量。

党的十八大以来，党和国家尤其重视工匠精神的培育和弘扬。2016 年，李克强总理在政府工作报告中指出：“鼓励企业开展个性化定制、柔性化生产，培育精益求精的工匠精神，增品种、提品质、创品牌。”这里将“工匠精神”纳入国家政策话语体系。在随后历年政府工作报告中，李克强总理都强调了工匠精神（2020 年除外）。

习近平总书记高度重视工匠精神，在知识分子、劳动模范、青年代表座谈会上的讲话中使用这一概念。随后，在党的十九大报告中提出了“弘扬劳模精神和

① 习近平：《在全国劳动模范和先进工作者表彰大会上的讲话》，《人民日报》，2020 年 11 月 25 日。

工匠精神”的明确要求。2020 年，习近平总书记在全国劳动模范和先进工作者表彰大会上的讲话中阐明了工匠精神的基本内涵，即执着专注、精益求精、一丝不苟、追求卓越。从精神特质来看，执着专注是工匠精神的首要要求，精益求精是工匠精神的使命要求，一丝不苟是工匠精神的规范要求，追求卓越是工匠精神的价值要求。

六、劳模精神与工匠精神的联系

第一，二者都是劳动精神的典型形式。无论是劳模精神还是工匠精神，在本源上都属于劳动精神。人们如何对待劳动，以什么样的精神状态对待劳动，并不只是劳动者个人的事情，对经济社会的发展具有尤为重要的作用。马克思明确指出：“任何一个民族，如果停止劳动，不用说一年，就是几个星期，也要灭亡，这是每一个小孩子都知道的。”劳模精神、工匠精神首先是对劳动精神本身的诠释，是崇尚劳动、热爱劳动、辛勤劳动、诚实劳动的集中体现。但是，劳模精神、工匠精神并不等同于劳动精神，而是基于劳动精神的进一步精神升华和内涵再造。也就是说，劳模精神、工匠精神的根基在于劳动精神，是劳模和工匠对劳动精神的践行和升华，是劳动精神的两种典型存在形式。

第二，二者都是中国精神的重要内容。劳模精神、劳动精神、工匠精神承载了中国人民的历史记忆和美好向往，都是中国人民在长期奋斗中形成的宝贵精神财富，为中国经济社会发展汇聚起了强大能量。2013 年，在同全国劳动模范代表座谈时，习近平总书记强调劳模精神“丰富了民族精神和时代精神的内涵，是我们极为宝贵的精神财富”。2016 年，习近平总书记在知识分子、劳动模范、青年代表座谈会上的讲话中明确劳模精神“是伟大时代精神的生动体现”。2020 年，在全国劳动模范和先进工作者表彰大会上，习近平总书记指出：“劳模精神、劳动精神、工匠精神是以爱国主义为核心的民族精神和以改革创新为核心的时代精神的生动体现，是鼓舞全党全国各族人民风雨无阻、勇敢前进的强大精神动力。”劳模精神、劳动精神、工匠精神同时被纳入民族精神体系之中，这是重要的理论创新成果。以劳动精神为基础的劳模精神、工匠精神进一步丰富了民族精神和时代精神，是中国精神的重要内容。

第三，二者的贡献主体存在重叠交叉。无论是劳模精神的创造者和承载者，还是工匠精神的创造者和承载者，他们在本质上都是劳动者。从主体存在的角度来看，劳模、工匠只是劳动者的具体存在形式。作为一种劳动者存在，主体既可以以劳模形式存在，也可以以工匠形式存在。因此，作为主体存在的形式，劳模、工匠并不是互相对立的，而是可以相互转换的。从评选工作角度来看，劳动模范、大国工匠都是党和国家对劳动者的一种官方认可，是劳动者所获得的一种荣誉称号。从目前的评选工作来看，劳动模范、大国工匠并不是两种相互冲突的荣誉称号，有的劳动者被评为劳动模范后又被评为大国工匠，有的劳动者被评为大国工匠后又被评为劳动模范。因此，作为主体存在的劳动者，既可以是劳动模范，同时也可以是大国工匠；既可以是劳模精神的贡献主体，同时也可以是工匠精神的贡献主体。

七、劳模精神与工匠精神的区别

第一，劳模精神的社会政治意蕴更突出。工匠精神被正式纳入国家政策体系，它就不再只具有职业规范意蕴，其社会政治意蕴也随着增强。“十三五”规划就明确要求：“营造崇尚专业的社会氛围，大力弘扬新时期工匠精神。”很明显，培育和弘扬工匠精神是国家行动的战略要求。但是，相比较而言，劳模精神的社会政治意蕴更加突出。从历史逻辑来看，劳模评选工作诞生于新民主主义革命时期，一开始就被赋予了鲜明的社会政治意蕴。新中国成立后，劳模评选是劳动人民主人翁地位的具体体现，是关乎国家性质和执政地位的重大政治问题。改革开放后，中国经济社会发展迅速，劳模评选不能局限在传统意义上的工农群体之中。因此，劳模结构也随着时代的发展而发生变化，其他新兴社会力量的代表也被逐步纳入了评选表彰范围。历史雄辩地证明：“劳动模范是民族的精英、人民的楷模，是共和国的功臣。我国是人民当家作主的社会主义国家，党和国家始终坚持全心全意依靠工人阶级方针，始终高度重视工人阶级和广大劳动群众在党和国家事业发展中的重要地位，始终高度重视发挥劳动模范和先进工作者的重要作用。”①

第二，工匠精神的国际认可度相对更高。最早在中国孕育出来的工匠精神，虽然助力中国在古代长期处在世界舞台中央，但没有助力中国在近代工业文明中继续保持这种优势。正因为如此，原本属于中国本土性概念的工匠精神，在现代社会中反而被经济上占优势的西方世界掌握了话语权。德国、意大利、日本等国的工匠精神令世界为之惊叹，在各自领域中定义规则和标准，向世界提供着质量过硬的产品。

第三，劳模精神比工匠精神覆盖更广泛。随着人类社会的进步，社会分工更

① 习近平：《在全国劳动模范和先进工作者表彰大会上的讲话》，《人民日报》，2020 年 11 月 25 日。

电商玫瑰“燃”红扶贫路

加细化，广大劳动者分布在不同的行业和领域，从事不同的职业和工作。劳模精神的创造者、承载者是劳模，即劳动者中模范代表；工匠精神的创造者、承载者是工匠，主要是劳动者中的产业工人。劳动模范是对各行各业、各条战线劳动者中的模范代表的总体称谓，因而劳动模范可以是产业工人，也可以是人民教师，还可以是体育明星。据统计，在2020年全国劳动模范中，有16人具有一个共同身份——淘宝商家。可以说，劳模精神在各行各业、各条战线中产生，并随着社会分工的发展而进行适度扩张，但工匠精神主要是在产业工人中产生。

专栏 3-5

新时代大力弘扬南泥湾精神

——华为实施“南泥湾计划”带给我们的启示

华为受困：近年来，美国不断加紧对华为等我国企业实施封锁、打压和制裁。2020年年初以来，在受到新冠肺炎疫情的严重冲击下，美国对华为的制裁打压有增无减、一再升级。2020年8月7日，华为消费者业务CEO余承东确认，9月15日之后，华为麒麟高端芯片将绝版，因为台积电、三星等几大晶圆厂商都无法为华为代工芯片。

华为突围：面对美国“卡脖子”，华为的处境可谓太难了，华为该怎么“破”？当举国上下都在为华为捏把汗的时候，华为的“南泥湾计划”浮出水面，出现在华为心声社区中，而该计划的核心就是实现部分产品的“零美国化”。

我们不禁要去思考以下几个问题：华为“去美国化”项目为何以南泥湾命名？华为弘扬南泥湾精神给予我们什么启示？南泥湾是个什么地方？有着怎样的故事？给我们留下了什么宝贵财富？新时代为何要弘扬南泥湾精神？如何大力弘扬南泥湾精神？

回答以上问题，需要我们认真探寻南泥湾大生产运动那段珍贵的历史记忆，细细品味南泥湾精神的价值意蕴。

探寻南泥湾历史

抗日战争期间，中国共产党领导的敌后抗日根据地财政经济遇到极大困难，党中央号召开展大生产运动。1941年3月，八路军三五九旅进驻了作为陕甘宁边区南大门的南泥湾，一边练兵，一边屯田垦荒。

三五九旅刚刚开进南泥湾的时候，南泥湾还是一个梢林满山、荆棘遍野、野兽出没、人烟稀少的地方。在短短的三年内，三五九旅官兵用他们的双手，把“烂泥湾”变成了“处处是庄稼，遍地是牛羊”的陕北好江南，南泥湾由此成为大生产运动的一面旗帜。

“花篮的花儿香，听我来唱一唱。来到了南泥湾，南泥湾好地方。好地方来好风光，到处是庄稼，遍地是牛羊。”这首深情歌唱三五九旅与南泥湾大生产运动的歌曲《南泥湾》，数十年来更是传遍了大江南北，穿越时空，传唱至今。

品味南泥湾精神

南泥湾精神，是以八路军第三五九旅为代表的抗日军民在南泥湾大生产运动中创造的，是中国共产党及其领导下的人民军队在困境中奋起、在艰苦中发展的强大精神力量。南泥湾精神的主要内容包括以下四个方面：

一是自力更生、艰苦奋斗的创业精神。南泥湾精神的核心和本质就是自力更生、艰苦奋斗。三五九旅刚刚进驻南泥湾的时候，战士们描绘那时的南泥湾是：“南泥湾啊烂泥湾，方圆百里山连山。雉鸡成伙满山噪，狼豹成群林里窜。猛兽当家百年多，一片荒凉没人烟。”条件艰苦可想而知，但广大指战员说：“干革命需要艰苦奋斗，艰苦奋斗才能干好革命。”广大官兵积极发扬自力更生、艰苦奋斗的创业精神，克服了种种困难，创造了辉煌奇迹。从1941年起，部队基本上没有向上级领过被子。1942年以后，部队已经达到了粮食自给。1941—1943年，每年上交给边区政府一万石公粮。

二是调查研究、实事求是的科学方法。三五九旅官兵之所以会到南泥湾开荒生产，不是某个人一时的心血来潮，而是建立在朱德等中央领导同志做的大量切实有效的调查研究工作基础之上的。1940年5月，朱德从前线返抵延安。9月，朱德、董必武、徐特立、张鼎丞和王首道等亲临南泥湾和临镇等地实地考察。11月中旬，朱德正式提出军垦屯田的设想，这一主张得到毛泽东和三五九旅旅长王震的赞同。1941年春，朱德率中共中央直属财经处处长邓洁、三五九旅七一八团政委左齐以及技术人员再次来到南泥湾，对南泥湾的开垦做了详细的调查研究。

三是团结一致、共克时艰的优良作风。三五九旅在大生产运动中，上自旅长，下至勤务员和炊事员，一律编入生产小组，同甘共苦，战胜困难。由王震带头，各级干部都战斗在开荒第一线，担负和战士一样的生产任务。凡出现困难的地方，干部总是冲在前面，真正做到了领导生产“不是指手画脚，而是动手动脚”。

四是敢为人先、勇于开拓的创新精神。中国历史上有军垦民屯的传统，但在中国共产党的历史上还没有先例，朱德提出实行垦荒屯田，这个主张本身就体现了一种在艰难困苦之中，勇于创造、积极变革、不墨守成规、敢为人先的创新精神。战士们打破陕北只种旱地的传统与常规，把南方耕种水稻的经验同南泥湾的生态结合起来，试种水稻、开辟稻田获得成功。在开荒生产中，战士们还根据山地和平地的不同情况，创造发明了不同的开荒方式。在开荒种地解决粮食和蔬菜供给的同时，战士们又搞畜牧饲养业，后来他们还开商店，办合作社，从事多种经营，坚持农工商并举。这些也都是敢为人先、勇于开拓的创新精神的生动体现。

思考：

1. 华为实施“南泥湾计划”带给我们什么启示？
2. 如何弘扬南泥湾精神？

思考题

1. 劳动精神的基本特征有哪些？
2. 新时代青年大学生应该怎样知行结合地弘扬劳动精神？
3. 简述劳模评选制度的历史变迁。
4. 劳模精神和工匠精神的基本内涵是什么？
5. 作为新时代的大学生，我们该如何弘扬劳模精神和工匠精神？

第四章　劳动者权益及法律法规保护

本章目标

学生通过本章的学习可以了解劳动者的权利和义务，理解劳动者权益需要法律保护的原因，熟悉大学生劳动常见的法律问题，树立学习劳动法律法规的意识，增强劳动权利意识，提高劳动维权能力。

导入案例

奋斗应提倡，但不能违反劳动法

2019 年，成都某科技公司让员工自愿签署《奋斗者自愿申请书》，做“公司奋斗者”。在该公司发布的文件中通知：“公司奋斗者须自愿加班，放弃带薪休假，放弃加班费，自己能力不足时接受公司淘汰，并承诺不与公司产生法律纠纷。”

享受加班费是劳动者的基本权利。即使签订了奋斗者协议，同意公司不支付加班费也不能被法律认可，单位只要违反了法定工作时间标准、超时安排劳动者延长工作时间，就应承担相应的法律后果。根据我国劳动合同法第三十一条规定，用人单位应当严格执行劳动定额标准，不得强迫或者变相强迫劳动者加班。用人单位安排加班的，应当按照国家有关规定向劳动者支付加班费。因此，加班费自愿放弃是无效的。

最高人民法院 2016 年 11 月 30 日公布的《第八次全国法院民事商事审判工作会议（民事部分）纪要》明确，用人单位在劳动合同期限内通过“末位淘汰”或“竞争上岗”等形式单方解除劳动合同，劳动者可以用人单位违法解除劳动合同为由，请求用人单位继续履行劳动合同或者支付赔偿金，因此以末位淘汰解除合同以及要求劳动者承诺放弃索赔权利是违反劳动法的。

“幸福都是奋斗出来的。”今天的中国，比以往任何时候都更需要奋斗精神。这一点，全社会有着高度共识。亿万中国人民正用忙碌的身影、辛勤的汗水践行着这种共识。我们崇尚的奋斗，是让劳动者实现有尊严地体面劳动、全面发展的奋斗，是基于人们对事业的责任感和对未来的信心的奋斗。如果不能切实保障劳动者的利益，无视劳动者的意愿和身心健康，甚至让员工辛辛苦苦却连个加班费都拿不到，这恰恰是对奋斗者的伤害，也是对奋斗精神的误读。善待劳动者，让劳动者更有获得感、幸福感、安全感，才是对奋斗者最好的致敬，对奋斗精神最好的弘扬。

思考：

1. 劳动者如何维护自己的合法权益？
2. 你如何看待加班与奋斗的关系？

第一节　劳动者的基本权益

全心全意为工人阶级和广大劳动群众谋利益，是我国社会主义制度的根本要求，是中国共产党初心使命的要求，是国家的神圣职责，也是发挥我国工人阶级和广大劳动群众主力军作用最重要最基础的工作。党的十八大以来，以习近平同志为核心的党中央高度重视保障劳动者权益。实践充分证明，实现好、维护好、发展好劳动者的合法权益，努力让劳动者实现体面劳动、全面发展，我国工人阶级和广大劳动群众就一定能进一步焕发劳动热情、释放创造潜能，在实现中国梦的伟大进程中继续拼搏奋斗、争创一流、勇攀高峰。

一、劳动者的概念

（一）劳动者的界定

法律上的劳动者是一种法律主体，是由法律赋予其劳动权利义务的自然人。由于各法域的理念和立法宗旨不同，不同法域中的劳动者的含义也不尽相同，有宪法意义上的劳动者，有社会保险法意义上的劳动者，有劳动法意义上的劳动者。劳动法上的劳动者分为广义上的劳动者和狭义上的劳动者，前者指具有劳动主体资格的自然人，即劳动力市场中的劳动者。后者指劳动关系中的劳动者，即《中华人民共和国劳动法》（以下简称《劳动法》）第二条规定的与企业、个体经济组织有劳动关系的劳动者，以及与国家机关、事业单位、社会团体有劳动合同关系的劳动者。《劳动法》中有的制度，如工资、工时、劳动条件、劳动争议处

谁是劳动者（视频）

理程序等都是为狭义劳动者所设计的。因此，本书中的“劳动者”具体指达到法定年龄，具有劳动能力，以从事某种社会劳动获得收入为主要生活来源，依据法律或合同的规定，在用人单位的管理下从事劳动并获取劳动报酬的自然人。并不是所有自然人都是合格的劳动者，要成为合格的劳动者必须具备一定的条件并取得劳动权利能力和劳动行为能力，才能得到劳动法的特殊保护。

（二）劳动者的构成要素

根据法律规定，一旦劳动关系得以认定，劳动者即可根据《劳动法》《中华人民共和国劳动合同法》（以下简称《劳动合同法》）等规定享受劳动权益，比如说享受最低工资标准待遇、“五险一金”待遇、劳动条件、时间等保障以及劳动合同解除后的经济补偿金、赔偿金等权益。因此，不管从经济利益还是权益保障来说，劳动关系的认定都是至关重要的。平常我们会将所有的用工关系都理解为劳动关系，简而言之就是我为这个老板做事，我就和这个老板存在劳动关系。其实从法律角度来讲，不是所有提供劳动、服务的关系都是劳动关系。最常见的就是家中的保姆，由于保姆的雇主一般来说都是自然人，不是企业法人或者非法人组织，从法律角度来说不属于用人单位，因此这种用工关系只是劳务雇佣关系，而不是劳动关系。有时候，虽然用人方是企业或者社会组织，但其与用工对象如果不具备管理关系，仍然不存在劳动关系。比如说，空调销售企业和空调安装人员之间，如果安装人员是空调销售企业的合作方，承包其安装空调业务，双方定期结算劳务费用，这种情况下也可能被认定为平等主体间的普通合同关系，而非劳动关系。

劳动关系的认定，需要具备以下两个条件：

1. 形式要件

所谓形式要件，是指用人单位和劳动者都具备法律、法规规定的主体资格。比如用人单位必须是企业法人、非法人组织、个体经济组织、国家机关、事业单位、社会团体等主体，不能是个人。而劳动者则必须满足法定劳动年龄且未届满退休年龄，或者虽然达到法定退休年龄但未享受养老保险待遇的劳动者。

2. 实质要件

所谓实质要件，是指劳动者对用人单位具有从属性，具体体现为劳动者服从用人单位的工作安排、劳动纪律、规章制度，用人单位定期计算并发放工资，等等。如果该种从属关系不存在，则二者间很可能属于平等民事主体间的劳务合同关系，而非劳动合同关系。需要注意的是，虽然未签订书面劳动合同但形成事实劳动关系的，劳动关系也成立。

专栏 4-1

灵活就业人员的劳动权益如何保障？

送餐骑手韩某某在送餐途中猝死一事引发关注。因与平台无劳动关系，韩某某唯一能依赖的保障就是自费购买的意外险，而保险公司表示只能赔 3 万元。虽然平台后来表态，将其“人道主义补偿”由最初的 2 000 元提升至 60 万元，但此事还是引发了有关如何应对新就业形态工作风险的争议。随着外卖行业的高速发展，外卖从业人员也越来越多。这些外卖员的辛勤付出为外卖平台的进一步发展贡献了不少力量。但是，对外卖人员的权益保护问题尤其是工伤问题，一直没有纳入现有工伤保险体系。主要原因在于灵活就业人员工伤保险存在三大“拦路虎”：一是缺乏用人单位缴费主体；二是难以认定标准的劳动关系；三是难以认定是工伤还是生活中的伤害。这既不利于行业长远发展，也不利于众多外卖人员的权益维护。因此，社会有必要予以重视并构建科学、合理的外卖人员养老、工伤、意外等权益保护体系，让其不致在意外来临时无助。

二、劳动者的劳动权益内容

劳动者的劳动权益，主要是指劳动者在劳动过程中享有劳动法依法保障的与劳动有关的职业权益。劳动法规定劳动者具有以下主要劳动权益：

（一）劳动者有平等就业的权利

专栏 4-2

要求女性怀孕就辞职合法吗？

最近，一则“应聘时要书面保证‘一旦怀孕就辞职’”的新闻上热搜了。据媒体报道，日前有网友发帖投诉，自己去重庆某酒店应聘，酒店经理要求她写一份一旦怀孕就自己辞职的书面保证。重庆两江新区社会保障局回复，该局已向该单位进行了劳动保障法律法规宣传，要求该单位依法维护劳动者的合法权益。

《劳动法》第十三条规定：“妇女享有与男子平等的就业权利。在录用职工时，除国家规定的不适合妇女的工种或者岗位外，不得以性别为由拒绝录用妇女或者提高对妇女的录用标准。”公司的行为明显侵犯了求职者的平等就业权和就业选择权，涉嫌就业性别歧视。职业性别歧视就是在以性别条件为非必要条件的领域内，因为性别这一因素对职员采取不同的就职限制和待遇。在女性的求职过程中，这样的“门槛”并不少见。《2021 中国女性职场现状调查报告》显示，职场女性晋升预期低于男性，性别与婚育成为主要牵制。在“照顾家庭，职场经历分散”“处在婚育阶段，被动失去晋升”“性别歧视”三个选项上，女性职场人的占比远高于男性。这也再度反映了性别、婚育计划等与工作能力无关的要素，很大程度上影响了女性的职场价值，成为牵制女性职业发展的“玻璃天花板”。①

劳动就业权，是指具有劳动能力的公民有获得职业的权利。劳动是人们生活的第一基本条件，是一切物质财富、精神财富的源泉，它是有劳动能力的公民获得参加社会劳动和切实保证按劳动取酬的权利。公民的劳动就业权是公民享有的各项权利的基础，如果公民的劳动就业权不能实现，其他一切权利也就失去了基础和意义。

涉及就业权理论的一个重要问题是，劳动者就业权的诉求对象为何人，即谁是劳动者就业权的义务主体？有的观点认为是企业或雇主，这一认识在计划经济下不无道理，因为在国家统包统配的劳动就业制度中，国有企业承担着一定的政府职责和义务，接收新工人入厂是企业必须完成的行政任务。但在市场经济条件下，企业作为自主经营的经济实体享有用工自主权，招用多少工人是企业的权利而不是它的义务。雇主在劳动者求职中的义务，只是表现为不得实施歧视行为。而一旦劳动者进入企业，雇主便有义务保障劳动者的就业权，雇主的这一义务，主要表现为不得随意解雇工人。劳动者在企业中所享有的这种就业保障的权利，是通过劳动合同，将法律所赋的法定权利转化为劳资双方的约定权利而得以实现的。

就业权，就其实现的社会关系而言，并不是在企业劳动关系中，而是在社会劳动关系中，因为这一权利的行使是在劳动者与企业建立劳动关系之前。劳动者在与企业建立劳动关系之前，无法直接向企业或雇主主张这一权利。就业权作为一种法律规定的普遍的社会权利，保障这一权利的实现首先是国家的责任和义务。权利的实现，有的是要求权利关系的义务方不作为，有的是要求义务方作为。实现劳动者的这一权利，则要求国家以作为的方式来履行自己的义务。为此，国家必须承担解决和促进劳动者就业的责任。或者说，劳动权中最重要的内容即劳动者要求国家雇佣保障或就业保障的权利，即对于国家的请求权。

保障劳动者的雇佣和就业，是国家的责任和义务。这种责任和义务主要有两

① 2021年3月8日，智联招聘发布《2021中国女性职场现状调查报告》，从婚育、家庭责任、职场发展等多方面切入，针对职场女性的生存发展状况进行呈现和分析。

个方面：一是政府要努力创造就业机会；二是对于劳动者就业提供职业介绍和职业培训。我国《劳动法》第二章第十条、第十二条对于国家在就业方面的责任做了明确规定："国家通过促进经济和社会发展，创造就业条件，扩大就业机会。""地方各级人民政府应当采取措施，发展多种类型的职业介绍机构，提供就业服务。"促进和保障劳动者的就业，是市场经济条件下政府的职责和义务。但在市场条件下，尽管国家负有为劳动者提供劳动机会或称雇佣保障的义务，但国家不能像在计划经济时期那样，直接安排劳动者的就业，或者直接指令企业雇佣某些特定的求职者，而应该创造各种条件，以扩大劳动者的就业机会，并通过发展经济和完善就业政策，来提高就业率。在市场经济下，失业是一种难以避免的经济和社会现象，国家的责任是减少失业，并且为失业者提供基本的生活保障。或者说，国家的责任首先是为劳动者提供就业机会，但在不能提供劳动机会的时候，劳动者享有要求国家提供相当的生活费用的请求权。

在这里，就业权和社会保障权是直接相关的。在一定意义上，可以将失业保险制度看成实施雇佣保障的一种退而求其次的选择，是就业权保障的一种具体的补救或补充制度。在这一意义上，劳动者的失业救济权可看成劳动者就业的附随权利或派生权利。

平等就业权包含三层含义：一是任何公民都平等地享有就业的权利和资格，不因民族、种族、性别、年龄、文化、宗教信仰、经济能力等而受到限制；二是在应聘某一职位时，任何公民都需平等地参与竞争，任何人不得享有特权，也不得对任何人予以歧视；三是平等不等于同等，平等是指对于符合要求、符合特殊职位条件的人，应给予他们平等的机会，而不是不论条件如何都同等对待。

我国《劳动法》第一章第三条明确规定："劳动者享有平等就业和选择职业的权利。"平等就业权的实施，主要是反对就业歧视。国际劳工公约关于"就业歧视"的基本含义为："基于种族、肤色、性别、宗教、政治见解、民族血统、或社会出身等原因，具有取消或损害就业或职业机会均等或待遇平等作用的任何区别、排斥或优惠。"[①]我国《劳动法》第二章第十二条规定："劳动者就业，不因民族、种族、性别、宗教信仰不同而受歧视。"由于中国的经济发展状况和社会历史传统，目前我国存在的就业歧视主要表现为性别、年龄和社会身份方面的歧视。在我国实施劳动就业市场化的改革以后，自由选择职业权在法律上和理论上已经不存在障碍，现实的问题在于我国劳动力市场供过于求，劳动者在求职中有时缺少选择职业的机会。影响劳动者自由就业权实现的因素，既有客观方面的

---

① 国际劳工组织北京局：《国际劳工公约和建议书》第一卷。

劳动力市场供求，也有主观方面的就业歧视，而主观方面的就业歧视实际上是对劳动者就业自由权的侵害。

就业歧视是指用人单位在招聘过程中，对招聘条件相同或相近的求职者基于某些与个人工作能力或工作岗位无关的因素，而不能给予其平等的就业机会或在工资、岗位安排、劳动条件与保护、社会保险与福利等方面不能提供平等待遇。就业歧视的本质特征是没有正当理由的差别对待，其包含两个方面的基本要素：第一，存在差别对待的行为；第二，这种差别对待缺乏合理性基础，为法律所禁止。我国劳动者在就业的过程中碰到的歧视主要表现在以下几个方面：

1. 地域歧视

地域歧视是基于地域差异而对某个特定地域人群形成的一种“区别对待”的偏见心理。由于各个地域的文化千差万别，加上各个地域经济发展的不平衡，导致有些人对某个地方的人和物存在特殊看法。网络上这种地域歧视更是明显，由于新媒体的发展，很多人基于某地发生的新闻事件，喜欢以偏概全，在新闻下面经常发生因为地域而引起的口水骂战。这样的观念进而影响到了现实生活，就产生了个人或用人单位的偏见和歧视。

用人单位在招用人员的时候，应当向劳动者提供平等的就业机会和公平的就业条件，不得有就业歧视。最高人民法院 2018 年印发的《最高人民法院关于增加民事案件案由的通知》中增加了“平等就业权纠纷”案由。凡是遇到就业歧视的，劳动者都可以向人民法院提起诉讼，维护自身权利。

2. 性别歧视

尽管目前在就业男女平等、保障女性权益等方面，国家出台了一系列法律法规，包括《劳动法》《中华人民共和国妇女权益保障法》（以下简称《妇女权益保障法》）、《女职工劳动保护特别规定》等，都强调女性享有和男性平等的就业权利，但是就业领域内仍存在性别歧视。

性别歧视有观念的原因，更有现实的因素。从企业自身利益而言，女性就业被歧视的原因在于生育期间，用人单位不仅减少了劳动力且要支付工资。在没有享受相应政策优惠的情况下，企业从追逐利益的角度，会对女性劳动者产生歧视。要解决就业过程的性别歧视的问题，首先，应改变生育成本只由女性承担的不公平现实，探索社会共担机制，既要建立制度保障的刚性约束，还要探索通过补贴、奖励等多种方式，弥补支出的生育成本，激励更多用人单位招聘女性，实现生育成本由政府与用人单位等多方共担。其次，强化法律作用，提高用人单位违法成本。目前法律的相关规定过于模糊和笼统，比如在《劳动法》《中华人民共和国就业促进法》（以下简称《就业促进法》）、《妇女权益保障法》等法律条文中，只有概括性的规定，并没有细化歧视行为的标准和条件，而且缺乏必要的惩罚处理措施。法律规定如果没有触及单位违法后的生存底线，性别歧视现象屡禁不止也就不足为怪了。因此，需要完善法律规定，细化性别歧视的标准和条件，让法律富有可操作性。对于取证难、维权难的现象，则可以适用举证责任倒置，倒逼单位承担不存在性别歧视的举证责任。同时，对于性别歧视的案件，也可以纳入公益诉讼的范畴，在维权成本上低一点，在维权程序上简单一点，让受到不公平对待的女性就业者不再面临维权窘境。再次，媒体要加大对就业性别歧视的舆论监督力度，改变公众的偏见，引导社会逐渐形成男女平等就业的就业观。最后，面对性别歧视，女性不要沉默，要勇敢捍卫自身权利，促使社会就业公平意识的建立和用人单位招聘用人习惯的改善。

3. 年龄歧视

由于中国人口众多，就业结构出现年轻化的趋势，有的用人单位在招聘时规定了几近苛刻的年龄界限，将一大批年龄较大的求职者排斥在外。越来越多的企业在招聘员工时，将用人的年龄限定在 35 岁以下。

4. 身体歧视

身体歧视也是劳动者在求职择业过程中遇到的歧视之一。比如身高歧视，身高是人为所不能控制的，多是由遗传因素决定。但有的用人单位喜欢在招聘公告上对求职者的身高作出硬性规定，没有达到身高要求的，往往在第一轮简历筛选就落选了。

（二）劳动者有取得劳动报酬的权利

劳动者付出劳动，依照合同及国家有关法律取得报酬，是劳动者的法定权利。及时定额地向劳动者支付工资是用人单位的法定义务。用人单位违反这些应尽的义务，劳动者有权依法要求有关部门追究其法律责任。获取劳动报酬是劳动者持续地行使劳动权不可少的物质保证。

1. 劳动报酬权的性质

劳动报酬权是指劳动者依照劳动法律关系，履行劳动义务，由用人单位根据按劳分配的原则及劳动力价值支付报酬的权利。一般情况下，劳动者一方只要在用人单位的安排下按照约定完成一定的工作量，劳动者就有权要求按劳动量取得报酬。劳动者通过自己的劳动获得劳动报酬，再用其所获得的劳动报酬来购买自己和家人所需要的消费品，从而才能维持和发展自己的劳动力和供养自己的家人，从而实现劳动力的再生产。劳动报酬权是劳动权利的核心，它不仅是劳动者及其家属有力的生活保障，也是社会对其劳动的承认和评价。

劳动报酬权是宪法保护的权利，世界各国均在宪法中明确规定劳动报酬权的相关内容。《中华人民共和国宪法》（以下简称《宪法》）第六条第二款规定，国家在社会主义初级阶段，“坚持按劳分配为主体、多种分配方式并存的分配制度”；在“公民的基本权利和义务”一章中确认劳动报酬权是公民的基本权利之一，规定“国家在发展生产的基础上，提高劳动报酬和福利待遇”；同时第四十八条第二款规定，“国家保护妇女的权利和利益，实行男女同工同酬”。劳动报酬权是我国《劳动法》规定的劳动者的基本劳动权利之一，《劳动法》第四十六条第一款规定：“工资分配应当遵循按劳分配原则，实行同工同酬。”同时，《劳动法》第五十条、五十一条对工资支付做了原则规定。《劳动法》第五十条规定，工资应当以货币形式按月支付给劳动者本人，不得克扣或者无故拖欠。第五十一条规定：劳动者在法定休假日和婚丧假期间，以及依法参加社会活动期间，用人单位应当依法支付工资。

此外，国家劳动行政管理部门为保障劳动者劳动报酬权的实现也发布了一系列规章，如原劳动部发布的《工资支付暂行规定》，以及《对〈工资支付暂行规定〉有关问题的补充规定》对工资支付的办法、禁止克扣或无故拖欠劳动者的工资、对工资支付的监督等，做了较为详细的规定。

2. 劳动报酬权的意义

劳动报酬权的实现与否关系到对劳动者权益的保护，关系到社会稳定和劳动关系的协调。工资在现阶段仍是劳动者及其家庭的主要生活来源，关系到每一个劳动者及其家庭的生存，关系到劳动者生活水平的高低，关系到劳动者劳动报酬权利的实现和职业技能素质的提高。劳动者衣食无着，是社会动荡的因素，工资分配的合理与否，直接影响到劳动关系的协调和稳定。由于工资是参与社会分配的形式，如何分配、按何种标准分配，如何平衡国家利益、企业利益、劳动者利益，关系到国家现阶段的经济政策和就业政策，关系到国家经济的发展速度。现在所发生的劳动争议案中，81%以上是因劳动权和劳动报酬权而起。劳动报酬已成为劳动关系中最为重要的内容，也是最为用人单位和劳动者所关注的问题，同时，也是最容易出现劳动争议的事由。

3. 劳动报酬权的内容

劳动报酬权包括劳动报酬协商权、劳动报酬请求权和劳动报酬支配权。

（1）劳动报酬协商权。

劳动报酬协商权是指劳动者与用人单位通过协商确定劳动报酬的形式和水平的权利，其核心是依法确定劳动者自己劳动力的价格。依法是指双方在确定劳动力价格时，不能违背国家法律的规定。世界上大多数国家都规定有最低工资标准，这也是人权保护在劳动法中的体现，国家对社会公益的干涉。劳动者与用人单位协商确定的劳动力价格不能低于国家的最低工资标准，在此基础上可自由协商确定报酬水平。

劳动报酬协商权在我国法律制度中分两类：一是劳动者个人与用人单位协商制度。二是集体协商，所谓集体协商是指职工代表与企业代表依法就企业内部的工资分配制度、工资分配形式、工资收入水平等事项进行平等协商，在协商一致的基础上，签订工资协议的行为。劳动者与用人单位协商的劳动报酬不能低于集体协商的标准。在劳动报酬方面，劳动者和用人单位的自由权利受到了国家最低工资标准和集体协商工资标准的制约。

（2）劳动报酬请求权。

劳动报酬请求权是劳动者付出了职业劳动之后，有权请求用人单位按时足额支付劳动报酬。劳动报酬请求权在性质上属优先权，即优先受偿权。优先权是指依法律规定，特种债的债权人在债务人的全部财产或特定财产上享有的优先受偿的权利。这种权利在传统民法中被归入物权的范畴。物权具有法定性，与债权相比有优先性。这是根据劳动报酬具有生存保障价值而被赋予的优先于债权而获得受偿的权利，也是人权优先的体现。我国劳动报酬请求权在仲裁诉讼程序上与一般请求权也有区别。

（3）劳动报酬支配权。

劳动报酬支配权是指劳动者独立支配管理和处分自己劳动报酬的权利。劳动报酬支配权具有民法物权的属性，即劳动者有权自主地支配处理其劳动报酬，任何人都不能干涉和侵犯。从人类历史上看，凡有劳动能力的劳动者，在付出劳动之后，就有获得劳动成果的权利，就有获得劳动报酬的权利，这不仅是作为劳动者的人的生存需要，也是作为劳动者的人权需要，同时也是国家法律体现其社会公平和正义的需要。

（三）劳动者有休息休假的权利

1. 休息休假权的概念

休息权是指劳动者在一定的时间内进行休整和放松的权利，包括休整权、休假权、休闲权、安宁权，目的在于保证劳动者的疲劳得以解除，体力和精神得以恢复和发展；保证劳动者有条件进行业余进修，不断提高自己的业务水平和文化水平；保证劳动者有一定的时间料理家庭和个人的事务，丰富自己的家庭生活。

《世界人权宣言》将“休息权”定性为一种“人权”。其中，第二十四条规定：“人人有享受休息和闲暇的权利，包括工作时间有合理限制和定期给薪休假的权利。”在中国，早在1954年，休息权就被写进了第一部宪法。“五四宪法”第九十二条明文规定：“中华人民共和国劳动者有休息的权利。国家规定工人和职员的工作时间和休假制度，逐步扩充劳动者休息和休养的物质条件，以保证劳动者享受这种权利。”

1995 年，《劳动法》和《国务院关于职工工作时间的规定》出台，工时制度和休假制度逐步完善起来。休息权也从权利宣示转变为一项可诉的权利。随后的几十年里，我国先后出台了《劳动合同法》（2007/2012）、《职工带薪年休假条例》（2007）、《中华人民共和国劳动争议调解仲裁法》（以下简称《劳动争议调解仲裁法》）（2007）等一系列法律法规，在实体与程序两方面构建出休息权的权利体系。这一系列法律法规的规定，都以现行《宪法》第四十三条规定为依据，即“中华人民共和国劳动者有休息的权利。国家发展劳动者休息和休养的设施，规定职工的工作时间和休假制度”。

休息权是自然人得以生存和发展的基本权利，属于基本人权的范围。同时，它也是自然人人格权必要的和基本的组成部分，是一项独立的人格权。在现代社会，休息权还是劳动者应当享有的与劳动权密切相关的一项基本权利。因此，我们要像尊重劳动权一样地尊重休息权。劳动是权利，休息同样是权利。

2. 保护劳动者休息休假权的意义

（1）休息权是《宪法》赋予公民的一项基本权利。我国《宪法》第四十三条规定：中华人民共和国劳动者有休息的权利，国家发展劳动者休息和休养的设施，规定职工工作时间和休假制度。在一定的时间范围内，工作时间和休息休假时间存在着此消彼长的关系，过长时间的工作会对劳动者的身体健康造成伤害，法律对劳动者工作时间和休息休假的规定的首要作用就在于保证劳动者的休息权利。

（2）提高劳动者的素质和劳动生产率，保证劳动者在工作之外有充足的休息时间，才能使劳动者有更为充沛的精力和体力继续从事劳动，才能使劳动者有时间进行知识学习，提高自己的素质和工作能力，从而提高劳动生产率。

（3）协调劳动报酬分配和促进就业，工作时间是确定劳动者报酬的一个重要的衡量依据，劳动者的报酬是劳动者在工作时间内创造的财富的一部分，通过对劳动者工作时间的调整，可以间接协调劳动者报酬的分配。通过对劳动时间的调整，国家可以调节劳动力供需之间的矛盾，缩短工作时间，为失业者提供更多的劳动岗位，这是解决失业问题的一个途径。

3. 劳动者休息休假权的主要内容

劳动者可以享受的假期有：①工作间歇休息，即工间休息和用餐时间；②日休息，指劳动者在每昼夜（24 小时）内，除工作时间以外，由自己支配的时间；③周休息，每周至少休息一日；④国家法定节假日，如春节假期、五一假期；⑤带薪年休假。除此之外，还有婚假、产假等。

（四）劳动者有劳动安全卫生保护权利

1. 劳动安全卫生保护权利的概念

劳动安全卫生保护，是保护劳动者的生命安全和身体健康，是对享受劳动权利的主体切身利益最直接的保护。由于劳动总是在各种不同环境、条件下进行的，在生产中存在着各种不安全、不卫生的因素，如不采取防护措施，就会造成工伤事故和引起职业病，危害劳动者的安全和健康。如果劳动保护工作欠缺，导致的后果更是对劳动者健康和生命的危害，对任何一个劳动者而言，生命是行使劳动权利的前提，没有生命，享受任何权利都是一句空话。目前我国已制定了大量的关于劳动安全保护方面的法规，形成了安全技术法律制度、职业安全卫生行政管理制度及劳动保护监督制度，但有些用人单位对于劳动安全保护的重要性认识还不够，有些则无视对劳动者劳动安全保护的责任，尤其一些企业片面追求利润，降低劳动条件的标准，以致发生恶性事故。《劳动法》规定，用人单位必须建立、健全劳动安全卫生制度，严格执行国家劳动安全卫生规程和标准，对劳动者进行劳动安全卫生教育，为劳动者提供符合国家规定的劳动安全卫生条件和必要的劳动防护用品，对从事特种作业的人员进行专门培训，防止劳动过程中的事故，减少职业危害。

2. 劳动安全权利的内容

（1）安全健康保障权。

《中华人民共和国安全生产法》规定，劳动合同应当载明两个法定事项：一是保障从业人员劳动安全，防止职业危害。这种强制性规定是生产经营单位与劳动者签订劳动合同时必须履行的一项义务，更是从业人员享有的一项重要的权利。二是从业人员有依法获得工伤保险的权利。生产经营单位应当为从业人员全额缴纳保险，并在合同中载明。此法还禁止生产经营单位以任何形式与从业人员签订免除或者减轻其对从业人员因生产安全事故伤亡依法应承担责任的“生死合同”。订立了这种合同，并不能免除或者减轻其生产安全事故的责任。

（2）知情权和建议权。

知情权方面，生产经营单位的从业人员有权了解其作业场所和工作岗位在安全生产方面的情况：一是存在的危险因素；二是防范措施；三是事故应急措施。同时，这也是生产经营单位应当向从业人员履行告知的义务。建议权是从业人员尤其是工作在第一线的从业人员，对于如何保证安全生产、改善劳动条件及作业环境，具有优先发言权。从业人员对于安全生产工作提出的意见和建议，其所在单位要给予重视和尊重，积极采纳合理的意见，对不采纳的意见应当给予说明和解释。

（3）监督权。

首先，从业人员依法享有批评权、检举权和控告权等基本权利。从业人员有依法对本单位安全生产工作中存在的问题提出批评的权利，也有对其所在单位及有关人员违反安全生产法律、法规的行为向主管部门和司法机关进行检举和控告的权利。其次，从业人员享有拒绝违章指挥、强令冒险作业的权利。违章指挥是指生产经营单位不顾从业人员的生命安全和健康，指挥从业人员进行生产活动的行为。强令冒险作业是指生产经营单位管理人员对于存在危及作业人员人身安全的危险因素而又没有相应的安全保护措施的作业，强迫命令、要挟从业人员进行作业。

根据《劳动合同法》的规定，劳动者拒绝用人单位管理人员违章指挥、强令冒险作业的，不视为违反劳动合同。用人单位违章指挥、强令冒险作业危及劳动者人身安全的，劳动者可以立即解除劳动合同，不需要事先告知用人单位。这是从另一个方面赋予从业人员的权利。

（4）紧急情况处置权。

从业人员发现直接危及人身安全的紧急情况时，有权停止作业或者在采取可能的应急措施后撤离作业场所，该权利简称紧急撤离权。值得注意的是，行使权利的选择权在从业人员，不要求从业人员应当在采取可能的应急措施后或者在征得有关负责人同意后，撤离作业场所。从业人员行使紧急情况处置权也应得到相应的保护。生产经营单位不得因从业人员在行使紧急撤离权或者采取紧急撤离措施而降低其工资、福利等待遇或者解除与其订立的劳动合同。

（5）社会保险和民事赔偿。

为了确保从业人员在因生产安全事故遭受损害的情况下可以获得充分、合理的救济，从业人员依法享有工伤保险待遇和依法向用人单位主张民事损害赔偿的相关权利，从业人员在依法行使相关权利时，用人单位不得无故推诿、拒绝承担其依法应当承担的法律责任。

（6）接受安全生产教育和培训。

从业人员有接受安全生产教育和培训的权利。生产经营单位应当按照本单位安全生产教育和培训计划的总体要求，结合各个工作岗位的特点，科学、合理安排从业人员的教育和培训工作，保证其具备从事本职工作应当具备的安全生产知识。

3. 职业卫生保护的权利的内容

根据职业病防治法的规定，劳动者享有下列八项职业卫生保护权利：

（1）接受职业卫生教育、培训的权利。

(2) 获得职业健康检查、职业病诊疗、康复等职业病防治服务的权利。

(3) 了解工作场所产生或者可能产生的职业病危害因素、危害后果和应当采取的职业病防护措施的权利。

(4) 要求用人单位提供符合防治职业病要求的职业病防护设施和防治职业病的防护用品，改善工作条件的权利。

(5) 对违反职业病防治法律、法规以及危害生命健康的行为提出批评、检举和控告的权利。

(6) 拒绝违章指挥和强令没有防护措施进行作业的权利。

(7) 参与用人单位职业卫生工作的民主管理，对职业病防治工作提出意见和建议的权利。

(8) 因劳动者依法行使正当权利而降低其工资、福利等待遇或者解除、终止与其订立的劳动合同的，劳动者有获得法律救助的权利。

(五) 劳动者有接受职业技能培训的权利

1. 职业技能培训权的概念

职业技能培训权是劳动者有要求接受职业技能的教育和训练的权利，并可根据这一权利享受相应的待遇的权利。

接受职业技能培训权是指准备就业的人员和已经就业的职工，有获得以培养其基本的职业技能或提高其职业技能为目的而进行的技术业务知识和实际操作技能教育和训练的权利。因为公民实现劳动权离不开劳动者自身拥有的职业技能。在职业技能的获得越来越多地依赖职业培训的今天，公民没有职业培训权利，劳动就业权利就无法充分实现。职业培训之所以成为一种权利，就在于其对劳动者工作权、报酬权和职业安全权的实现具有一种现实的保障功能，能够间接地为劳动者带来利益。因为职业培训有助于增强劳动者的就业竞争能力，扩大择业领域，获取较高的劳动报酬，也可以减少职业伤害。用人单位应当建立职业培训制度，按照国家规定提取和使用职业培训经费，根据本单位实际，有计划地对劳动者进行职业培训。从事技术工种的劳动者，上岗前必须经过培训。正常业务培训不应由职工本人负担费用。

2. 职业培训权利的内容

我国劳动者的职业培训权，主要表现在劳动者在职培训中，但也包括就业前培训。劳动者在就业之后的职业培训权内容广泛，主要有以下几个方面：

(1) 获得参加各种职业培训资格的权利。劳动者依法要求参加规定的各种技能职业培训，用工单位不得拒绝。

(2) 在职工培训中，有权获得规定的学习时间的权利。对于按规定必须安排一定工作时间从事学习的，用人单位应当积极安排。

（3）在职业培训中，按规定由用人单位负担的费用，用人单位应当支付，已经由劳动者代付的，用人单位必须依法返还。

（4）进行特殊培训的权利。从事特种作业的劳动者，要求进行专门培训是职工培训权的具体内容之一。

（5）获得职业培训证书或资格证书的权利。我国的职业培训中心环节就是建立统一的资格证书制度。国家确定职业分类，制定职业技能标准，建立起职业技能培训网络、职业资格证书制度和职业技能鉴定网络，逐步建立和完善职业技能开发体系，保障劳动者的职业培训权得以实现。

（六）劳动者享有社会保险和福利待遇的权利

劳动者享有社会保险和福利待遇的权利，即劳动者享有包括养老保险、医疗保险、工伤保险、失业保险、生育保险等在内的劳动保险和福利。社会保险和福利是劳动力再生产的一种客观需要。

《劳动法》第七十三条规定，劳动者在下列情形下，依法享受社会保险待遇：①退休；②患病、负伤；③因工伤残或者患职业病；④失业；⑤生育。

劳动者死亡后，其遗属依法享受遗属津贴。劳动者享受社会保险待遇的条件和标准由法律、法规规定。劳动者享受的社会保险金必须按时足额支付。

《劳动法》第七十六条规定，国家发展社会福利事业，兴建公共福利设施，为劳动者休息、休养和疗养提供条件。用人单位应当创造条件，改善集体福利，提高劳动者的福利待遇。

（七）劳动者有提起劳动争议处理权

提请劳动争议处理权是指劳动者在劳动过程中因权益问题与用人单位发生争议时，享有的请求有关部门对争议进行处理的权利。

劳动争议一旦发生，就直接关系着劳动者的工作和生活，关系着劳动者的切身利益。因此，法律赋予劳动者提请劳动争议处理的权利，实质就是劳动者享有的请求保护的权利，有利于劳动争议的尽快解决，有利于保护劳动者的合法权益，也有利于培养和提高劳动者的法律意识。

《劳动法》确立劳动者的这项基本权利，具有特别重要的意义：

（1）劳动者提请劳动争议处理的权利，是劳动者其他各项基本权利实现的最有效的保障。当劳动者的其他基本权利或其他合法权益受到侵害时，劳动者通过行使提请劳动争议处理权，就能使自己的权益及时得到法律的保护。

（2）将提请劳动争议处理作为劳动者一项独立的基本权利，有利于促进用人单位认真履行劳动义务，并为劳动者依法行使劳动权利提供必要条件和保障。

《劳动法》第三条规定，劳动者享有提请劳动争议处理的权利。劳动者提请劳动争议处理的权利，具体包括以下内容：

（1）争议处理方式选择权。即劳动者在行使提请劳动争议处理权时，依法享有的对争议处理途径和方式的选择权。《劳动法》第七十七条规定："用人单位和劳动者发生劳动争议，当事人可以依法申请调解、仲裁、提起诉讼，也可以协商解决。"因此，劳动者在行使该项权利时，有权根据法律的规定和自己的意愿选择劳动争议处理方式或处理途径。

（2）请求劳动争议处理机构依法受理争议的权利。要求劳动争议处理机构受理争议，是劳动者该项权利的实质和核心，立法授予劳动者这一权利的目的就在于杜绝对劳动争议不予受理的现象，以切实保障其他权利的实现。因此，基于这一基本权利，当争议处理机构不予受理时，劳动者有权要求受理机构说明不予受理的理由，并且受理机构必须作出答复。

（3）控告权。当劳动者的合法权益遭受侵害，劳动者行使提请劳动争议处理权，而处理机构又不依法受理时，劳动者有权检举和控告。《劳动法》第八十八条第二款规定："任何组织和个人对于违反劳动法律、法规的行为有权检举和控告。"

（八）法律规定的其他权利

法律规定的其他权利包括：劳动者依法参加和组织工会的权利，依法享有参与民主管理的权利，依法享有参加社会义务劳动的权利，从事科学研究、技术革新、发明创造的权利，依法解除劳动合同的权利，对用人单位管理人员违章指挥、强令冒险作业有拒绝执行的权利，对危害生命安全和身体健康的行为有权提出批评、举报和控告的权利，对违反劳动法的行为进行监督的权利，等等。

三、劳动者的义务

劳动者拥有一系列的权利，同时也要履行自己的义务。具体内容如下：

（一）用人单位招用劳动者时，劳动者应如实告知

根据《劳动合同法》规定，用人单位招用劳动者时，有权了解劳动者与劳动合同直接相关的基本情况，劳动者应当如实说明。

（二）劳动者应当遵守用人单位规章制度、劳动纪律，完成劳动任务

根据《劳动合同法》规定，劳动者应当遵守用人单位的各项规章制度和劳动纪律，完成劳动任务。劳动者违反规章制度给用人单位造成损失的应当承担相应赔偿责任。严重违反企业规章制度，用人单位可以依法解除劳动合同。

（三）劳动者在劳动合同期内不能不告而别

根据《劳动法》和《劳动合同法》的规定，依法订立的劳动合同具有法定约束力，用人单位和劳动者应当履行劳动合同约定的义务。因此，在实际工作中，有的劳动者因家中有事或对工作不满意，就不与用人单位打招呼，不辞而别；有的劳动者虽然与用人单位签订了劳动合同，但一旦找到更好的用人单位，就擅自离去，“跳槽”到另一个用人单位，这些做法都是不可取的。根据《劳动合同法》的规定，劳动者随意解除劳动合同，或者违反劳动合同中约定的服务期或者竞业限制条款，给用人单位造成损失的，应当承担相应的赔偿责任。

（四）发生劳动侵权案件后，劳动者应当依法理性维权

当劳动者的合法劳动权益受到侵害时，劳动者应及时收集相关证据向当地劳动保障监察机构投诉。劳动者向劳动保障监察机构投诉，应当依法、理性、实事求是，遵守相关法律、法规，积极配合劳动保障监察机构工作人员对案件的处理工作。劳动者不能借讨薪名义，围堵政府机关或公共场所，甚至恶意讨薪。如果引起社会治安事件，应当承担相应法律责任。

在社会主义制度下，劳动者的权利与义务是统一的。

（1）在社会主义制度下，劳动者是国家的主人。

（2）劳动者的主人翁地位是由劳动者享有的基本权利和劳动者履行的基本义务构成的，是通过劳动者的权利和义务体现出来的。

（3）劳动者的权利和义务是相互依存、不可分离的。任何权利的实现总是以义务的履行为条件。没有权利就无所谓义务，没有义务就没有权利。劳动者在享有法律规定的权利的同时，还必须履行法律规定的义务。

（4）只有坚持权利和义务的统一，才能充分体现劳动者主人翁地位。

第二节　劳动者权益的法律保护

一、劳动者权益需要法律保护

（一）维护劳动者合法权益是社会主义制度的根本要求

1. 维护劳动者权益是社会主义国家性质决定的

全心全意为工人阶级和广大劳动群众谋利益，是我国社会主义制度的根本要求，是“国家一切权力属于人民”的具体表现。“劳动人民是国家的主人”，要把“坚持崇尚劳动、造福劳动者”作为社会主义奋斗的目标。习近平总书记强调，必须牢固树立劳动最光荣、劳动最崇高、劳动最伟大、劳动最美丽的观念，让全体人民进一步焕发劳动热情、释放创造潜能，通过劳动创造更加美好的生活。

2. 造福劳动者是中国共产党人初心和使命的要求

中国共产党始终坚持为中国人民谋幸福、为中华民族谋复兴。

我们坚持以人民为中心的发展思想，深入贯彻新发展理念，民生状况得到诸多改善和更好保障，劳动者的获得感、幸福感、安全感显著增强。例如：教育事业全面发展，就业状况持续改善，城乡居民收入增长跑赢经济增速，覆盖城乡居民的社会保障体系基本建立，健康中国建设取得新进展。这些都是中国共产党人以造福劳动者为最大政绩的生动写照，也是中国共产党人不忘初心、牢记使命的记录。

3. 维护劳动者权益，释放劳动最光荣的时代强音

“人民对美好生活的向往，就是我们的奋斗目标。”面对广大劳动者最关心、最直接、最现实的利益诉求，我们应坚持社会公平正义，排除阻碍劳动者参与发展、分享发展成果的障碍，让劳动者实现体面劳动、全面发展。只有持续提升广大劳动者的获得感、幸福感、安全感，才能让“劳动最光荣、劳动最崇高、劳动最伟大、劳动最美丽”的价值引领在人民内心深处生根发芽、开花结果。

（二）加强劳动者权益法律保护具有正当性

在劳动关系中，劳动力拥有者与劳动力的使用者之间有一种天然的不平等。劳动力市场的供大于求加上劳动力市场中的信息不对称，使得劳动者个体很难与用人单位在一个平等的基础上进行协商，劳动者的生存权相对于用人单位的用工自主权总是处于弱势地位。追求实质正义的法律应当对劳动者一方进行适度地倾斜保护，以矫正现实中劳动者与用人单位之间的不平等地位。

劳动关系双方经济地位的不平等需要国家通过立法予以矫正。

（三）加强劳动者权益法律保护具有现实必要性

“996”入选 2019 年十大网络热词牵动了劳动者敏感的神经。“暴力裁员”“恶意欠薪”等热点事件的发生频繁冲击法律底线和劳动者的心理底线，这些都提示着我们劳动者权益保护的任重道远。

个别企业出于自身利益最大化的考虑，不考虑增强科技含量和提高管理水平，反而将主意打到侵占劳动者合法权益方面：“加班”变“值班”；以各种理由少缴、漏缴社保金，造成职工待遇“缩水”；女职工怀孕要提前“申请”，产假未休完就被迫上班；劳动合同签署尚未完全覆盖，给可能发生的工伤认定造成困难……这种侵害劳动者合法权益的行为，具有分散性和隐蔽性，加上处于

弱势地位的劳动者敢怒不敢言，因此在一定程度上使得侵害劳动者权益行为屡禁不止。

专栏 4-3

劳动者为自身的权益进行了不懈斗争

19 世纪，资本主义高速发展，资本家为追逐利润，普遍采取增加劳动时间和劳动强度的办法来残酷地剥削工人，以榨取更多的剩余价值。工人每天工作超过 12 个小时，工作环境十分恶劣。以美国为例，工人们每天要劳动 14 至 16 个小时，有的甚至长达 18 个小时，但工资却很低。沉重的阶级压迫激起了无产者的巨大愤怒。为了争取基本的生存条件，工人们团结起来，通过罢工运动与资本家作斗争。当时提出的罢工口号，就是要求实行 8 小时工作制。1884 年 10 月，美国和加拿大的 8 个国际性和全国性工人团体，在美国芝加哥举行集会，决定于 1886 年 5 月 1 日举行总罢工，迫使资本家实施 8 小时工作制。1886 年，第一国际日内瓦会议提出 8 小时工作制的口号。1886 年 5 月 1 日，以美国芝加哥为中心，在美国举行了约 35 万人参加的大规模罢工和示威游行，示威者要求改善劳动条件，实行八小时工作制。1886 年 5 月 3 日，芝加哥政府出动警察进行镇压，开枪打死 2 人，事态扩大。5 月 4 日，罢工工人在干草市场广场举行抗议，由于不明身份者向警察投掷炸弹，最终警察开枪，先后共有 4 位工人、7 位警察死亡，史称“干草市场暴乱”。在随后的宣判中有 8 位无政府主义者以谋杀罪被起诉，4 位无政府主义者被绞死，1 位在牢中自杀。为纪念这次伟大的工人运动及抗议随后的宣判，在世界范围内举行了工人的抗议活动。这些活动成为“国际劳动节”的前身。1889 年 7 月，在恩格斯组织召开的第二国际成立大会上将每年的 5 月 1 日定为国际劳动节。

二、劳动者权益的国家保护

新中国成立以后，特别是改革开放以来，我国加大对劳动者的保护力度，在立法、司法、行政等各方面构建了相对完整的劳动者的权益保护体系，整个社会爱好劳动、尊重劳动和宣传劳动蔚然成风，劳动光荣的理念更是深入人心，劳动关系也更为和谐。

（一）立法保护

《劳动法》颁布后，我国相继制定了一系列劳动法律、法规和规章，基本形成了以《劳动法》为核心，多层次法律规范并存的劳动立法格局。劳动立法取得了突破性的发展，劳动法律制度基本得以建立。主要表现在以下方面：

1. 保障劳动者的就业机会

就业涉及劳动者最基本的利益。中国就业人口庞大，这一基本国情决定了劳动立法必须将劳动者的就业作为法律保障的重点和核心。《宪法》《就业促进法》和《劳动法》以及《妇女权益保障法》等对劳动者的就业特别是妇女就业做了规定，内容包括：国家保障劳动者有平等就业的机会；保护妇女享有与男子平等的劳动权利；实行男女同工同酬；保障妇女在四期内受到特殊保护；用人单位不得随意解除劳动合同；等等。这些规定对于劳动者的平等就业、就业保障，特别是自主择业给予了保障。与此同时，政府采取积极的就业政策，通过各种有效措施大力促进就业。

2. 建立并普遍实行了劳动合同制

我国从20世纪80年代中期开始在国有企业中试行劳动合同制。《劳动法》颁布后，这一制度已在城镇各类企业中广泛实施，随着《劳动合同法》的实施，劳动合同的签约率更是高达95%以上。《劳动法》对订立劳动合同的原则、劳动合同的期限、劳动合同的变更、终止和解除等基本内容做了规定。此外，国家有关部门还出台了《企业经济性裁减人员规定》《违反和解除劳动合同的经济补偿办法》《违反〈劳动法〉有关劳动合同规定的赔偿办法》等规章，使劳动合同制度趋于完善。《劳动合同法》的出台进一步明确了劳动者与用人单位的权利义务，保障了劳动者的择业自主权和用人单位的用人自主权，标志着我国适应市场经济的劳动用工制度已经建立。目前，全国各地也相继制定了本地方实行劳动合同制度的地方性法规或规章，对于进一步推行和完善劳动合同制度起到了积极的促进作用。

3. 推行集体合同制度

为形成企业劳动关系自我协调机制，保护劳动者整体的合法权益，我国从20世纪90年代初期开始推行集体合同制度，并在一系列法律法规中做了明确规定。这些法律和规章包括：《劳动法》《劳动合同法》《中华人民共和国工会法》《集体合同规定》《工资集体协商试行办法》等。近年来，集体合同制度不仅在非国有企业中推行，而且也在国有企业中逐步推广。

4. 建立劳动关系三方协商机制

建立协调劳动关系的三方机制，是市场经济国家协调劳动关系的一个成功经验。我国《劳动法》《劳动争议调解仲裁法》和《中华人民共和国工会法》对此作出了明确规定，各级人民政府劳动行政部门应当会同同级工会和企业方面的代表，建立劳动关系三方机制，共同研究解决劳动关系方面的重大问题。

5. 完善劳动标准体系

目前，我国已形成以《劳动法》为核心，内容涉及工时、休息休假、工资、禁止使用童工、女职工和未成年工的特殊劳动保护、劳动定额、职业安全卫生等方面劳动标准体系，并根据经济和社会发展不断调整和完善。《劳动法》《劳动合同法》《企业最低工资规定》《工资支付暂行规定》等法律规章，对规范工资分配行为作出了明确规定。全国各地已基本建立了最低工资制度，城镇职工实际平均工资水平有了较大的提高。

6. 健全劳动争议处理体制

建立市场经济体制后，劳动关系的复杂化导致劳动争议的数量不断上升。为及时依法处理劳动争议，维护当事人双方的合法权益，《劳动法》《劳动争议调解仲裁法》等法律法规确定了我国处理劳动争议的机构和“一调、一裁、二审”的处理程序。

7. 劳动者权益的刑法保护

《中华人民共和国刑法》作为《劳动法》的后盾和保护法，具有最严厉的制裁手段，相关罪名主要有强迫劳动罪、安全事故罪、拒不支付劳动报酬罪。

专栏 4-4

恶意欠薪要承担刑事责任

2017 年 11 月左右，杨某与吴某等人筹划合伙经营健身馆，杨某为该健身馆登记的经营者。后因经营不善，健身馆共拖欠张某等 16 名员工工资合计人民币 655 824 元，杨某于 2018 年 8 月份左右逃离，并将手机关机，拒与员工联系，以逃匿的方式逃避支付劳动者的劳动报酬。2018 年 10 月 9 日，人力资源和社会保障局向杨某发出《劳动监察大队限期改正指令书》，责令限期支付，但其仍不支付。

杨某以逃匿方式逃避支付劳动者劳动报酬，数额较大，经政府有关部门责令支付仍不支付，其行为已构成拒不支付劳动报酬罪。

《中华人民共和国刑法修正案（八）》第二百七十六条之一，以转移财产、逃匿等方法逃避支付劳动者的劳动报酬或者有能力支付而不支付劳动者的劳动报酬，数额较大，经政府有关部门责令支付仍不支付的，处三年以下有期徒刑或者拘役，并处或者单处罚金；造成严重后果的，处三年以上七年以下有期徒刑，并处罚金。

单位犯前款罪的，对单位判处罚金，并对其直接负责的主管人员和其他直接责任人员，依照前款的规定处罚。

有前两款行为，尚未造成严重后果，在提起公诉前支付劳动者的劳动报酬，并依法承担相应赔偿责任的，可以减轻或者免除处罚。

（二）执法保护

劳动者权益执法保护又称劳动保障监察，是劳动保障行政机关依法对用人单位遵守劳动保障法律法规的情况进行监督检查，发现和纠正违法行为，并对违法行为依法进行行政处理或行政处罚的行政执法活动。

劳动保障监察的基本属性有以下几个方面：

（1）法定性。劳动保障监察的规则都是直接由法律规定的。劳动保障监察的主体必须严格依据法律进行监察执法活动。接受监督检查的单位，根据《劳动法》《社会保险费征缴暂行条例》等法律法规规定，包括企业、事业单位、国家机关、社会团体、民办非企业单位、城镇个体工商户。

（2）行政性。劳动保障监察是行使行政权力的具体行政行为。被监察主体对其作出的行政处理决定或行政处罚决定不服的，可以依法提请行政复议或行政诉讼。

（3）专门性。劳动保障监察是由法定的专门机关对劳动保障法律法规的实施情况进行的监督检查。

（4）强制性。劳动保障监察是代表政府实施的，具有国家强制力，被监察主体不得拒绝。

劳动保障监察的内容主要是国家法定的劳动标准和事项，以及社会保险规定的执行情况，主要包括以下几个方面：

（1）用人单位遵守录用和招聘职工规定的情况。

（2）用人单位遵守有关劳动合同规定的情况。

（3）用人单位遵守女职工和未成年工特殊劳动保护规定的情况。

（4）用人单位遵守工作时间和休息休假规定的情况。

（5）用人单位遵守工资支付规定的情况。

（6）用人单位制定的劳动规章制度情况。

（7）用人单位维护外派劳务人员合法权益的情况。

（8）用人单位遵守外国人在中国就业管理规定及台湾、香港和澳门居民在内地就业管理规定的情况。

（9）遵守就业训练规定的情况。

（10）遵守职业培训实体管理规定的情况。

（11）遵守职业中介有关规定的情况。

（12）遵守职业技能鉴定、企业职工培训规定的情况。

（13）用人单位遵守社会保险规定的情况。

（14）法律、法规、规章规定的其他劳动保障监察事项。

（三）司法保护

对劳动者权益司法保护分为准司法保护和司法保护，劳动仲裁就是准司法保护。劳动仲裁是指由劳动争议仲裁委员会对当事人申请仲裁的劳动争议居中公断与裁决。在我国，劳动仲裁是劳动争议当事人向人民法院提起诉讼的必经程序（当然除了“一裁终局”制度以外，人民法院还根据实际情况对劳动者可直接向法院起诉的情形进行了特殊规定，主要有：以用人单位工资欠条为依据要求支付工资，不涉及其他劳动争议的；在劳动争议调解委员会、人民调解委员会等调解组织调解下，双方达成调解协议，一方不履行调解协议确定的给付义务的；劳动者与用人单位达成的明确的赔偿或补偿协议，因款项的支付发生纠纷的）。按照《劳动法》和《劳动争议调解仲裁法》的规定，提起劳动仲裁的一方应在劳动争议发生之日起一年内向劳动争议仲裁委员会提出书面申请。除非当事人是因不可抗力或有其他正当理由，否则超过法律规定的申请仲裁时效的，仲裁委员会不予受理。劳动争议双方对劳动仲裁不服，可以在收到裁决书之日起 15 日内提起诉讼，进入司法救济程序。

三、劳动者权益自我保护

（一）提高自身素质，学法懂法用法

在合法权益受到侵害时，劳动者应当学会运用法律武器维护自身的合法权益，应当通过正当途径解决，不能采取过激行为或者暴力手段，否则会走上违法犯罪道路。一般劳动关系的处理程序包括协商、调解、仲裁和诉讼。根据我国法律规定，劳动争议发生后，当事人应当协商解决；不愿协商解决或协商不成的，可以向本企业劳动争议调解委员会申请仲裁。当事人也可以直接向劳动争议仲裁委员会申请仲裁，对仲裁裁决不服的，可以向人民法院起诉。

（二）加入工会组织，依靠工会维权

《劳动合同法》有十一项条文赋予工会监督职权。如第四十三条规定：用人单位单方解除劳动合同，应当事先将理由通知工会。用人单位违反法律、行政法规规定或者劳动合同约定的，工会有权要求用人单位纠正。用人单位应当研究工

会的意见，并将处理结果书面通知工会。

（三）平常注意收集证据

平时要注意收集相关证据，如合同书、花名册、电话簿、工资单、工资卡、出勤卡、考勤单、工作牌号、公司制度、罚款单或者工作量单等，必要时请同事出来作证。

（四）维权要及时

劳动仲裁是劳动争议纠纷的法定前置程序，而劳动争议申请仲裁的时效期间为一年。仲裁时效期间从当事人知道或者应当知道其权利被侵害之日起计算。因此，劳动争议纠纷的时效期间与普通民事纠纷有区别，劳动者应当从知道自身权利被侵害之日起一年内及时提出申请，否则可能面临败诉风险。

另外，依法签订劳动合同是维护劳动者合法权益的重要方式。

第三节　大学生劳动常见法律问题

一、大学生实习常见法律问题

所谓实习，根据《现代汉语词典》的解释，是“把学到的理论知识拿到实际工作中去应用和检验，以锻炼工作能力”。大学生实习有两种类型：一种是教学实习，主要是认知学习，要求学生在较短时间内通过实际操作来学习应用型知识的教学行为。另一种是毕业实习或顶岗实习，要求学生在毕业前到实习单位，在实习老师的指导下，从事具体的工作，以取得实际经验和技能，锻炼工作能力的教学行为。这种实习有两种方式：一种是学校组织学生到实习单位实习，主要是在学校和企业合作共建的实习基地完成；另一种是学生自己联系实习单位进行实习。无论是哪一种实习方式都属于学校正常教学的一部分，都应该符合学校专业培养目标的要求和教学计划的安排。

（一）大学生实习期间的身份

1. 实习生与高校法律关系分析

在我国，高等学校与大学生之间的法律关系无论是在理论界还是司法实务方面仍然存在一定的争议，主要有以下几种观点：“行政法律关系说”“民事法律关系说”“民事法律关系与行政法律关系兼有说”“特别权力关系说”“教育法律关系说”等。多数学者认为在高等学校与大学生之间的法律关系中高校处于主导地位，学生处于从属地位，高校与学生之间的法律地位具有相对的不平等性。下面我们从高校与学生之间的行政法律关系和民事法律关系方面分析高校与实习生的法律关系。

（1）高校与学生之间的行政法律关系。

高校在行政主体上属于法律法规授权的组织，虽然不是国家行政机关，但能以自己的名义行使行政权力。其对作为行政相对人的学生具有管理权。

目前，我国调整高校与在校生关系的法律规范主要有《中华人民共和国教育法》《中华人民共和国高等教育法》《中华人民共和国学位条例》等一系列相关的行政法律法规。在这一法律关系中，高校因法律法规授权而行使行政管理权，学生作为当然的行政相对方则必须服从学校有关教学计划、学籍、学分等与教育教学相关的规章制度。这样，高校与学生之间就形成了一种“特殊的行政法律关系”。

（2）高校与学生之间的民事法律关系。

高校与大学生很多时候是以平等主体的身份出现并进行一定的行为，双方的法律关系很多时候是平等的民事法律关系，比如说，学生在学校住宿、就餐、购物时与高校之间发生的法律关系，主要由《中华人民共和国民法典》（以下简称《民法典》）、《中华人民共和国消费者权益保护法》等民事法律调整。

对于实习期间的高校学生而言，其档案关系在学校，主要任务是在学校的指导、安排下参加实践性学习。其在校期间的实习行为无论是经由学校介绍还是通过自己寻找，都是为了更好地掌握在校所学知识和技能，更好地开始自己的职业生涯。因此，在校实习生的学生身份是无疑的。

2. 实习生与实习单位的法律关系分析

实习生与实习单位之间的法律关系就目前的研究来看，还存在争议，主要观点有“非劳动关系论”和“劳动关系论”。

“非劳动关系论”也叫劳动关系否定说。该观点认为：实习学生的身份仍为在校学生而非劳动者。主要理由有：根据我国《劳动法》和《劳动合同法》的相关规定，实习学生仍为在校生，与实习单位之间未建立劳动合同关系，也不属于事实劳动关系所涉及的劳动者。

“劳动关系论”也叫劳动关系肯定说。该观点认为：实习学生与实习单位存在劳动关系，实习生属于法律上的“劳动主体”“合同主体”，在实习期间与用人单位具有劳动关系，应受劳动法律调整。主要理由是：现行法律法规没有明确规定实习生不属于劳动者，从劳动法律的立法精神去理解，实习生在实习期间与用人单位具有劳动关系，应受劳动法律调整。

理论上看，劳动法律关系是指劳动关系被劳动法律规范所调整而形成的法律上的权利义务关系。判断实习生与实习单位是否存在劳动关系的一个重要标志是实习生是不是劳动法规定的劳动者。在我国，劳动法律所涉及的劳动者是指依据劳动法律和劳动合同规定，在法定劳动年龄内，具有劳动能力，能在用人单位从事体力或脑力劳动并获取劳动报酬的自然人。劳动法有特定的主体资格，在实习期间，实习单位应当具有劳动法规定的主体资格，但实习生并不符合劳动者的主体资格。因此，他们之间并不构成劳动法律关系。

3. 司法实务的界定

我国法律对实习生与实习单位之间的法律关系没有专门的立法规定，原劳动部《关于贯彻执行〈中华人民共和国劳动法〉若干问题的意见》第十二条规定："在校生利用业余时间勤工助学，不视为就业，未建立劳动关系，可以不签订劳动合同。"根据此规定，司法实务常常认为教学实习的大学生和实习单位之间建立的关系不具有劳动关系的特征，不属于劳动关系。近年来随着大学生实习人数的不断增多，有的省份对大学生与实习单位是否存在劳动关系也作出了相应规定。如 2020 年 5 月 9 日江西省高级人民法院、江西省人力资源和社会保障厅印发的《关于办理劳动争议案件若干问题的解答（试行）》中规定，全日制在校学生在用人单位参加教学实习的，双方不存在劳动关系；在校学生根据《高等学校勤工助学管理办法（2018 年修订）》（教财〔2018〕12 号）第四条规定利用业余时间在用人单位勤工助学的，双方不存在劳动关系；在校学生在用人单位以就业为目的工作的，可根据《劳动和社会保障部关于确立劳动关系有关事项的通知》综合判断双方之间是否存在劳动关系。

（二）大学生实习期间意外伤害的法律性质

1. 大学生实习期间意外伤害法律性质的争论

由于我国法律法规没有明确界定大学生实习期间意外伤害的法律性质，导致实习大学生人身受到意外伤害时很难得到及时解决。实践中大学生实习期间意外伤害可否认定为工伤，学术界存在着两种不同的观点。

第一种观点是大学生实习期间意外伤害应当认定为工伤。这种观点认为，根据我国《劳动法》《工伤保险条例》和相关法律法规的规定，在校大学生并没有排除在劳动者的大门之外，他们也可以成为劳动法意义上的劳动者。法律虽然没有明确规定实习大学生适用工伤赔偿，但只要实习大学生符合劳动法意义上的劳动者就可以予以认定工伤。另外，实习大学生与实习单位之间存在事实劳动关系。实习大学生为实习单位提供了劳动，劳动者的劳动行为是真实存在的，它是判断劳动关系是否存在的重要标志。同时，实习大学生在一定时间和范围内将自己的劳动力归实习单位支配。实习大学生的劳动从属于实习单位，遵守用人单位的劳动纪律和规章制度，接受用人单位的管理。从这一点讲，实习大学生的意外伤害也可以视为工伤。

第二种观点是大学生实习期间意外伤害不属于工伤。这种观点认为在校实习生的身份是学生，不是劳动法意义上的劳动者，不受劳动法约束。在校大学生与实习单位之间不存在法律上和事实上的劳动关系，其权利义务不受劳动法律法规的保护。因此，大学生实习期间的意外伤害不能按照《工伤保险条例》的规定进行工伤认定，不能依法享受工伤保险待遇。

2. 大学生实习期间意外伤害的案例分析

专栏 4-5

大学生实习受伤是不是工伤？

赵某系某高校在校大学生，2014 年 6 月 16 日，原告赵某作为乙方、被告江苏某装备公司作为甲方签订了一份大学生实习协议书，该协议书约定：乙方到甲方实习，实习期间自 2014 年 8 月 1 日起至 2015 年 7 月 1 日止；甲方根据乙方的实际情况和工作需要，安排实习生赵某实习；实习期间，甲方应安排专门的技术与管理人员对实习学生进行业务培训、技术指导和日常管理，实习学生应自觉遵守劳动纪律，认真实习。2014 年 10 月 26 日上午 10 时许，原告在将工件装到机床时左手大拇指不慎被机床上的工装夹具夹伤。

问：原告赵某受伤是不是工伤？

解析：此案的关键是原告赵某与被告江苏某装备公司是否存在劳动关系。基于上文对大学生实习期间的身份界定，司法实务中常常认定实习期间的在校大学生与实习单位不存在劳动关系，不予认定工伤。

案件审理进展：2016 年 3 月，原告向法院起诉，要求确认原告与被告间构成劳动关系，法院认定原告在被告处实习期间发生受伤事件，因原告系在校大学生，与被告签订大学生实习协议书，不属于劳动法意义上的劳动者，作为实习学生的原告与作为实习单位的被告之间不属于劳动关系，遂驳回了原告的诉讼请求。（资料来源：中国裁判文书网，有改动）

虽然大学生实习期间的意外伤害很难认定为工伤，但实习生可以按照侵权纠纷向用人单位主张赔偿。法院同时认为，原告作为在校大学生，通过与被告签订大学生实习协议后，至被告处实习劳动。虽然被告已派相应的专业人员对原告等上岗前的实习生进行了一定的安全、业务等方面的培训，但原告在实习劳动过程中受伤，对此，被告对原告所受之伤造成的损失仍应承担 85%的民事责任。原告作为实习学生，在劳动实习过程中未注重自身的安全，导致自己受伤，对此，原告也应承担15%的民事责任。我们要注意的是，民事案件的侵权责任一般是按照过错程度的大小来划分各自的责任。此案法院认为，实习单位承担85%的责任，实习生承担15%的责任。并不是说所有的侵权案件都是按照这个比例来划分各自的责任，我们要具体问题具体分析。

二、大学生兼职常见法律问题

（一）大学生兼职的含义

兼职的本意是指劳动者在本职工作之外兼任其他工作职务。在校大学生应当以学习书本知识、课程理论知识和实习实训知识为主，把更多的精力和时间投入相应知识的学习上。大学生在完成学校的各项任务之余，有条件安排适当的时间去参加社会调查、勤工助学等社会实践也很有必要。参加社会实践的形式是多样的，社会兼职也是一种很好的参加社会实践的形式。目前很多大学相对社会来说是半封闭的状态，学生绝大多数时间是在学校内生活学习，教室、操场、食堂、寝室就是他们活动的主要地方，了解社会的途径相对缺乏。社会兼职也是在校大学生认识社会、了解社会的重要途径。他们在社会兼职中就会与社会上不同的人打交道，与他们合作共事。通过与这些人的合作共事，在校大学生对社会就会有一个更好的认识和了解。

（二）大学生兼职的风险防范

1. 大学生兼职常见的风险

一是骗取财物。有些招聘单位往往利用大学生求职心切的心理以录用为诱饵骗取培训费用，招聘过程中往往不进行正规的笔试、面试，甚至不审查简历和证书就要求大学生支付信息费、报名费、登记费、资料费等名目繁多的相关费用，达到骗取财物的目的。

二是中介陷阱。中介机构在一定程度上满足了求职者的需要，但有些中介机构无正规的人员和机构设施，甚至是“黑中介”，往往不具备中介的合法手续，不按照中介的规定程序操作，主要以牟取非法利益为目的。

三是推销陷阱。推销陷阱往往许诺优厚的待遇引诱应聘者，然后对求职者设计相关考查或审核。所谓考查或审核就是要求求职者签订一份产品推广协议或者产品促销协议，协议中约定，求职者必须在约定时间内以公司规定的价格销售掉该公司的某种产品，并收取一定的保证金或样品费。

四是传销。根据2005年11月1日实施的《禁止传销条例》规定，传销是指下列行为：第一，组织者或者经营者通过发展人员，要求被发展人员发展其他人员加入，对发展的人员以其直接或者间接滚动发展的人员数量为依据计算和给付报酬，牟取非法利益的；第二，组织者或者经营者通过发展人员，要求被发展人员交纳费用，或者以认购商品等方式变相交纳费用，取得加入或者发展其他人员加入的资格，谋取非法利益的；第三，组织者或者经营者通过发展人员，要求被发展人员发展其他人员加入，形成上下线关系，并以下线的销售业绩为依据计算和给付上线报酬，牟取非法利益的。

五是网络招聘。网络招聘因不受时间和地域的限制，方便快捷，并且覆盖面广，成本较低，深受求职者的青睐。但我国现今网络招聘也存在一些问题，例如，利用网络骗取钱财，利用网络骗取个人信息，利用网络发布虚假信息。

2. 大学生兼职常见风险的防范

一是大学生兼职前应当做好自身的准备。大学生兼职前可以从以下方面做好准备：刻苦学习，为将来就业打下基础；加强实践，为走向社会提升本领；通过正规渠道获取兼职信息；兼职过程中保持清醒的头脑和良好的心态；注重兼职法律知识的学习；等等。

二是高校应当做好大学生兼职指导。高校应进一步重视大学生兼职，健全大学生兼职指导，加大对学生兼职的投入力度，设置更加丰富的有关《劳动法》《合同法》、就业指导等课程，不断提高大学生的法律意识和自我保护意识。

三是政府和社会应当提供必要的社会保障和制度安排。政府有关机构和职能部门应对现行大学生的兼职情形进行总结与反思，努力解决就业市场中出现的新情况新问题；制定相关的规章制度；杜绝就业过程中的不良行为；加强就业工作的反馈与抽查；监督劳动力市场的健康运行；促进法律法规的有效实施；等等。

专栏 4-6

大学生求职被要求缴纳钱财是否合法？

在校大学生小北在人才市场上发现了一家来自北京的外贸公司，正在招聘经理助理。小北看了对方的岗位描述和薪酬待遇后觉得正是自己一直想要找的工作，于是决定向该公司投递简历。该公司的现场招聘人员收下小北的简历后，还要求小北现场填一份登记表并拍一张登记照片，并分别要求小北交纳了 30 元填表费和 50 元的登记照费。小北虽然觉得收费太贵有些不情愿，但是一想到有可能获得这份条件很好的工作也就只好照做了。之后负责招聘的人员又问小北是否考取了驾照，在得知小北已经领取了驾照后，要求小北将其驾照上交，并声称因为小北已经有了驾照所以比其他应聘者更有竞争力，公司非常喜欢她，会特别考虑录用她，但是必须把驾照拿回去验明真伪，以防万一。小北听后非常高兴，毫不犹豫地又把驾照交给了招聘负责人。三天后，小北接到该公司的电话，称其已被录取，只要再交纳500元的“统一着装费”就可以来公司参加培训，一旦培训合格立马上班。兴奋的小北立即按照对方的要求交纳了500元“统一着装费”。（资料来源：孙莉玲：《大学生就业法律问题指导》，东南大学出版社2017年版）

问：大学生求职被要求缴纳钱财是否合法？

解析：不合法。本案中用人单位在招聘劳动者过程中向小北收取费用和驾照属于违法行为。《劳动合同法》第九条规定：“用人单位招用劳动者，不得扣押劳动者的居民身份证和其他证件，不得要求劳动者提供担保或者以其他名义向劳动者收取财物。”另外，针对公司这一行为，小北应当及时向当地劳动监察部门举报。《劳动合同法》第八十四条规定：“用人单位违反本法规定，扣押劳动者居民身份证等证件的，由劳动行政部门责令限期退还劳动者本人，并依照有关法律规定给予处罚。用人单位违反本法规定，以担保或者其他名义向劳动者收取财物的，由劳动行政部门责令限期退还劳动者本人，并以每人五百元以上二千元以下的标准处以罚款；给劳动者造成损害的，应当承担赔偿责任。”

（三）大学生兼职的劳动报酬

1. 大学生兼职是否有权获得劳动报酬

（1）劳动报酬的含义。

劳动报酬，也称工资，是指用人单位依照劳动法规定或劳动合同的约定支付给本单位劳动者的货币性收入。劳动报酬是劳动者基于与用人单位的劳动关系而取得的，劳动报酬的形式和支付方式是法定的，劳动报酬的数额是劳动者与用人单位依据劳动法律法规、劳动合同、劳动规章制度等协商确定的。劳动报酬的形式主要有：计时工资、计件工资、奖金、津贴和补贴、加班加点工资等。计时工资是指按照单位时间工资率（即计时工资标准）和工作时间支付给劳动者个人的劳动报酬。计件工资是指对已做工作按计件单价支付给劳动者个人的劳动报酬。奖金是指用人单位对作出突出贡献的劳动者支付的奖励性劳动报酬，是辅助工资的一种形式，如超产奖、质量奖、节约奖、劳动竞赛奖、创造发明奖、安全生产奖等。津贴是指补偿劳动者在特殊条件下的额外劳动消耗和生活费额外支出的工资补充形式。补贴是指工资构成中较为固定和稳定的组成部分，一般是针对特定条件下因物价变动影响而对劳动者所做的临时性工资辅助。加班加点工资是指用人单位支付给劳动者超出正常工作时间的劳动报酬。

我国劳动报酬的分配应当遵循以下原则。一是按劳分配的原则。《劳动法》

第四十六条规定：工资分配应当遵循按劳分配原则实行同工同酬。按劳分配是社会主义条件下分配制度的根本原则。它要求用人单位根据劳动者劳动的数量和质量来决定其工资报酬。按劳分配本身意味着等量劳动获得等量的报酬。同工同酬是按劳分配原则的必然表现。按劳分配原则在实践中应当注意，允许作出不同贡献的劳动者得到不同的报酬，合理拉开收入差距，反对任何针对性别、民族、出身等自然因素决定报酬数量的情况。二是工资水平随经济发展逐步提高原则。《劳动法》规定工资水平在经济发展的基础上逐步提高，即工资水平的发展必须建立在生产力水平提高的基础上。如果整个社会生产力水平上不去，可供分配的产品很少，工资水平就不能上升，甚至会下降。三是国家的宏观调控原则。《劳动法》规定：国家对工资实行宏观调控，在社会主义市场经济条件下，工资总量宏观调控的目的在于控制用工成本上升，保持经济总量平衡，为社会发展留出足够的资金，以保证国民经济持续、稳定、协调地发展。目前国家对工资宏观调控的重点放在国有企业。四是用人单位的自主分配原则。《劳动法》第四十七条规定："用人单位根据本单位的生产经营特点和经济效益，依法自主确定本单位的工资分配方式和工资水平。"法律规定了企业的工资分配权，这是企业经营自主权的一部分。

(2) 大学生兼职有权获得报酬。

虽然法律没有明文规定大学生兼职是否有权获得报酬，但一般认为大学生兼职可以有报酬。因为兼职大学生与大学生的兼职单位存在劳务关系，大学生付出了劳动，就可以获得劳务费。不过在此我们要注意以下两点：一是大学生的兼职报酬与劳动者的劳动报酬在性质上是不同的。大学生的兼职报酬不是以劳动关系存在为前提的，而劳动者的劳动报酬必须以劳动关系存在为前提。二是除法律法规明确规定外，大学生的兼职报酬并不是强制性的，兼职单位可以支付，也可以不支付。

2. 大学生的兼职报酬能否低于最低工资

(1) 最低工资的含义。

最低工资是指劳动者在法定工作时间或依法签订的劳动合同约定的工作时间内提供了正常劳动的前提下，用人单位依法应支付给劳动者的最低劳动报酬。《劳动法》第四十八条规定："国家实行最低工资保障制度。最低工资的具体标准由省、自治区、直辖市人民政府规定，报国务院备案。用人单位支付劳动者的工资不得低于当地最低工资标准。"最低工资包含以下内容：一是最低工资的范围不仅包括劳动者本人的基本生活需要，而且也包括劳动者赡养的家庭成员的生活需要。二是最低工资数额由最低工资率确定。最低工资率是指单位时间的最低工资数额。单位时间在我国一般以月为计算标准。三是最低工资确定了劳动者的最低工资标准。用人单位在向本单位的劳动者支付工资或通过劳动合同约定工资数额时不得低于最低工资率确定的工资标准，否则约定无效，并按最低工资标准执行。四是最低工资只有在劳动者于法定工作时间内提供了正常的劳动才能适用。正常劳动，是指劳动者按依法签订的劳动合同约定，在法定工作时间或劳动合同约定的工作时间内从事的劳动。劳动者依法享受带薪年休假、探亲假、婚丧假、生育（产）假、节育手术假等国家规定的假期间，以及法定工作时间内依法参加社会活动期间，视为提供了正常劳动。最低工资不包括劳动者的以下收入：延长工作时间工资；中班、夜班、高温、低温、井下、有毒有害等特殊工作环境、条件下的津贴；法律、法规和国家规定的劳动者福利待遇等。

最低工资与基本生活费是有区别的。基本生活费是指满足劳动者本人在一般劳动状态下的基本生活需要的费用。基本生活费只限于劳动者本人的基本生活需要，不包括其赡养的家庭人口；在费用标准上，只依据劳动者在从事一般劳动状态下，测定其基本生活需要。基本生活费是我国市场经济条件下工资制度的一项基础性制度，是确定最低工资标准的基础。

省、自治区、直辖市范围内的不同行政区域可以有不同的最低工资标准。最低工资标准的确定和调整方案，由省、自治区、直辖市人民政府劳动保障行政部门会同同级工会、企业联合会、企业家协会研究拟订，并将拟订的方案报送人力资源和社会保障部。方案内容包括最低工资确定和调整的依据、适用范围、拟订标准和说明。人力资源和社会保障部在收到拟订方案后，应征求全国总工会、中国企业联合会/企业家协会的意见。省、自治区、直辖市劳动保障行政部门应将本地区最低工资标准方案报省、自治区、直辖市人民政府批准，并在批准后在当地政府公报上和至少一种全地区性报纸上发布。最低工资标准发布实施后，如相关因素发生变化，应当适时调整。最低工资标准每两年至少调整一次。

（2）大学生兼职的报酬可以低于最低工资。

如前面所述，司法实务中常常认为高校学生的档案关系在学校，主要任务是学习。在校大学生的身份仍然是学生，其在外的兼职行为不具有劳动关系的特征，不属劳动关系，所以不适用《劳动法》有关最低工资的规定。

三、大学生劳动权益保护

（一）完善大学生劳动权益保护法制

1. 探索劳动教育立法，制定高校劳动教育法规

有学者认为，现实生活中，大学生在劳动教育期间的权利与其说是受到了《民法典》的规范，不如说是因立法空白所作的无奈选择；因此，建议我国探索

劳动教育立法，制定高校劳动教育法规，由教育部、人力资源和社会保障部以及其他相关部委在充分考虑社会各方利益和高校劳动教育现状的基础上，联合制定高校劳动教育管理办法，一方面可以避免现行立法对高校劳动教育保护的不足；另一方面可以对高校、实习单位、在校生的相关权利与义务进行统一划定，以便更好实现教育目的和实习目标。

2. 加强政府管理，建立协同实施机制

2020 年 7 月教育部颁发的《大中小学劳动教育指导纲要（试行）》指出，普通高等学校要建立学校负责规划设计，行业企业社会机构主要负责业务指导，双方共同管理的劳动教育实施机制；通过建立劳模工作室、技能大师工作室，设置荣誉教师、实务导师岗位等，多渠道引入社会力量参与学校劳动教育；要联合社会力量，共建共享稳定的劳动实践基地、校外实习实训基地、各类型创新创业孵化平台，多渠道拓展劳动实践场所。

3. 统一高校管理，规范劳动教育标准制度

针对目前高校劳动教育管理的现状，教育行政部门应当联合相关部门制定统一的大学生劳动教育规范或标准，对高校劳动教育制定相应的指标体系，要求高校执行指标体系规定的相关内容。这既有利于规范高校和劳动教育单位在劳动教育管理中的自身行为，也有利于保护高校学生劳动教育的权益。

4. 分散意外风险，实行劳动教育保险制度

依前所述，劳动教育期间大学生一旦发生事故，很容易导致大学生的权益难以救济。解决这一问题，可以探索实行强制保险制度，将高校劳动教育风险纳入强制保险的范围。这既能有效地化解劳动教育中难以避免的安全事故及其导致的损害赔偿风险，解除高校和劳动教育单位的后顾之忧；又能有效地减轻受害大学生的损失和负担，有利于劳动教育伤害事故的及时救济。

（二）大学生劳动权益保护路径

1. 时刻把自身安全放在第一位

安全是指人的身心安全，不仅仅是人的身体不受伤、不患病，还包括保障人的心理安全与健康。随着社会文明、科技进步、经济发展、生活富裕的程度不同，人们对安全需求的水平和质量也具有不同的内容和标准。大学生在接受劳动教育期间可以从以下两个方面把握劳动教育安全。

（1）树立安全意识和安全观。

大学生在劳动教育期间应当树立敏锐的安全意识和科学的安全观。一是树立生命安全至高无上的观念。生命安全在一切事物中必须置于最高的地位，要树立“安全为天，生命为本”的安全理念。二是安全是相对的。没有绝对的安全；安

全没有最好，只有更好；安全没有终点，只有起点，我们必须时刻注意安全。三是人人需要安全。安全是互惠的，人人需要安全，每一个自然人都需要和期望自身生命安全，都需要安全生存、安全生产、安全发展。安全是人类社会普遍性及基础性的目标。四是必须坚持安全第一，预防为主。安全是每一个人的事，安全教育是终身教育，有安全知识和意识才能感知风险。

（2）履行安全劳动的义务。

大学生在接受劳动教育期间应当履行安全劳动的义务。一是严格遵守安全操作规程的义务。《劳动法》第五十六条规定："劳动者在劳动过程中必须严格遵守安全操作规程。"许多事故的发生与违反安全操作规程有关，大学生要充分认识严格遵守安全操作规程的重要性，树立安全第一的思想。二是要遵守劳动教育相关纪律和劳动教育单位的规章制度。劳动纪律和规章制度是共同劳动中的规则和秩序，是安全生产的重要保障，也是保证劳动教育期间大学生和他人安全的基本条件。三是发现事故及时报告的义务。大学生在接受劳动教育期间，发现事故应立即直接或逐级报告相关负责人，要迅速抢救伤员并协助撤离到安全地带。四是保守商业秘密的义务。大学生在接受劳动教育期间应当自觉保守相关单位的商业秘密，包括宣传报道、公文、通信、科技等秘密。

2. 慎重理性选择实习单位或兼职单位

（1）实习单位或兼职单位必须是依法成立的。

实习单位或兼职单位如果是法人的，根据我国《民法典》的相关规定，法人必须有自己的名称、组织机构、住所、财产或者经费。法人包括营利法人、非营利法人和特别法人。营利法人是以取得利润并分配给股东等出资人为目的成立的法人，包括有限责任公司、股份有限公司和其他企业法人等。非营利法人是为公益目的或者其他非营利目的成立，不向出资人、设立人或者会员分配所取得利润的法人，包括事业单位、社会团体、基金会、社会服务机构等。特别法人主要是指机关法人、农村集体经济组织法人、城镇农村的合作经济组织法人、基层群众性自治组织法人。实习单位或兼职单位如果是非法人组织的，根据我国《民法典》的相关规定，非法人组织是不具有法人资格，但是能够依法以自己的名义从事民事活动的组织。非法人组织包括个人独资企业、合伙企业、不具有法人资格的专业服务机构等。非法人组织应当依照法律的规定登记。

我们除了根据我国《民法典》的相关规定去判断实习单位或兼职单位是否依法成立，还可以通过官方网站了解实习单位和兼职单位的名称、住所、法定代表人等。此外，我们还可以登录国家企业信用信息公示系统查询企业相关信息，确认该实习单位或兼职单位是否真实存在。

(2) 实习单位和兼职单位提供的岗位必须适合自己。

我们在选择实习单位和兼职单位提供的岗位时应当考虑这个岗位是否适合我们所学的专业，或者这个岗位是否能够提高我们的实践能力。同时，大学生应尽可能充分了解实习单位和兼职单位的企业文化、口碑、近况，比如我们可以通过曾经或者正在该单位实习（兼职）的同乡、同学了解企业的情况。

3. 坚决抵制实习单位和兼职单位的非法要求

大学生在劳动教育期间一定要坚决抵制实习单位和兼职单位的非法要求。关于这一点，大学生一是要认真学习法律知识，及时识别实习单位和兼职单位的非法要求，比如对传销、校园高利贷、非法网站、黄赌毒等，一定要坚决抵制；二是要树立防范意识，比如对收取招聘费，要求交纳押金、服装费，扣押身份证、驾照等证件，应当坚决抵制。

4. 注意保留实习期间和兼职期间的各种证据

(1) 证据的种类。

根据《中华人民共和国民事诉讼法》（以下简称《民事诉讼法》）第六十三条的规定，民事诉讼证据有以下几种：

一是书证。书证是以物品或者文字为表现形式的实物证据，是能够证明案件真实情况的文件或其他文字材料，如大学生与实习单位或兼职单位签订的实习协议、劳务合同及相关协议，实习单位或兼职单位发放报酬的凭证和存根等。

二是物证。物证是与案件相关联的能够证明案件情形的物品或痕迹，如实习单位或兼职单位发放的工作证、实习证、工作服等。物证的特点是不具有任何主观的东西，而只以其客观存在来证明案件的事实。

三是证人证言。证人证言是知道案件真实情况的人，就其所了解的案件情况，向司法机关或有关人员作的陈述。《民事诉讼法》规定，凡是知道案件情况的人，都有义务出庭作证。证人应当如实陈述，必须据实陈述所了解的真实情况，不作伪证。

四是当事人陈述。当事人的陈述是指当事人向司法机关或有关人员所作的关于案件真实情况的叙述。

五是视听资料。视听资料是指能够作为证据的录音、录像、电脑储存的数据等，是一种被固定、被保全的证据。它比较可靠，更接近于真实情况。但是视听资料必须经过审查，才能认定为证据。

六是鉴定结论。鉴定结论是鉴定人运用自己具有的专门知识对案件中的专门性问题所进行的分析、鉴别和判断。它是一种独立的证据，如法医鉴定、指纹鉴定、笔迹鉴定、化学物品鉴定、精神病鉴定等。

七是现场笔录。现场笔录是书证的一种，是指执法人员在现场，对当场实施行政行为的现场情况的记录。如劳动监察部门对违反劳动法律法规的用人单位进行罚款而开具的罚款单据。现场笔录上应当有执法人员和当事人的签名。

八是勘验笔录。勘验是指执法人员或者专门人员为了解案件的事实，对事实发生的现场或者物品进行勘验、检查。如查处非法出版物，执法人员对该出版物的印刷场所进行勘验、检查，对印刷的非法出版物或者印刷工具进行勘验、检查等。勘验应当制作笔录，勘验笔录是对客观事实的反映，能够证明案件的真实情况，是一种独立的证据。

(2) 证据收集。

一是有关书证、物证的收集。对书证、物证必须妥善地加以保管，以保持书证、物证的原有的形态；如果不能保持原来形态或者书证、物证有可能灭失的，应当采取措施予以保全。

二是有关证人证言的收集。对证人证言的收集应当考虑该证人与本案没有利害关系，必要时能够出庭作证。

三是电子数据类证据的收集。2015 年 2 月最高人民法院关于适用《民事诉讼法》的司法解释第一百一十六条中规定："电子数据是指通过电子邮件、电子数据交换、网上聊天记录、博客、微博客、手机短信、电子签名、域名等形成或者存储在电子介质中的信息。存储在电子介质中的录音资料和影像资料，适用电子数据的规定。"电子数据类证据主要有：大学生与实习单位和兼职单位负责人或相关人员的电话录音、谈话录音，大学生与实习单位和兼职单位负责人或相关人员的短信记录、微信聊天记录，实习单位和兼职单位微信群记录，等等。这类证据的收集一定要符合证据的真实性、合法性、关联性。

四是实习单位或兼职单位掌握的证据。实习单位或兼职单位掌握的证据主要有入职申请表、登记表、考勤表、员工名录、工作服、工资支付凭证等。这部分证据大学生有时很难收集，我们可以向司法机关申请举证责任倒置。《劳动争议调解仲裁法》第三十九条规定：劳动者无法提供由用人单位掌握管理的与仲裁请求有关的证据，仲裁庭可以要求用人单位在指定期限内提供。用人单位在指定期限内不提供的，应当承担不利后果。

五是司法机关调查收集的证据。当事人及其诉讼代理人可以申请法院调查收集的证据包括：证据由国家有关部门保存，当事人及其诉讼代理人无权查阅调取的；涉及国家秘密、商业秘密或者个人隐私的；当事人及其诉讼代理人因客观原因不能自行收集的其他证据。

六是请求劳动监察部门维权取证。国家劳动行政部门具有管理监督劳动法律法规实施的职责，大学生认为自己在劳动教育过程中合法权益受到侵害时，可以向劳动监察部门投诉举报，请求依法处理。

5. 主动积极与家人和学校保持联系

大学生在劳动教育过程中应当积极主动地与家人和学校保持联系。一是和家人保持联系，及时主动告知劳动教育情况；二是和辅导员、班主任、指导老师保持联系，及时主动告知劳动教育情况。

6. 尽量与实习单位和兼职单位签订书面协议

实践中，如果有的实习单位和兼职单位愿意与大学生签订实习或兼职书面协议的，应当签订书面协议。一是因为书面协议可以明确规定实习单位或兼职单位和大学生的权利义务；二是因为书面协议可以作为今后的证据。

第四节　劳动合同常见法律法规解读

企业的生产经营活动以及社会的发展都离不开劳动者的劳动。劳动是《宪法》赋予公民的一项基本权利，同时也是《宪法》规定公民应尽的一项义务。劳动者和用人单位在法律地位上是平等的。但是，由于劳动力相对过剩以及劳动者个体的经济能力不足，劳动者在现实中往往处于弱势地位。因此，劳动者的正当权益需要法律加以保护。2008 年 1 月 1 日，我国《劳动合同法》正式实施，这一法律强化了《劳动法》中强调的劳动合同制度，也为实践中劳动合同的签订提供了正式的法律依据。但是劳动合同不同于民事合同，在强调签约主体地位平等的基础上，国家通过立法进行制度倾斜，更“偏袒”保护处于弱势一方的劳动者的权益，即赋予劳动者更多的权益，同时要求用人单位承担更多的义务和责任。

本节将从劳动合同签订的主体、劳动关系的确立和劳动合同的主要条款这三个常见问题从法律法规层面进行解读。只有熟练掌握了具体法律法规的相关规定，才能在实际的生活和工作中，拿起法律武器来保护自己的合法权益不受侵害。

一、劳动合同的主体

《劳动合同法》所涉及的主体为劳动者和用人单位。

（一）劳动者

劳动者是指依据劳动法律和劳动合同规定，在法定劳动年龄内，具有劳动能力，能在用人单位从事体力或脑力劳动并获取劳动报酬的自然人。

自然人要成为劳动者，必须同时具有劳动权利能力和劳动行为能力。我国《劳动法》规定，年满16周岁，有劳动能力的公民是具有劳动权利能力和劳动行为能力的人。对有可能危害未成年人健康、安全或道德的职业或工作，最低就业年龄不应低于18周岁，用人单位不得招用已满16周岁未满18周岁的公民从事这类职业或工作。劳动者进行各种各样的劳动，但并非所有干活的公民都是《劳动法》意义上的劳动者，如现役军人、保姆、公务员等。

第一，年龄的要求。一般情况下，年满16周岁的自然人才可以成为《劳动合同法》所指的劳动者。但是也有例外，如从事文艺、体育和特种工艺的单位可以招用未满16周岁的未成年人。招收未满16周岁的未成年人时，必须依照国家有关规定履行审批手续，并保障其接受义务教育的权利。如果用人单位非法招用未满16周岁的未成年人，则由劳动行政部门责令改正，处以罚款；情节严重的，由工商部门吊销其营业执照。

第二，具有劳动权利能力和劳动行为能力。根据《劳动法》的规定，劳动者的权利主要有平等就业和选择职业的权利，取得劳动报酬的权利，休息休假的权利，获得劳动安全卫生保护的权利，接受职业培训的权利，享受社会保险和福利的权利，依法参加工会和职工民主管理的权利，提请劳动争议处理的权利，等等。劳动者的义务主要有按时完成劳动任务，提高职业技能，执行劳动安全卫生规程，遵守劳动纪律和职业道德，爱护和保卫公共财产，保守国家秘密和用人单位的商业秘密，等等。

第三，劳动者的身份既可以是我国公民，也可以是外国公民，甚至是无国籍者。

（二）用人单位

受我国《劳动法》约束的用人单位有以下几种类型：

第一，在我国境内的企业。如国有企业、集体所有制企业、外资企业、私营企业、联营企业、乡镇企业、个人独资企业、合伙企业。这些企业都可以成为签订劳动合同的用人单位。

第二，在我国境内的个体经济组织。

第三，国内民办非企业单位等组织事业单位。

（三）特殊规定

下列七种情形不适用《劳动合同法》：

第一，国家机关公务员。他们不适用于《劳动法》，而适用于《中华人民共和国公务员法》。

第二，实行聘用制的事业单位的工作人员。

第三，从事农业劳动的农村劳动者。在这里我们要注意，这里排除了进城务工或者经商的农民。因为进城务工的农民可以成为相关企业的工人，他们属于《劳动合同法》所指的劳动者。

第四，现役军人、军队文职人员。

第五，家庭雇佣关系。比如，某人家请的保姆，就不属于《劳动合同法》的管辖范围，而属于《民法典》的管辖范围。

第六，在我国境内享有外交特权和豁免权的外国人。

第七，义务性劳动关系、慈善性劳动关系、家务劳动关系也不适用。

专栏 4-7

志愿者受伤属于工伤吗?

张某是某高校的在校大学生，2019 年 10 月 5 日，在其学院组织的去某一教育机构做志愿者时，从楼梯上摔下来，大腿受伤，已花费医药费用 4 000 元，后续治疗费用还需 10 000 元左右。

问：在这种情况下，张某能否以工伤为由向该教育机构申请赔偿?

答：不能。

案例分析：因为志愿活动属于无偿性质的劳动，即使志愿者可能拿到一定的补贴，但是就其性质而言志愿者并不是《劳动法》所指的劳动者。

二、劳动关系的确立

(一) 劳动关系的界定

劳动法意义上的劳动关系，是指劳动力所有者（劳动者）与劳动力使用者（用人单位）直接为实现劳动过程而发生的一方有偿提供劳动力，而另一方用于同其生产资料相结合，从而产生的权利义务关系。劳动关系的实质是劳动者将其劳动力有偿转让给用人单位使用。所谓用工，即用人单位实际使用劳动者的劳动力。只要用工行为成立，无论劳动者与用人单位之间是否签订了书面劳动合同，劳动关系即已建立。根据《劳动合同法》第七条的规定，开始“用工”是劳动关系建立的标志。

实践中，一般根据用人单位依法制定的各项劳动规章制度是否适用于劳动者，劳动者是否受用人单位的劳动管理，是否从事用人单位安排的有报酬的劳动，劳动者提供的劳动是否是用人单位业务的组成部分等标准来判断劳动关系是否成立。比如，用人单位与劳动者签订的书面劳动合同，工资支付凭证或者记录，职工工资发放花名册，缴纳各项社会保险费的记录，用人单位向劳动者发放的工作证、服务证等能够证明身份的证件，劳动者填写的用人单位招工、招聘登记表、报名表等招用记录，以及考勤记录，等等，都可以作为认定劳动关系的辅助性证明。

（二）劳动关系的确立与劳动合同的订立

劳动关系确定的时间指用人单位自用工之日起的时间。而劳动合同的签订既可以是在“用工”之前，也可以是在“用工”当日，还可以是“用工”之后。因此，不是以签订劳动合同作为判断建立劳动关系的依据，而是以“用工”的具体时间作为判断依据。

上班的路上受伤属于工伤吗

（三）劳动合同签订的形式

劳动合同签订的时候，形式上具体表现为两种状态：书面与口头。全日制用工应当采用书面劳动合同形式。非全日制的用工可以采取口头形式。所谓非全日制用工，指以小时计酬为主，劳动者在同一用人单位一般平均每日工作时间不超过 4 个小时，每周工作时间累计不超过 24 小时的用工形式。

全日制的用工应当采取书面的形式。我们国家关于劳动合同书面化有具体的强制性的规定，即用人单位从用工之日起一个月内要跟劳动者签订合同；如果没有，那么用人单位将要承担相应的义务。超过一个月不满一年还不订立书面合同，用人单位要向劳动者支付双倍工资（注：不是多给两倍，而是在劳动者的工资薪金正常发放情况下，多给一倍），支付期限为 11 个月，即从用工第二个月起的第一天，到第十二个月的最后一天。超过 12 个月用人单位还没有跟劳动者签订书面劳动合同，这时候则由给双倍工资变为签订无固定期限劳动合同。

根据劳动合同有无终止的日期，把劳动合同分为固定期限劳动合同、无固定期限劳动合同，以及以完成一定任务为期限的合同。

固定期限劳动合同是指用人单位与劳动者约定合同终止时间的劳动合同。固定期限劳动合同比较常见，比如三年一期的劳动合同、两年一期的劳动合同，即属于固定期限劳动合同。

无固定期限劳动合同，就是没有劳动合同终止的日期，如果劳动者没有下列情形之一的，用人单位不可以解除劳动合同：①在试用期间被证明不符合录用条件的；②严重违反用人单位的规章制度的；③严重失职，营私舞弊，给用人单位造成重大损害的；④劳动者同时与其他用人单位建立劳动关系，对完成本单位的工作任务造成严重影响，或者经用人单位提出拒不改正的；⑤因《劳动合同法》第二十六条第一款第一项规定的情形，以欺诈、胁迫的手段或者乘人之危，使对方在违背真实意思的情况下订立或者变更劳动合同，致使劳动合同无效的；⑥被依法追究刑事责任的。

以完成一定工作任务为期限的劳动合同是指用人单位与劳动者约定以某项工作任务的完成时间为合同期限的劳动合同。当该项工作完成后，劳动合同即告终止。这种劳动合同便于用人单位根据工作性质、工作任务完成的状况，灵活确定劳动合同开始和结束的时间，具有较大的灵活性。

专栏 4-8

没签书面合同的代价

李峰 2019 年 1 月来到某企业工作，到 2020 年 11 月份用人单位没有跟他签订书面合同，这时候企业会有什么义务？从去年到现在还没有签订书面合同，最多给多少月的双倍工资呢？

答案：是 11 个月的双倍工资。

案例分析：根据《劳动合同法实施条例》第六条和第七条规定，用人单位自用工之日起超过一个月不满一年未与劳动者订立书面劳动合同的，应当按照《劳动合同法》第八十二条的规定向劳动者每月支付两倍的工资，并与劳动者补订书面劳动合同。如果用工超过十二个月，然后用人单位会有一个潜在的义务，就是企业要跟李峰签订无固定期限合同。用人单位负有的义务是：第一，从第二个月开始，用人单位要每月支付双倍工资一直到第十二个月。第二，如果到了第十二月还没签订书面劳动合同，则视为已经签订了无固定期限劳动合同。

案例延展

另外一种情况：企业非常想和劳动者签订劳动合同，但是劳动者本人不愿意签订书面劳动合同。那怎么办？如果出现这种情况，那么单位应该在第一个月内与劳动者解除劳动合同。如果超过第一个月，单位就存在过错。所以，在这种情况下，如果是劳动者不签订劳动合同，单位应该在一个月内终止劳动关系，同时无需向劳动者支付经济补偿，但是应当依法向劳动者支付其实际工作时间的劳动报酬。自用工之日起超过一个月不满一年，劳动者不与用人单位订立书面劳动合同的，用人单位应当书面通知劳动者终止劳动关系并支付经济补偿。由于劳动者原因不和用人单位签订劳动合同超过一年的，单位依然没有终止劳动关系，则视为已签订无固定期限的劳动合同。

三、劳动合同条款

实践中劳动合同文本多由用人单位提供，很多劳动者不知道合同中应当有哪些内容。发生争议时，往往因为双方权利义务约定不明确，使得争议的解决缺乏直接依据。

（一）必备条款

1. 必备条款概念

必备条款是法律规定劳动合同必须具备的条款。《劳动合同法》第十七条明确规定劳动合同的法定必备条款，对于规范劳动合同的签订，明确双方权利义务有着重要意义。此外，《劳动法》第十九条也规定了劳动合同的必备条款。

2. 必备条款的具体内容

（1）用人单位的名称，住所和法定代表人或者主要负责人。

（2）劳动者的姓名、住址和居民身份证或者其他有效身份证件号码。

需要注意，作为劳动者不要在签订劳动合同时，把自己的名字写在甲方的位置上。根据格式习惯，在合同中，甲方通常都是需求方，乙方通常是供给方。那么，在劳动合同中，单位就是需求方，即甲方；而劳动者是劳动力供给方，即乙方。

（3）劳动合同期限。

劳动合同期限必须明确。是一年期、二年期，还是无固定期限，都应该在劳动合同中具体明确地写出。如果没有明确固定期限则视为无固定期限劳动合同。

（4）工作内容和工作地点。

工作内容也称工作岗位，是劳动合同履行中的核心。实践中，有的用人单位在招聘时已明确工作岗位，因此在劳动合同中可以确定工作内容。而有的用人单位则很难约定具体的工作岗位，如劳动者初进用人单位可能需要熟悉各个部门的工作，用人单位会根据需要安排。劳动者按照一定时间进行轮岗，这种情况下，如果劳动合同签订时约定具体工作岗位，则在轮岗过程中会涉及劳动合同变更，如果违反法定的变更程序，用人单位可能会面临违法变更的法律责任。

工作地点是指劳动者履行劳动合同义务的所在地。工作地点的约定也应当明确，实践中存在工作地点很难固定的情况，劳动者在用人单位的非住所地履行劳动合同的情况，比如销售人员、售后服务人员、存在分支机构的用人单位的员工，这种情况在发生劳动争议时存在确定管辖地的问题。劳动争议由劳动合同履行地或者用人单位所在地的劳动争议仲裁管委会管辖。当发生管辖地冲突时，由劳动合同履行地的劳动争议仲裁委员会处理。

（5）工作时间和休息休假。

关于工作时间的约定，涉及用人单位的工时制度，即标准工时制度还是非标准工时制度。如果实行标准工时制度，还应当约定加班的相关事宜。当然，劳动合同中关于加班的约定只是原则性的，具体的规定应当在用人单位的劳动规章制度中体现。

休息休假是劳动者的法定权利，劳动合同中关于休息休假的约定必须符合法律规定，集体合同以及用人单位劳动规章制度的规定。

劳动者可以享受的假期有以下几类。

① 工作间歇休息：即工间休息和用餐时间。

② 日休息：指劳动者在每昼夜（24 小时）内，除工作时间以外，由自己支配的时间。

③ 周休息：用人单位应当保证劳动者每周至少休息 1 日。

④ 国家法定节假日：如元旦、春节、清明、五一等共 7 个法定节假日。

⑤ 带薪年休假。

除此之外，还有探亲假、婚假、产假、陪产假等。

（6）劳动报酬。

劳动报酬指由用人单位提供的工资报酬。工资应当以法定货币的形式支付，不得以实物及有价证券替代货币支付。因此，劳动合同中关于劳动报酬的约定，一般应确定具体数额及支付方式。实践中，有些用人单位只是笼统地作出决定，如与本单位其他员工同工同酬。这样的约定在发生劳动纠纷时，很难确定经济补偿金或者加班工资基数。因此，有必要在劳动合同中明确工资结构，比如基本工资、奖金、津贴、补贴、福利等。

（7）社会保险。

根据《劳动法》和《中华人民共和国社会保险法》的规定，我国境内的用人单位和劳动者有缴纳社会保险费的义务。法定参加的险种包括基本养老保险、基本医疗保险、工伤保险、生育保险、失业保险，统称五险。劳动合同中还可以约定企业年金等补充社会保险。用人单位在劳动合同中与劳动者约定的由劳动者自己负担社会保险费的条款，属于无效条款。

（8）劳动保护、劳动条件、职业危害防护。

劳动过程中的职业危害对劳动者的安全与健康存在潜在威胁或者现实伤害。劳动工具、劳动环境、劳动对象等因素，以及劳动者或企业管理者的违章操作行为，都可能对劳动者的人身造成伤害。根据劳动法律的规定，用人单位对劳动者在劳动过程中的安全和健康负有保障义务。因此，劳动合同中应载明用人单位所提供的符合劳动安全卫生标准的劳动条件、劳动保护措施、劳动过程中可能产生的职业危害及后果、职业病防护措施和待遇等内容。

（9）法律法规规定应当纳入劳动合同的其他事项。

用人单位提供的劳动合同文本没有载明上述劳动合同的必备条款或者用人单

位没有将劳动合同文本交付劳动者的，由劳动行政部门责令改正，给劳动者造成损害的，应当承担赔偿责任。

劳动合同对劳动报酬和劳动条件等标准约定不明确，引发争议的，用人单位与劳动者可以重新协商；协商不成的，适用集体劳动合同的规定；没有集体劳动合同或者是集体劳动合同没有规定劳动报酬，则实行同工同酬；没有集体合同或者集体合同没有规定劳动条件等标准的，适用国家有关规定。

如果出现劳动合同履行地与用人单位注册地不一致的情况，涉及有关劳动者的最低工资标准、劳动保护、劳动条件、职业危害防护和本地区上年度职工月平均工资标准等事项，按照劳动合同履行地的有关规定执行。如果用人单位注册地的有关标准高于劳动合同履行地的有关标准，且用人单位与劳动者约定按照用人单位注册地的有关规定执行的，按照约定执行。

（二）可备条款（特殊条款）

可备条款是指除法定必备条款外，劳动合同当事人可以协商约定，也可以不约定的条款。是否约定由当事人确定。此类约定条款的缺少并不会影响劳动合同的成立。

1. 试用期条款

（1）试用期条款从时间上分为三个等级。

劳动合同期限为三个月以上不满一年的，试用期限不得超过一个月。

劳动合同期限一年以上不满三年的，试用期限不得超过两个月。

劳动合同期限是三年以上固定期限或者无固定期限的，试用期限不得超过六个月。

（2）适用期限的特别规定。

① 同一用人单位与同一劳动者只能约定一次试用期。同一劳动者在同一用人单位已经实行过试用期后再次订立劳动合同的，无论岗位是否变化，也无论与前一次已经实行过试用期的就业有无时间间隔，或间隔时间多长，都不再适用试用期。

② 不得约定试用期的三种情形：以完成一定工作任务为期限的劳动合同；劳动合同期限不满三个月的；非全日制用工。

③ 试用期是包含在劳动合同期限内的，不另行计算。

④ 合同仅约定试用期的，试用期不成立，该期限为劳动合同期限。

（3）试用期工资。

劳动者在试用期的工资不得低于本单位相同岗位最低档工资的 80%，或者不得低于劳动合同约定工资的 80%，同时不得低于用人单位所在地的最低工资标准，简称为“双 80%”。

（4）试用期与见习期、学徒期和实习期的区别。

① 与见习期的区别。见习期是指用人单位针对应届大中专毕业生进行的业务适应及考核的期限，一般为一年。见习制度最早可见于 1981 年教育部、原国家计委、国家人事局发布的《高等学校毕业生调配派遣办法》。该办法第二十六条规定，毕业生分配到达工作岗位后，实行一年见习期的制度。该见习期制度，目前已被废止。

② 与学徒期的区别。学徒期是指用人单位对某些岗位的新招工人就熟悉业务、提高工作技能所规定的期限。一般规定为 2～3 年学徒期满，经考核合格，即转正定级。试用期和学徒期包含在劳动合同期限内。试用期和学徒期可以同时约定，但试用期不得超过半年。

③ 与实习期的区别。实习期有毕业前实习期和毕业后实习期的区分。毕业前实习期，是教学过程中的一种社会实践活动，实习者还是在校学生，与实习单位不存在劳动关系，故实习生毕业后被原实习单位录用的，还可有试用期。毕业后实习期实质上是试用期，应当适用《劳动合同法》关于试用期的规定。

2. 保守商业秘密与知识产权相关的保密事项条款

（1）保守商业秘密。

商业秘密是指不为公众所知，同时能为权利人带来经济利益的具有实用性，并经过权利人采取保密措施的技术信息和经营信息。

用人单位与劳动者可以在劳动合同中约定保守用人单位的商业秘密的保密事项。双方当事人可以就商业秘密的范围、保密期限、保密措施、保密义务及违约责任和赔偿责任等进行约定，劳动者因违反约定保密事项给用人单位造成损失的，应当承担赔偿责任。

（2）知识产权相关的保密。

与知识产权相关的保密事项是指那些尚未纳入知识产权法保护范围又不构成商业秘密，但对用人单位仍具有一定保密价值的事项或信息。比如，处于研发阶段的技术虽然还不能给用人单位带来现实经济利益，但研发成功后，一旦成功申请专利，即可为用人单位带来经济效益，因此在研发阶段需要保密。其主要特征包括：尚未纳入知识产权法的保护范围，具有秘密性但不属于商业秘密的范畴，因与知识产权相关，而对用人单位具有一定的保密价值。

3. 竞业禁止条款

所谓竞业禁止指的是不可以从事与本单位有竞争关系的业务，不得到生产同类产品或经营同类业务且具有竞争关系的其他用人单位兼职或任职，也不得自己生产与原单位有竞争关系的同类产品或经营同类业务。

竞业禁止条款设立的主要目的是在于防止不正当竞争。主要的限制对象是单位的高级管理人员、高级技术人员和其他负有保密义务的人员。

4. 服务期的约定

服务期是指用人单位为劳动者提供专业技术培训，而双方约定劳动者必须为用人单位服务的期限。服务期条款存在的前提是单位为劳动者提供了专项培训费用。只有对其进行了专业技术培训，才可以与该劳动者签订服务期的约定。劳动者如果违反了服务期的约定，应当向用人单位支付违约金。违约金的总额不得超过用人单位提供的培训费用。实际支付的违约金数额，不得超过服务期尚未履行部分所应分摊的培训费用。

专栏 4-9

在职期间报销的培训费用，离职时需要赔付吗？

张三老师是某教育机构外语老师，为了扩大业务范围，该教育机构派张三老师去德国参加专业培训，学习德语。花费 10 万元培训费，他们双方可以在劳动合同中约定，张三老师学成归来之后，为该教育机构提供五年的服务。如果张三老师违反服务期条款的约定，则要向该教育机构交纳一定的违约金。

案例分析：

第一种情况。可约定违约金的数额小于等于用人单位提供的培训费用。在此案例中可约定张三老师违约金的最高金额小于等于 10 万元。

第二种情况。劳动者实际支付的违约金小于等于服务期尚未履行部分所应分摊的培训费用。此案例中，张三老师学成归来为该教育机构每年的分摊费为 2 万元，如果只服务一年期就辞职，那么他最多要向该教育机构支付的违约金为 8 万元。如果服务了两年就走，则最多支付违约金 6 万元。服务了三年就走，最多支付违约金 4 万元。

第三种情况。如果用人单位与劳动者约定的服务期长于劳动合同期限的，劳动合同期满，双方约定的服务期尚未到期的，劳动合同应当续延至服务期满。双方另有约定的除外。

此案例中，如果张三老师和该教育机构签订的劳动合同是三年，而服务期是五年，那劳动合同应当顺延至服务期第五年结束为止。如果双方另有约定的则从其约定。

思考：

如何看待针对服务期的约定条款？

思考题

1. 新时代加强劳动者劳动权益法律保护有何意义?
2. 如何加强对新兴行业劳动者劳动权益的法律保护?
3. 劳动者具有哪些劳动权益?
4. 劳动者劳动权益法律保护有哪些主要途径?
5. 劳动合同的必备条款有哪些?

第五章　劳动与社会保障

本章目标

通过本章的学习，大学生可以了解社会保障的内涵与特点，理解社会保障与劳动之间关系的密切性与复杂性，了解现代社会保障思想在国外的诞生与演变，了解中国古代传统社会保障思想，了解国外社会保障制度的形成与演变，了解新中国社会保障制度的建设历程，了解现行的“五险一金”制度，树立正确的社会保障观。

导入案例

完善覆盖全民的社会保障体系
促进社会保障事业高质量发展可持续发展

中共中央政治局2月26日下午就完善覆盖全民的社会保障体系进行第二十八次集体学习。中共中央总书记习近平在主持学习时强调，社会保障是保障和改善民生、维护社会公平、增进人民福祉的基本制度保障，是促进经济社会发展、实现广大人民群众共享改革发展成果的重要制度安排，是治国安邦的大问题。要加大再分配力度，强化互助共济功能，把更多人纳入社会保障体系，为广大人民群众提供更可靠、更充分的保障，不断满足人民群众多层次多样化需求，健全覆盖全民、统筹城乡、公平统一、可持续的多层次社会保障体系，进一步织密社会保障安全网，促进我国社会保障事业高质量发展、可持续发展。

习近平强调，我国社会保障制度改革已进入系统集成、协同高效的阶段。要准确把握社会保障各个方面之间、社会保障领域和其他相关领域之间改革的联系，提高统筹谋划和协调推进能力，确保各项改革形成整体合力。要强化问题导向，紧盯老百姓在社会保障方面反映强烈的烦心事、操心事、揪心事，不断推进改革。要加快发展多层次、多支柱养老保险体系，更好满足人民群众多样化需求。要推动基本医疗保险、失业保险、工伤保险省级统筹，进一步明确中央和地方事权和支出责任。要把农村社会救助纳入乡村振兴战略统筹谋划，健全农村社会救助制度，完善日常性帮扶措施。要健全农民工、灵活就业人员、新业态就业人员参加社会保险制度，健全退役军人保障制度，健全老年人关爱服务体系，完善帮扶残疾人、孤儿等社会福利制度。要坚持不懈、协同推进“三医联动”，推进国家组织药品和耗材集中带量采购改革，深化医保支付方式改革，提高医保基金使用效能。（资料来源：新华网，2021 年 3 月 1 日）

思考：

1. 如何看待社会保障制度对劳动者的保护作用？
2. 我国社会保障制度对社会发展的作用是什么？

第一节　社会保障概述

“社会保障”一词诞生于美国，由美国社会福利运动领袖之一的亚伯拉罕·艾普斯顿提出，在这之前被广泛使用的是“经济保障”一词。“社会保障”由英语“social security”翻译而来，后者直译是“社会安全”，“社会保障”属于意译，但它或许更能体现中国人对其应有之义的理解。

一、社会保障的内涵

20 世纪 30 年代初的美国，大萧条的阴影还未散去，政策制定者们频繁使用“经济保障”来表达他们的政见和主张，但亦有人提出“经济保障”可能偏向于劳工群体，而社会需要的是一种能覆盖全体成员的保障，只有提高全社会成员的福利，劳工阶层改善生存条件才有可能成为现实。1935 年，《社会保障法》的出台满足了这种需要。

社会保障的内涵（视频）

1938 年，新西兰政府也沿用“社会保障”一词制定了《社会保障法》。国际劳工组织在 1944 年第 26 届大会上首次正式使用该词，在 1952 年第 35 届国际劳工大会上，国际劳工组织进一步制定了社会保障的基本准则，通过了《社会保障（最低标准）公约》。

那么，什么是社会保障呢？根据国际劳工组织在 1984 年出版的《社会保障导言》中的定义，它是社会通过一系列公共措施对其成员提供的保护，是对社会成员提供的医疗照顾以及对有儿童的家庭提供的补贴，以防止他们因疾病、妊娠、工伤、失业、残疾、老年及死亡导致收入中断或大大降低，进而遭受经济和社会困境。这种列举式定义在国际上广泛使用。1990年的《新大不列颠百科全书》认为社会保障指的是所有已经为立法建立的集体措施，以便当个人或家庭的部分或全部收入来源受到损害、中止或当他们有大笔的开支必须支付时（如抚养子女或支付医疗费用），维持他们的收入或为他们提供收入。因此，社会保障可能是对病残、失业、作物失收、丧偶、妊娠、抚养子女或退休的人提供现金待遇，对医疗、康复、家庭疾病护理、法律帮助和丧葬的待遇则可能是现金或实物（服务）形式。该定义凸显了社会保障对个人或家庭可能出现的各种风险的防范功能。1999年的美国《社会工作词典》则将社会保障定义为社会对那些遇到了已由法律作出定义的困难的公民，如年老、生病、年幼或失业的人提供的收入补助。该定义明确了社会对困难群体提供保障的方式是提供现金收入。

国内学者给社会保障下的定义大概可以分为抽象和写实两类。抽象的定义有很多，如认为社会保障是国家或社会建立的、具有经济福利性的、社会化的国民生活保障系统；或者是国家和社会通过国民收入的分配与再分配，依法对社会成员的基本生活权利予以保障的社会安全制度（陈良瑾，1990）。它们至少涵盖三重内容，即社会保障是由社会向其成员提供的一种保护；其目的是在其成员遭遇不幸事件时对他的基本生活权利给予保障；采取的具体保障措施应当具有一定的福利性。写实的定义也有很多，它们倾向于从较具体的角度界定社会保障，如将社会保障看成国家通过立法积极动员社会各方面资源保证无收入、低收入以及遭受各种意外灾害的公民能够维持生存，保障劳动者在年老、失业、患病、工伤、生育时的基本生活不受影响，同时根据经济和社会发展状况，逐步增进公共福利水平，提高国民生活质量（张左己，2002）；又如，社会保障是政府为主体依据法律通过国民收入的再分配帮助公民在暂时/永久丧失劳动能力或由于各种原因在生活发生困难时，给予其物质的帮助（董克用，2003）。

二、社会保障的特点

社会保障融合了自助、他助、互助、公助，与私人慈善具有鲜明差异，和商业保险也有明显不同。它至少表现出以下主要特点：

国家是社会保障的责任主体。作为为保障社会安全、维持社会正常运转而采取的一种制度安排，政府需要承担为社会成员提供保障的主体性责任。我国《宪法》第四十五条规定："中华人民共和国公民在年老、疾病，或者丧失劳动能力的情况下，有从国家和社会获得物质帮助的权利。”政府的主体性责任不仅体现在为社会保障系统出资，更体现在政府对社会保障体系负有设计、规划、组织与监管等义务。

社会保障以法律规范为依据。社会保障关系到所有社会成员的重大切身利益，任何调整与修改都会产生广泛、深远的影响。因此，社会保障建设必须以法律规范为依据。法律不仅规定了人们享受社会保障的权利和义务，也规定了人们享受社会保障的范围与内容，形式与方式，标准与条件，等等。只有以法律规范为依据，才能确保社会保障行稳致远。

社会保障具有历史性。社会保障是人类社会发展到一定历史阶段的产物。社会保障的范围、水平都应当与特定历史阶段的经济社会发展水平相适用，同时也应考虑社会固有的历史文化传统与风俗习惯。社会保障虽然以法律为依据，但任何历史阶段都有它的特定性，超前的社会保障不可能稳定和持续，滞后的社会保障则无法满足特定历史阶段的社会需求。

社会保险是现代社会保障的核心内容。现代社会保障制度的诞生始自社会保险制度的建立，再扩展到社会救助制度和社会福利制度。国家虽然是社会保障的责任主体，但社会保障需要社会全员参与，共同投入资源。国家财政仅能为它提供后盾，并不能取而代之。社会保险即国家为调动各方资源使社会成员在面临冲击时能互相帮助共渡难关的一项制度，国家扮演着社会收入再分配的角色。

三、社会保障与其他相关概念

（一）社会保障与社会福利

社会福利在英文中对应的是 social welfare。它含义丰富，有时候人们从服务的角度看待它，将其理解成为帮助特殊社会群体、疗救社会病态而提供的服务。它对应的是人们最基本的生活需要，通常针对特殊群体如儿童、老人或残疾人等。但是，英国将社会福利定义为“为了保障全体国民的物质的、精神的社会最低生活水准而由政府和民间提供的各项社会服务的总和”，其对象扩大到了全体国民。社会福利也可以从制度角度理解，如将它视为一种国家的项目、待遇和服务制度，它帮助人们满足社会的、经济的、教育的和医疗的需要，这些需要对维持一个社会来说是最基本的（见美国《社会工作词典》，1999）。社会福利也可以被理解为集体责任，是社会为达到一定的社会福利目标所承担的集体责任。而现代国家成为社会福利的责任主体后，社会福利便成为“制度化的政府责任”，即一个政府为达到一定的社会福利目标所承担的责任。社会福利也可以是一种状态，美国《社会工作词典》对“社会福利”的第二种定义即“一个社会共同体的集体的幸福和正常的存在状态”。

社会福利与社会保障之间既有联系又有区别，既相包容又存互斥。它们都是稳定社会的重要力量，有助于化解各种潜在风险和矛盾，保障社会有序运转。社会福利在层次上高于社会保障。按照《韦氏新世界大学词典》的理解，社会福利应当是社会成员处于的一种健康、幸福和舒适的良好状态，而社会保障则是使社会成员感到安全的一种状态，它使人摆脱恐惧、焦虑、危险、疑虑。因此，社会福利侧重于人民生活状况的全面改善与提升，而社会保障则仅强调人们生活状态的稳定和安全，从这个角度而言，社会保障是一种狭义的或低级的社会福利。

（二）社会保障与社会保护

社会保护在英文中对应的是 social protection。社会保护在内涵上比社会保障更加宽泛，它指向的社会成员可能遭受的不幸与危害更加复杂，因此所倡导的干预政策和手段也更加丰富。在国际劳工组织等机构的大力推动下，社会保护的概念逐渐为人所熟知，但迄今为止，各界在社会保护的内涵和外延上尚未达成共识。国际劳工组织将它定义为通过不断的政府行动和社会对话而实现的一系列政策措施，其目的是确保所有的男人和女人都能享有尽可能安全的工作环境，获得充分的社会服务和医疗服务，并在因疾病、失业、生育、伤残、丧失家庭主要劳动力或年老而造成收入丧失或减少时，能够得到足以维持生计的保障待遇。从该定义看，国际劳工组织似乎将社会保护视为加强版、扩展版的社会保障，因为它列出的保障范围更加广泛，手段更加明确。世界银行基于自身的职责和宗旨也划定了社会保护的范围。按照世界银行的观点，一个社会只是在其成员遭遇风险时才向其提供临时性的救助和津贴是远远不够的，它应该对那些涉及人力资本投资的领域（如对教育和医疗卫生投资）加强干预，以帮助个人、家庭和社区更好地管理眼前的和潜在的风险；它应该对低收入者提供更加广泛的支持，以帮助他们获得更多的就业机会。

对于社会保护的外延，各方认识也存在一定差异。欧洲委员会所作的社会保护分类包括 8 个分项，即疾病/医疗服务保护、残疾保护、老年保护、遗属保护、家庭/儿童保护、失业保护、住房保护以及其他未分类的社会排斥保护。经合组织提供的社会保护分类有 9 项，即老年保护、遗属保护、丧失劳动能力保护、健康保护、家庭保护、积极的劳动力市场项目、失业保护、住房保护、其他社会政策领域。联合国基于政府职能分类而将健康保障独立于社会保护，因此将社会保护分成 9 类，即疾病和伤残保护、老年保护、遗属保护、家庭和儿童保护、失业保护、住房保护、其他未分类的社会排斥保护、社会保护研究和开发，以及其他未分类的社会保护。

四、社会保障与劳动的关系

经济基础决定上层建筑。社会保障属于上层建筑，劳动生产率的发展奠定了社会保障的基础，但反过来，社会保障建设又会对劳动产生深远、复杂的影响。

（一）劳动对社会保障的影响

深入考察社会保障思想的诞生以及社会保障制度的形成，就会发现它们和劳动存在密切的关系。19 世纪德国俾斯麦政府推出社会保险法就与当时德国劳动生产率的提高有密切关联。德国统一后劳动生产率大大提高，这不仅使德国社会有了经济条件来为社会保障提供财政支持，同时也为德国社会实施社会保障创造了社会条件。因为工业经济的发展使工人阶级力量不断壮大，工业化进程中引发的一系列社会问题激起工人的激烈抵抗，马克思主义广泛传播和巴黎大革命背景下德国工人运动逐渐形成了一定的气候，工人运动频繁发生，社会阶级矛盾不断激化，一些工人政党在议会中的席位数大为增加，对统治阶级政权构成直接威胁，引起他们的恐慌，正是在压制、镇压手段无果后，才促使俾斯麦政府创立社会保障制度，改而采取奖励加惩罚的形式，应对日益激化的阶级矛盾。

1935 年美国《社会保障法》的出台也和劳动生产率的充分发展有密切的关系，劳动生产率的发展为美国建设社会保障创造了充足的物质前提。而爆发于 1929 年并延续到 20 世纪 30 年代初的那场席卷整个资本主义世界的大危机，给美国及其他西方国家带来的破坏令人们记忆犹新，全社会在破坏中认识到社会保险可能存在的不足，认识到维持社会劳动就业、维持社会生产活动正常运转的重要性，从而赋予社会保障以稳定经济、维持社会总需求的角色。

以英国为代表的福利国家建设同样和劳动存在密切关系。1945 年 7 月，英国保守党在选举中失利，在二战中立下大功的丘吉尔在这次选举中被人们厌弃。这次选举意味着人们并不希望经过二战洗礼的英国再次回到之前的面貌。工党在选举中提出了《让我们面向未来》的纲领，纲领中提出了大规模国有化和实行社会福利建设的政策。这些政策的成功推行得益于多方面条件。首先是战争并没有给英国带来过多的破坏，作为世界上最大的殖民帝国，它通过残酷剥削和压榨殖民地人民积累的大量财富，足以保障其通过社会改良维持统治。其次，两次世界大战积累的大规模干预社会生活的实践，使工党政府能够成功推行涉及诸多经济部门的国有化政策，并提出一系列重要的社会立法。终于，1948 年 7 月，工党政府首相艾德礼宣布英国建成福利国家。

二十世纪六七十年代后，西方国家的社会保障制度改革同样体现了劳动对社会保障的重要影响。福利国家建设虽然使许多国家的劳动关系、社会矛盾得到一定程度的缓解，但却延伸出许多“意料之外”的问题。高福利国家劳动参与率不断下降，符合劳动年龄和劳动条件的人参与劳动力市场的比率持续处于低水平状态。失业率也居高不下，大量劳动者尤其是青年劳动者处于失业或不充分就业的状况下，低劳动参与率使劳动者背负了沉重的负担，社会保障与福利体系的可持续性问题浮出水面。这种劳动参与局面最终推动了西方国家社会保障制度的改革，但由于劳动状况没有得到彻底改变，社会保障改革仍未到终点，未来的变数还很大。2008 年，以高福利著称的北欧国家冰岛一度濒临国家破产的局面，4 年后希腊也遭遇了类似困境。

（二）社会保障对劳动的影响

劳动生产率提高与社会保障水平提升的进程中，一直存在对社会保障的反对之声，比如早期有像马尔萨斯、斯宾塞等人口学家或者社会学家，而近期则有很多的自由派经济学家加入其中。究其原因，很大程度上就在于社会保障建设对劳动的反向影响。不过，关于社会保障建设对劳动的反向影响，一直以来都没有统一的观点。人口学、社会学、经济学等都对此有深入研究，这里主要来看看经济学的研究。

在经济学研究中，有观点认为社会保障建设对劳动会产生负面影响。它集中体现在社会保障可能会抑制用人单位对劳动力的需求，或者是抑制劳动者向市场提供劳动力的意愿。这种观点的理论依据和事实证据很丰富。比如，社会保障水平越高通常意味着缴费水平也越高，因此会加重缴费主体的负担。当缴费主体是企业时，企业缴费负担越重（比如当它的产品因为某种原因不能涨价时它就不能把这种负担转嫁到消费者身上），那么它的利润就会越低，它对员工的需求就会下降，原本可以就业的人可能现在就没有岗位了①。当缴费主体是劳动者时②，社会保障给劳动者带来的负担越重，他们提供劳动所得到的可支配收入就越低，与不劳动时从社会所得到的高额福利之间的差距就越小，因此，向市场提供劳动力的意愿就会下降。许多经济学家认为，高水平的社会保障容易导致养懒汉的情况发生，欧洲国家长期以来的高失业率与低劳动参与率被认为是这种观点的明证。高水平的社会保障还可能导致就业者工作努力程度下降，因为工作获取的税后收入和不工作的救济收入的微小差距对他们的激励效果有限，他们的工作积极

① 如果企业能把这种负担转嫁出去，情况就会复杂一些，但总体上也不会太乐观。

② 通常企业和劳动者都是缴费主体。

性被抑制，从而进一步降低用人单位的劳动生产率。

不过，也有观点认为社会保障建设对劳动具有积极影响。这主要体现在它可能会提高用人单位对劳动力的需求和提升劳动者向市场提供劳动力的意愿，因此，社会保障对劳动有正面的激励效果。比如，劳动者获得了有社会保障的工作后他们会更加珍惜，因为他们知道社会上还有不提供社会保障的工作，这促使他们更努力地投入眼前工作中，从而使用人单位的劳动生产率提高，用人单位的利润增加，进而使它增加劳动力需求；另外，社会保障建设能解决劳动者的后顾之忧，从而使劳动者可以安心工作，最终在生产中表现出更高的效率，此时即便用人单位因为缴纳社会保险费而增加了成本，但只要劳动生产率足够高，它们也愿意雇佣更多的劳动者。因此，社会保障不仅不会使社会就业岗位减少，反而会因为用人单位增加劳动力需求而使就业岗位增多，促进就业。此外，经济学家还从人力资本角度为此寻找支持。社会保障不仅帮助失业劳动者解决了一时的生计困难，而且保障了他们的生活，帮助他们获取营养维持身体健康，健康的身体是他们日后重返劳动力市场或就业岗位的必要条件。社会保障也可以通过就业培训、求职补贴与就业帮扶等方式，帮助失业劳动者解决就业困难从而有助于他们就业，这对化解结构性失业尤其适用。从长期看，社会保障还有助于困难家庭避免因为收入水平低使子女营养缺乏、过早脱离教育而最终在劳动力市场上陷入被动局面，打破贫困的代际传递。

在悲观主义和乐观主义之外，也有相对中性的观点。他们认为，如果考虑到劳动力市场主体的理性行为，社会保障建设将不会对劳动力市场上的劳动表现产生实质影响。当用人单位为劳动者缴纳社会保障费用时，它会将其视为与工资相同的成本支出，从而不会改变对劳动力的需求；而当劳动者知道用人单位在支付工资之外还为自己缴纳了社会保障费用时，也会把这笔费用理解成与自身工资相同的收益，因此，其工作积极性和提供劳动力的意愿不受影响，劳动力供给不发生变化。由于劳动力的需求和劳动力的供给都不发生变化，最终劳动力市场不受影响。根据这种观点，社会保障制度对劳动力市场的影响是中性的，即社会保障不会影响劳动。这种观点虽然在理论上完全成立，但它依赖于较为严格的条件，不过，在已有的经济学研究中，已发现了不少有关社会保障呈中性的有力证据。

第二节　社会保障思想

有人认为远古时代人类可能就诞生了社会保障思想，甚至有了社会保障。他们或许有一些理由，但真正意义上的社会保障思想是不可能诞生于原始社会或者说狩猎时代的，因为在各尽全力、自力更生的年代，没有解决温饱问题是人类社会的普遍现象，既没有谁能向他人提供保障，也没有谁会想让别人来给自己提供保障。

根据马克思主义理论，社会保障思想诞生在社会生产力得到一定发展，全社会有了剩余产品的时候。所以，社会保障思想的诞生是生产力发展的结果，生产力发展为社会保障思想的诞生提供了前提。

一、西方社会保障思想的诞生与演变

一些先哲著作中关于理想社会的设想有时被认为提供了某些社会保障思想的雏形，比如关于财富公平分配思想、互利互助的思想以及有些教义提出的慈善思想。但是，这些社会保障思想是模糊的、朦胧的。

西方社会保障思想诞生于 17 世纪。该时期科学技术与生产力在部分国家有了一定发展，这为社会保障思想的诞生与实践创造了前提。1601 年英国颁布了旧《济贫法》，该法案在早期相关法规的基础上进一步确认政府在济贫事务中的责任与义务，由此逐步建立了英国的贫困救济制度。旧《济贫法》体现出来的社会保障思想在社会保障思想史上是标志性的思想。这至少表现在，它明确把帮助贫困人口当成公共事务；它明确提出贫困人口需要区别对待，可分为健康的贫困人口和非健康的贫困人口；它采取的是强迫劳动加财政救济的做法，对于健康的贫苦人口要求必须参加劳动才能享受保障，对于不健康的贫苦人口则通过设置各种条件想方设法将他们排除在救济之外。该时期社会保障思想服务于生产的需要，希望更多的人从事劳动，其背景是当时圈地运动导致大量农民或农奴离开了土地，而以工场手工业为标志的工业化兴起产生了对工人的较大需求。自此，社会保障思想开始变得活跃起来。17 世纪后半期，社会保障思想有了快速发展，经济学家在其中作出了很大贡献。如 1662 年威廉・配第在《赋税论》中提出，国家财政费用应该分成六份，其中一份专门用于社会救济，帮助那些“孤儿、无家可归的儿童及弃婴”以及“各种失去工作能力的人及其他没有工作的人”。除此之外，有关人的生存权的思想也对该时期的社会保障思想产生了巨大影响。

受社会生产力全面提高的影响，18 世纪后西方国家社会保障思想变得更加丰富。如约翰・穆勒在《政治经济学原理及其在社会哲学上的若干应用》中就专门论述了政府救济问题。他提出，救济是政府的职能也是政府决定的事，这是由人类应该互助的原则决定的，“不管我们如何看待道德原则和社会团结的基础，我们都必须承认，人类是应该相互帮助的，穷人更是需要帮助，而最需要帮助的则是正在挨饿的人。所以，由贫穷提出的给予帮助的要求，是最有力的要求，显然有最为充分的理由通过社会组织来救济亟待救济的人”。他认为，如果接受帮助的人和没有接受帮助的人处境相同，这种帮助就是有害的，因此，社会保障只能是最低限度的救济。只有人人都可以得到帮助且人人都希望能尽力摆脱帮助，这种帮助才是对大多数人来说有益，而过高的救济会导致受救济者产生依赖，使人们丧失从事劳动的积极性。因此，需要平衡最大程度给予帮助与尽量使人不依赖帮助之间的关系，这点是“微妙而重要的”。穆勒还提出，社会保障应当依法进行，并将其在性质上与私人慈善相区别。国家必须按一般规则行事，政府向所有需要救济的人提供最低限度的救济，对所有的穷人一视同仁，不必去分辨贫穷是因为懒惰还是其他原因，也不管他道德品质如何，只要符合规定的条件都应给予最低限度的救济。他认为，只有私人慈善才会去分辨哪些人真正需要救济，根据调查判断此人贫穷的原因、贫穷的程度及其道德行为状况，再决定救济与否以及救济多少。这种差异是由政府机构的性质同私人慈善团体的性质不同所决定的。孟德斯鸠也有类似的提法。他认为一个国家有义务保障它的全体国民有粮食、有适宜的衣服以及卫生的环境。他说：“一个国家，不论是为着使人民免得受苦也好，或是为着避免叛乱也好，都必须进行救济。”“富裕的国家需要济贫院，因为命运使他们受到无数不测事件的支配。”但是他同时又认为暂时的救济比长期的要好，因为苦难是暂时的，所以救济也应该是暂时的。

19世纪后，工业革命使社会生产力有了质的飞跃，资本主义生产方式下社会日益分化成两大对立的阶级，即劳动者无产阶级和积累巨大财富的资产阶级。社会生产力的提高使社会有能力提供范围更广、水平更高的社会保障，庞大无产阶级群体的出现更是加剧了对社会保障的需求。但是，社会对社会保障的认识却发生了变化，出现了很多反对社会保障的声音。例如，马尔萨斯反对政府救助穷人，他认为救济不能解决贫困问题，因为救济使人懒惰并带来人口的更大增长，这又会进一步加剧贫困。他几乎反对一切形式的社会保障，认为人类应该服从自然法则，人们遭遇疾病、饥饿或其他不幸事故都与社会无关，社会不应该承担责任。贫穷的根源在于人口的过快增长，要减少贫困唯有减少人口，而灾祸则是抑制人口增长最有效的手段之一。斯宾塞亦对社会保障持反对态度，根据他的观点，在特定人口中依靠社会保障生活的人越多，自食其力的人必然越少，而自食其力的人越少，社会生产出来的产品当然也越少，这就会加大人类未来面临的苦难。因此，社会救济不但增加了人们现在要忍受的苦难，而且会增加人们未来将要忍受的苦难。但是，主张政府应该提供社会保障、承担保障责任的人也越来越多。比如西斯蒙第在其《政治经济学新原理》中指出，工人阶级生活水平低下、缺乏保障是由于受资本家压榨，因此国家应该进行干预。工人享有保障的权利，应该提高工资率以满足劳动者基本生活的需要。资本主义生产方式与制度下工人阶级命运悲惨，企业主应对此承担责任，政府应该强制企业主参加劳动保险，以使工人遭遇疾病、灾害或不幸事故时，生活能有依靠。威廉·罗雪尔则在《历史方法的国民经济学讲义大纲》中将贫困的原因分为“绝对的不能劳动”“相对的不能劳动”以及“过多的支出”。他认为，只要“家族、组合、公共团体等”无力使其贫穷的成员得到保障并且民间慈善团体已没有能力救济所有贫民，政府即应该实行济贫政策。无论从政治或从道德上说都不能让贫民感到饥饿。政府不仅应该济贫，而且应该把济贫当成事业加以发展。济贫不仅要给予物质上的帮助，还要给予精神上的关怀，济贫要在节约和道德的基础上进行。而提供工作则是救济的主要方式之一，设置“平民工厂”为被救济者提供工作的办法是可取的。

专栏 5-1

废除《济贫法》

1798 年，一本匿名发表的小册子曾有这样一段话，“一个来到已有人满之患的世界的人，如果父母无力抚养他，而社会又无法使用他的劳动，他就无权得到一点食物。实际上，他在地球上就是一个多余的人。在盛大的人生筵席上，没有他的座位。自然命令他离去，并立即亲自执行自己的判决”。写这本小册子的作者就是当时默默无闻但又雄心勃勃的神父——托马斯·马尔萨斯。当时，英国《济贫法》规定贫民应该在他出生的地方领取救济金。但马尔萨斯认为，《济贫法》往往使人口趋于增长，而养活人口的食物却不增加，穷人明知无力养家糊口也要结婚，所以在某种程度上说，《济贫法》是供养穷人以创造穷人。他认为“《济贫法》无疑是为最仁慈的目的而制定出来的”，但如果没有《济贫法》，“虽然个别的很严重的艰苦事例可能会多一些，但是一般人民的全部幸福就会比现在大得多”。因此，马尔萨斯主张用“十分和缓的步骤”来废除《济贫法》。（资料来源：舒晓兵、田鹏、胡欣：《社会保障概论》，武汉大学出版社 2016 年）

19 世纪末期各种活跃思想对社会保障思想也产生了重要影响，这其中至少包括英国费边主义、集体主义、新自由主义和德国讲坛社会主义以及法国社会连带主义。尽管它们产生于不同的国家，但都主张建立社会保障制度。费边主义认为，贫穷不是个人的错误，而是由资本主义政治、经济本身的不合理造成的。社会应该尽力给它的全体成员以平等的机会。社会主义是使所有的人都获得平等的权利和机会的计划，资本家赚取的利润应该让给整个社会，应由社会举办各项与基础民生密切相关的事业来满足人们的基本需要。集体主义则强调在平等条件下为全体社会成员提供一种基本生活保证的重要性，而实现这一目标的唯一途径是国家干预经济与社会生活。集体主义关心公共事务，认为公共生活准则的宗旨是“公共利益高于个人利益”。不同于传统自由主义反对国家干预的观点，新自由主义提出，为了自由的缘故国家必须进行干预。因为自由并不是随心所欲的行事，更不是把自己的快乐建立在他人的痛苦和牺牲的基础上。他们认为当人们把自由当作某种值得赞美的东西时，自由其实是一种约束自己愿意并值得去做的事情的力量和能力，也是一种可以和他人共享的东西。费边主义、集体主义和新自由主义成为 1870—1914 年英国建立现代社会保障制度的主要理论基础。德国讲坛社会主义者也反对自由放任，认为国家在保障社会安全之外还有重要责任，因而主张实行包括社会保险等在内的社会政策。人与人、阶级与阶级之间存在道义上的休戚关系，因此，不应该对一部分人的物质穷困无动于衷，应该在“文化和福利”方面采取措施。法国的连带主义的基本主张是社会成员具有共同的或集体的保障，认为社会成员存在“准契约”，彼此间负有连带责任，因此人们应该互助，富人有责任帮助穷人，从而保证所有社会成员能得到最低限度的生活资料。社会应当成为一种相互保险的团体，别人对自己遭受的灾难负责，自己也应对别人遭受的灾难负责。

进入 20 世纪后，社会经济条件发展带动了社会科学尤其是经济科学的发展，为社会保障思想发展奠定了基础，使该时期社会保障思想不仅为社会保障制度建设的必要性提供了更为充分的论证，而且逐渐涉及如保障水平与保障模式等更加具体的内容。这里简要介绍福利经济思想及凯恩斯主义思想等对社会保障思想的影响。福利经济思想对现代西方社会保障思想具有重要贡献。如福利经济学创始人庇古认为，经济福利主要取决于国民收入的大小和国民收入在社会成员中的分配情况。国民收入增加和国民收入不平等程度的降低都会提高一国的总福利。因此，将富人的部分财富向穷人转移会提高社会的总福利，但富人的财富不会自动转移到穷人手中，所以才需要国家运用税收和转移支出等手段来实现这种转移，这为建立具有收入再分配性质的社会保障制度提供了理论依据。向穷人转移收入的办法有两类，直接的转移（如举办社会保险或社会服务设施）和间接的转移（如对某些基本生活必需品给予补贴以降低价格）。凯恩斯主义也推动了社会保障思想的发展。虽然凯恩斯本人并没有明确的有关社会保障制度的理论主张，但他提出的社会有效需求不足理论及财政政策主张为建立社会保障制度提供了理论基础。贝弗里奇将凯恩斯主义思想融入社会保障，提出了著名的《贝弗里奇报告》，他将社会保障分为社会保险、社会救济以及自愿保险（社会保险针对普通居民，社会救济针对穷人，自愿保险则针对高收入群体），并提出了建立覆盖全民的全新社会保障制度的六项原则，包括基本生活资料补贴标准一致原则、保险费标准一致原则、补助金充分原则、全面和普遍性原则、管理责任统一原则以及区别对待原则。《贝弗里奇报告》蕴含的社会保障思想对后来的英国福利国家建设具有重要指导意义。

二、中国社会保障思想的诞生与演变

中国古代虽然没有社会保障的正式提法，但相关思想与实践却很早就已出现，只不过大多是零星、碎片化的，未能形成系统。例如，我国历史上种种救灾备荒、扶贫救济、养老抚幼的机构和制度实际上就扮演着社会保障的角色。不少关于中国古代社会保障思想的探索将研究的时间节点推进到了先秦时期。在关于中国古代社会保障思想的探索中，有三种思想被认为比较有代表性，对不同历史阶段的人们的行为和社会实践发挥了指导作用。

第一种是历史早期的朦胧、消极保障思想，有人称它为天命主义保障观。它的诞生时间甚至早在商周之前，具有一定的迷信成分。当时人类劳动生产率有了一定提高，风调雨顺时能勉强过上温饱日子，但由于缺少知识，辛苦种田的收成却要看“天意”。老百姓不指望别人家的余粮给自己提供保障，而希望有个好气候。所以，当人们遇到灾害时求助的对象是天，向天祈求下雨或出太阳，以便有个好收成，生病了也是求天保佑、赐福自己有个好身体，将天看成给大家提供保障的依靠。

第二种则代表了古人的美好愿望，有人称它为大同世界论或是大同社会论。它诞生于春秋战国时期，以儒家思想为代表。孔子曾用精练的语言对“大同世界”做过描绘，他说：“大道之行也，天下为公。选贤与能，讲信修睦。故人不独亲其亲，不独子其子；使老有所终，壮有所用，幼有所长，矜寡孤独废疾者皆有所养。”它包含了丰富的社会保障思想，既有对小孩生活的保障，也有对小孩教育的保障，既有对成人就业的保障，更有对疾病的保障。这是一个人人都有保障的世界。这种保障不再是求助于上天垂怜，而是来自社会自身救助。这种救助包含了老人救助、幼儿救助、失业救助，对鳏寡孤独弱势群体的社会救助，以及国家救助、邻里救助等内容，覆盖了传统社会救助思想的方方面面，可以说是古代中国传统社会保障思想的一幅完整构图。

第三种则与古代传统的民本主义思想颇有渊源，可以称之为民本主义社会保障思想。春秋战国时期是民本思想确立和发展的重要时期。实际上，各家各派尽管政见、学说不同，但都强调民的作用和地位。比如孟子说："无恒产而有恒心者，惟士为能。若民，则无恒产，因无恒心；苟无恒心，放辟邪侈，无不为已。""是故明君制民之产，必使仰足以事父母，俯足以蓄妻子，乐岁终身饱，凶年免于死亡。""民为重，社稷次之，君为轻。"齐国管仲是民本思想的践行者，他提出："饥者得食，寒者得衣，死者得葬，不资者得报，则天下之归我若流水。""水能载舟，亦能覆舟"这句名言代表了民本思想对统治者的深刻影响。

中国古代传统社会保障思想，历经各朝各代至明清时期渐趋成熟。从皇帝至各级大臣乃至学者都有自己的认识和主张，从而极大地丰富了传统社会保障思想的内涵，对传统社会保障制度的日渐完善发挥了重要作用。社会保障思想和社会经济发展条件密切相关，社会经济发展水平、劳动生产率越高，社会保障思想越活跃。

但是，受传统小农经济的制约，中国古代和近代始终欠缺现代社会保障思想所需的政治经济条件，因此一直未能产生现代意义上的社会保障思想。清朝末期，随着西方人道主义价值观逐渐输入我国，人权理念逐渐渗入传统社会保障思想。民国时期，社会保障思想在传统的大同社会论和互助思想的基础上有了进一步发展，上述趋势也进一步强化。但由于国内战乱不断，各种思潮涌现，社会保障缺乏完整和统一的思想体系，使得该时期社会保障仍以预防灾害、救济难民为主，这从民国时期救灾赈灾的慈善机构快速发展可窥一斑。民生主义是该时期社会保障思想的重要组成部分之一。作为三民主义的提出者，孙中山先生对近代中国的社会保障思想与实践产生了重要影响。受传统民本思想的影响，他早期曾指出，朝廷设官本是为民，但正因为官员忽视百姓生死，才导致"天下流亡满目，盗贼载途也"。后来，他又提出，以民为本，民以食为天，立国先要养民，养民则先要使其足食。面对民国初立、百废待兴的局面，他提出了自己的主张："其有耕种之具不给者，公田由地方公款，私田由各田主设法资助，俟秋成后计数取偿。"他在传统民本思想基础上广泛吸收国外社会保障思想与实践的经验，在《红十字会救伤第一法》译序中，他说："恻隐之心人人有之，而济人之术则非人人知之。"面对传统官方或者民间救助活动多以恩赏与施舍形式进行的情况，他提出，解决民生问题应该主要是政府行为，社会保障是国家义不容辞的崇高责任。他主张利用国家资本、借助国家力量进行全面、有效的新型社会保障。

1912年，他在南京同盟会会员饯别会上提出："设有不幸者，半途蹉跎，则五十以后，由国家给予养老金。此制英国亦已行之，人约年给七八百元。中国则可给数千元。如生子多，凡无力养之者，亦可由国家资养。"这表明此时他的社会保障思想已经受到了西方尤其是英国社会保障制度实践的影响，认为政府应仿效西方担负起保护弱势民众生活的责任。辞任大总统后，孙中山提出以国家收入兴办社会救济事业，认为国家的财政收入（地价税、铁路收入、矿业收入）应当有一定的余额用来兴办教育及慈善事业。不久后，他再次指出，各种脆弱群体受到国家救助是一种权益，国家对其进行生活保障是一种责任。1924年，改组后的国民党召开第一次全国代表大会，重新解释的民生主义强调了对农民、工人以及其他弱势群体的救助："（对农民）国家当给以土地，资其耕作，并为之整顿水利，移植荒徼，以均地力。""（对工人）失业者，国家当为之谋救济之道，尤当为之制定劳工法，以改良工人之生活。此外如养老之制、育儿之制、周恤废疾者之制、普及教育之制度，有相辅而行之性质者，皆为努力以求其实现，凡此皆民生主义所有事也。"孙中山将社会保障建立在发展实业的基础上，他说："仆之宗旨在提倡实业，实行民生主义，而以社会主义为归宿，俾全国之人，无一贫者，同享安乐之幸福，则仆之素志也。"中国传统的社会救济是以小农经济为基础，孙中山提倡以国家力量发展实业来推进社会救助事业，则是将社会保障建立在工业化、产业化基础上，增加了救助的有效性，是中国社会救助近代化的重要表现。

随着马克思主义思想逐步传入我国，中国共产党在革命斗争与建设实践中也逐步提出了自己的社会保障思想和主张。中国共产党成立初期领导工人运动的重要目标之一即改善工人的劳动条件，为工人争取更好的劳动保障与生活保障。1922年，中国共产党领导组织的全国第一次劳动大会拟定了《劳动法案大纲》，它集中体现了中国共产党早期的社会保障思想。它不仅提出了劳动者集会结社、罢工等权利及关于劳动条件和工资条件等的主张，更是首次公开提出了建设现代社会保障制度的具体要求。中国共产党在根据地和解放区开展建设过程中，对社会保障的认识不断丰富与深化。它总体上坚持以马克思主义为指导，以维护工人阶级根本利益为依归，结合形势发展坚持因地制宜的原则。

毛泽东在土地革命战争时期就认为优待军属是红军发展壮大的重要条件，并确立了保障工作在中国革命中的地位和作用。1933年和1934年，他写下了《必须注意经济工作》《关心群众生活，注意工作方法》等文，对长冈乡当地裁缝、木匠、泥瓦匠等手工业工人的失业状况做了统计，充分肯定了长冈乡的社会救济工作，并批评许多地方不注意社会救济工作、不知道救济困难群众的情况。抗日战争时期，他把社会保障与抗日联系在一起，1937 年他在《为动员一切力量争取抗战胜利而斗争》一文中将改良工人、职员、教员和抗日军人的待遇，以及优待抗日军人家属、救济失业、赈济灾荒等社会保障问题作为抗日救国十大纲领的重要内容。1942 年，毛泽东在《经济问题与财政问题》中将给群众社会保障、物质福利视为党的根本路线与政策。1945 年，在《论联合政府》中，毛泽东指出："在新民主主义的国家制度下，将采取调节劳资间利害关系的政策。一方面，保护工人利益，根据情况的不同，实行八小时到十小时工作制以及适当的失业救济和社会保险，保障工会的权利；另一方面，保证国家企业、私人企业和合作社企业在合理经营下的正当的赢利；使公私、劳资双方共同为发展工业生产而努力。"(《毛泽东选集》) 针对医疗保障，他提出："应当积极地预防和医治人民的疾病，推广人民的医药卫生事业。"1946 年，他提出工人福利提高要基于发展生产繁荣经济。1948 年，他又提出生活的改善不应当超越经济情况所许可的范围。毛泽东的社会保障思想奠定了革命时期中国共产党社会保障实践的重要思想理论基础。新中国成立初期，面对大规模失业，毛泽东提出要认真对待，有步骤地帮助失业者就业。毛泽东提出社会保障必须与生产力发展水平相一致的基本原则，为中国社会保障制度建设指出了正确的发展方向。他在 1953 年夏季全国财经工作会议上明确指出："福利不可不谋，不可多谋，不谋不行。"1956 年，他在《论十大关系》中再次指出："工人的劳动生产率提高了，他们的劳动条件和集体福利就需要逐步有所改进。"1957 年 2 月，毛泽东在《关于正确处理人民内部矛盾的问题》一文中认为，社会保障涉及国家、集体和个人三者的关系以及积累和消费的关系，"无论粮食问题，灾荒问题，就业问题……都要从对全体人民的统筹兼顾这个观点出发，就当时当地的实际可能条件，同各方面的人协商，作出各种适当的安排"。处理三种利益必须兼顾，不能只顾一头。毛泽东对我国医疗卫生保障领域也非常关注，将开展医疗卫生防疫工作视为保障人民身体健康的大事。1951 年，他作出《必须重视卫生、防疫和医疗工作》的指示，提出："今后必须把卫生、防疫和一般医疗工作看作一项重大政治任务，极力发展这项工作。……至少要将卫生工作和救灾防灾工作同等看待，而决不应该轻视卫生工作。"针对国家卫生资源向城市过度倾斜的状况，1965 年，毛泽东号召"把医疗卫生工作的重点放到农村去"。1968 年，毛泽东对湖北省长阳县乐园人民公社举办合作医疗的经验进行了称赞和批示，促成了 1969 年我国农村大办合作医疗的高潮。

第三节　社会保障制度

一、西方国家现代社会保障制度的形成与演变

尽管社会保障思想诞生时间早，但现代意义上系统的社会保障制度建设却要晚很多。这里仅对英国、德国等国家的社会保障制度形成与演变作简单介绍。

（一）英国现代社会保障制度的形成

英国真正意义上的现代社会保障制度的诞生是在19世纪70年代以后。1873年，英国爆发了严重的经济危机，大量工人处于失业状态，因失业等原因致贫的人口迅速增加。据文献记载，19世纪末期，全英超过四分之一的城市人口生活在贫困中。严重的贫困影响了人们的身体健康，婴儿死亡率高达127.3‰。贫穷和失业的上升带来的贫穷人口增加使济贫院状况恶化，很多人惨死其中。据记载，1891年，英格兰和威尔士死于济贫院的人口是同期医院的2倍以上，是同期疯人院死亡率的6倍以上，1909年，济贫院死亡人口达全部死亡人口总数的18.2%。这使济贫院广受批评。在《济贫法》之外也存在一些自助或互助的方式，如友谊会，但其成员主要是中产阶级。工会和消费合作社则是普通工人寻求互助的一种方式。

鉴于“济贫法体制”已不能适应社会需要，自助和互助又有明显的局限性，英国亟须建立新的社会保障体制。在这种情况下，1908年英国颁布实施《养老金法》。该法是英国开始建立现代社会保障制度的标志，首次为英国建立起国家养老金制度。它规定70岁以上的老人在无须缴纳费用的情况下也可以领取养老金，其数量随收入而定，但每对夫妇每周最高仅可领取10先令。1911年，英国颁布了《国民保险法》，它主要包括失业保险和健康保险两部分内容。在该法中，失业被定义为是暂时的而不是长期问题，失业保险津贴则被定性为帮助被保险人渡过短期失业，而不是供给他们的全部生活费用或过去的工资。因此，它的适用对象主要是季节性失业和周期性失业的工人。失业保险基金由雇主、雇工双方各自承担50%，国家另行为每个雇工垫付双方交款额的三分之一。被保险人必须缴纳5次保险金后方可领取失业保险津贴，每名被保险人每年领取失业保险的时间最长不能超过15周，领取标准是每周7先令。

英国初步建立的社会保障制度除了以《养老金法》和《国民保险法》为主要内容的社会保险制度外，也包括一些其他的社会保障制度，如：1871年的《工

厂法》及其后进行的多次修订，对工作条件、厂房面积、卫生标准、工资支付方式等作出了规定；1880 年的《雇主责任法》及其后的《赔偿法》等法规，规定雇主必须为雇工的工伤承担责任，为工伤致残者或因不安全或不健康的工作条件致病者提供赔偿；1912 年制定了《最低工资法》；1870 年起则制定了《教育法》《强制教育法》《免费义务教育法》等法律。

（二）德国现代社会保障制度的形成

国外最早开展现代社会保障制度设计的是德国俾斯麦政府的社会保障立法，它比《济贫法》更加符合现代社会保障制度的现代性和系统性特征，是社会保障制度史上的标志性事件。德国俾斯麦政府的社会保障立法包括三部法律：《疾病社会保险法》《工伤事故保险法》《老年和残障社会保险法》。其与《济贫法》的主要区别是以保险制度代替了济贫制度，并且实行的是强制性的社会保险制度，体现了社会、劳动者和企业雇主之间在保障上的新型关系，也因此有了现代意义上社会保障的含义。正因为此，有人认为德国才是首个现代社会保障思想的践行者。

德国现代社会保障制度的诞生和它统一后工业经济快速发展及由此带来的工人运动有密切的关系。当然，德国人的思考和努力及其在俾斯麦政府执政上的体现也很重要。比如，俾斯麦政府意识到工人的团结将注定他之前采取的铁血政策会失败，因此及时进行了政策上的调整。最终，社会保险法的出台极大的缓和了德国社会的矛盾。德国的社会保险立法对其他国家的社会保障制度的形成产生了深远的影响。

（三）美国《社会保障法》立法及英国福利国家建设

对社会保障制度体系建设而言，先后还有两个标志性的事件。

一是美国的《社会保障法》立法。其时间在 1935 年左右，其社会背景是由于 1929 年爆发的经济大危机使失业大幅度增加，社会不稳定因素加强，社会危机日趋加剧，当时以社会保险为主的保障制度不足以应对由此带来的威胁，需要力度更强、范围更广的综合性保障措施来应对。《社会保障法》则开启了社会保障的新年代，从此社会保障的范围变得更加广泛，措施更加灵活，手段更加多样。

二是二战结束以后的福利国家建设。战后经济快速恢复的同时社会矛盾却日趋加深，社会危机到了一触即发的境地，为了避免危机的爆发，英国在著名的《贝弗里奇报告》基础上重塑了它的社会保障体系，最终于 1948 年宣布建成“福利国家”，也由此推动了社会保障制度的全球化。在福利国家建设过程中，出现了所谓的“三化”趋势：保障范围的全民化，保障内容的全面化，保障水平的攀升化。高福利水平的保障有效缓解了西方国家的社会矛盾，降低了社会危机爆发的可能。但是，高福利保障的后果是社会保障收入与支出此消彼长，入不敷出日积月累渐趋严重，给公共财政带来的负担压力越来越大，最终，在福利国家路上走了大约二十多年后，社会保障制度建设迎来了重要的改革或者转型时期。高福利国家纷纷进行了社会保障制度的改革，改革的主要内容不是消减社会保障的范围或水平，而是提高劳动者的缴费比例，降低财政负担，使社会保障变得更加具有可持续性。但这种做法遭到了强烈的抵制，几乎每一次改革都引起了大规模的抗议活动。

专栏 5-2

特朗普总统上任签署第一道行政命令，
宣布叫停“奥巴马医改计划”

2008 年美国总统大选，奥巴马承诺将立足于推行新的医保政策，即全民享有医保、降低医疗费用和提高医疗质量。当选后奥巴马即将医改法案的具体起草工作交与国会，由参众两院相关的委员会起草医改法案。2009 年 3 月 5 日，奥巴马在白宫举行医改会议，要求国会在年内全面启动医改计划。同年 6 月 17 日，美国参众两院开始正式分别讨论医改方案。2009 年 11 月 7 日，率先通过了众议院版本法案，该法案据称截至 2019 年将支出大约 11 000 亿美元，向 95%的国民提供医疗保险。2009 年 12 月 24 日，参议院版本法案获得通过，该方案计划在 10 年间用 8 710 亿美元为 3 100 万未参保人员提供医疗保险，使国民参保率达到 90%以上。2010 年 1 月 19 日，由于民主党资深参议员肯尼迪去世后留下的参议员空缺被共和党获得，民主党失去参议院“绝对多数”地位。2010 年 2 月 22 日，奥巴马被迫以参议院版本法案为基础，迎合共和党推出的白宫版医改提案，并于 2 月 25 日召开了国会两党领袖医改峰会。随后民主党采用迂回策略，最终在经历多次反复投票后，方案于 2010 年 3 月 30 日经奥巴马总统签署成为法律，奥巴马医改的立法程序完成。奥巴马政府医改的基本构想包括：形成政府主导的公共保险，使全体国民享有健康保险；国民从民营保险和国营保险中选择，此为强制性的举措；商业保险维持不变，与公共保险公平竞争；扩大对低收入对象的医疗补助计划；给予民间医疗保险公司补贴；商业保险公司不能以疾病等理由拒绝或限制患者入保。但是，2017 年 1 月 20 日，美国总统唐纳德・特朗普宣誓就职后立刻在白宫签署第一道行政命令，宣布叫停“奥巴马医改计划”。（资料来源：付玉帅、张业亮：《奥巴马医改法及其实施前景》，《世界经济与政治论坛》，2012 年第 6 期，有改动）

二、我国社会保障制度的形成与演变

（一）中国古代社会保障制度

古代中国，现代意义的社会保障制度很少见，但有些制度建设里面也确实具有社会保障的意味，体现着社会保障的思想。比如自周朝以来就存在的致仕制度。所谓致仕，指官员到了年龄而退休。官员年老后履行正常程序，得到皇帝恩准后退休。为了保障退休官员的生活，体现朝廷和皇帝的恩典，他们通常会得到一定的退休金或者是土地封赏。致仕制度在各朝各代一直得到推行，只是条件和待遇存在一定差异。

除针对特定人群的致仕制度外，古代中国也存在针对不特定人群的其他保障制度，只是它们在系统性或现代性上离现代社会保障制度有一定距离。比如古代赈灾制度，这种制度最早可以追溯到周朝甚至更早的时期。《周礼·地官·大司徒》里提出了全面而系统的十二条荒政制度：一曰散利，二曰薄征，三曰缓刑，四曰弛力，五曰舍禁，六曰去几，七曰眚礼，八曰杀哀，九曰蕃乐，十曰多昏，十有一曰索鬼神，十有二曰除盗贼。这对后来各朝各代的朝廷赈灾制度产生了重要影响。朝廷在社会保障方面介入时间早、介入程度深，尽管王朝更迭，但随着劳动生产率的逐步提高，保障措施仍然越来越具体，保障覆盖面也有所扩大。但是，现代意义上的社会保障制度，尤其是以保险为特色的社会保障制度一直未能建立。古代中国长期处于农业社会，小农经济下的劳动关系、劳动生产率等都与形成现代社会保障制度时期的西方国家存在较大差别，社会需要解决的问题以及采取的手段自然也不一样。

（二）近代中国社会保障制度探索

随着西方社会保障思想的传入，近代中国在建立现代社会保障制度方面进行过一些探索，但因为政权性质加上时间短且战争不断等原因，这种努力基本都白费了。

民国初期社会保障管理制度前期主要表现为以北京为中心延伸至省级行政机构再到下一级地方政府的三线一体的管理模式，整体内容上仍没有脱离古代中国社会保障的传统思路，即仍以预防灾害、救济难民为主。南京国民政府成立后，除了在原来的基础上有所改进，使之更加细化之外，也开始尝试建立社会保障行政法规，并设立内政部负责管理全国社会保障工作。

国民政府在推行社会保障方面的主要举措是在各地广泛邀请社会名流士绅共同组建民间慈善机构，各种救灾赈灾的慈善机构相继建立起来。据统计，民国时期总共有社会保障慈善机构 230 个，而国民政府亲自组建的国家性质社会保障机构有 73 个，地方政府与企业联合组建的有 31 个，私人名义建立的慈善机构有 1 个。为了预防突发性自然灾害等情况的发生，国民政府加设了临时性的社会保障慈善机构，国家性质的共有 54 个，地方政府与企业联合建立的有 62 个，私人名义的 9 个。这些社会保障慈善机构的建立对缓解社会矛盾、维持民众生活起到了一定的作用。

与此同时，国民政府也制定了一系列相关法律法规。从 1928 年到 1938 年，国民政府的立法院共颁布了二十九条关于社会保障性事业的法律法规。其中明确了关于孤寡老人以及孤儿和残疾人的管理办法，明确了关于居民身体健康的指导意见，明确了由于贫富差距带来的贫民增多的管理办法。在实质内容上，其要求各地方行政机构在当地建立养老所解决孤寡老人的生活问题，设立孤儿收容所解决社会流浪儿童的生活问题，设立残疾人收容机构解决残疾人生活问题，设立专业婴儿保育机构保障新生儿的成活率，增加无偿医疗机构保障贫民的身体健康，设立小额金融贷款机构保障贫民可以自主创业脱贫致富。如 1930 年国民政府出台了保障性法律《救灾准备金法》，明确以国家年经济收入的总和的百分之一作为国家保障性经费。1935 年，国民政府又出台了关于保障性经费的使用暂行办法。立法院还出台关于赈灾款项以及物资发放的法律法规，对于赈灾有功的群体以及个人也出台了相关的奖励机制，这些法律法规的建设对以慈善事业为中心的社会保障事业的推广起到了一定作用。《工厂法》则是民国时期在现代社会保障制度上的突破，它的覆盖群体主要局限于工矿劳工、铁路劳工、交通劳工，他们获得了一定程度但参差不齐的保障；但全面抗战爆发后没有得到有效实施。

（三）新中国成立后我国社会保障制度的诞生与演变

新中国社会保障建设经历了从无到有、从小到大、从城镇到农村、从职业人群到城乡居民，不断改革发展和完善的过程。这大致可分为四个阶段：一是创建与调整阶段（1949—1967），二是曲折前进阶段（1968—1985），三是改革与创新阶段（1986—2011），四是全面发展阶段（2012 年至今）。

1. 创建与调整阶段（1949—1967）

中国共产党非常重视工人阶级的利益保障，在 1949 年 9 月 21 日通过的具有临时宪法性质的《中国人民政治协商会议共同纲领》中就明确提出要“逐步实行劳动保险制度”，并于 1951 年正式颁布实施《中华人民共和国劳动保险条例》（以下简称《劳动保险条例》），对劳动者的养老、医疗、工伤等作出了明确规定，并于 1953 年、1956 年两次进行修订，这是新中国成立初期我国最重要的一项社会保障制度。该条例保障的对象主要是工人阶级，即通常说的城市职工。

1952 年、1955 年国家又先后发布《国家工作人员公费医疗预防实施办法》和《国家机关工作人员退休处理暂行办法》，明确了机关事业单位的医疗和养老保障问题。农村社会保障则是在《一九五六年到一九六七年全国农业发展纲要》和《高级农业生产合作社示范章程》中被提了出来，明确以农村合作社集体经济为基础，建立“五保”制度。这样，新中国针对不同群体建立了全面但有差异的社会保障系统，此后虽然也有调整和发展，但基本导向并没有明显变化，最终确立了“国家—单位”的保障模式，与当时突出个人、单位（集体）和国家利益一致性的时代主流保持一致。

三大改造任务完成后，国家转入有计划地全面进行社会主义经济建设时期，社会保障制度也随之调整。1957 年国务院颁布《关于工人、职员退职处理的暂行规定》等一系列涉及退休待遇、退休条件的法规，企业职工的退休养老成为一项独立的制度。1962 年，农村地区开始建立起县、乡、村三级医疗保健网络，合作医疗开始出现。公费医疗、劳保医疗、农村五保和军属优待制度等也进行了调整，明确了军人退休制度。

新中国成立初期社会保障制度建设基本特征是城乡分治，即对城镇劳动者实行劳动保险，农民则主要靠土地和家庭保障，这与该时期解决失业问题、保障人民基本生活的迫切任务以及尽快恢复和发展经济、建立独立工业体系的重要历史使命相适应。

2. 曲折前进阶段（1968—1985）

“文革”期间，国家进入十年动荡时期，社会保障制度总体上遭受了破坏，但“文革”结束后发生了关键的转折，促进了社会保障制度的重构与改革。1969 年内务部被撤销，工会陷入瘫痪状态，社会保障制度已无法有效实施。1969 年财政部制定的有关政策使劳动保险失去了社会统筹的机能，社会保险转变成企业保险。“文革”期间，社会保障制度建设基本陷入停滞，唯一例外的是当时面向农村医疗保障的农村合作医疗在该时期因为政府强力推动而获得快速发展，它在第 27 届世界卫生大会上获得了联合国妇女儿童基金会的高度肯定，被称“为不发达国家提高医疗卫生水平提供了样本”。

1978 年不仅是中国发展进程中重要的一年，也是中国社会保障制度发展史上重要的一年。党的十一届三中全会带来良好的政治、社会条件，国家重设民政部主管社会救济、社会福利、优抚安置事务，劳动部门的工作亦开始恢复正常。1978 年《宪法》明确强调劳动者有劳动的权利，劳动者在年老、生病或者丧失劳动能力的时候，有获得物质帮助的权利，国家应逐步发展社会保险、社会救济、公费医疗和合作医疗等事业，以保证劳动者享受这种权利。国务院先后颁行

《关于安置老弱病残干部的暂行办法》《关于工人退休、退职的暂行办法》等法规，对于恢复退休养老制度起到了重要作用。1980 年 10 月 7 日，国务院发布《关于老干部离职休养的暂行规定》，离休制度由此确立，与一般退休制度一起构成了中国退休养老制度。1985 年通过的《中共中央关于制定国民经济和社会发展第七个五年计划的建议》明确提出了“社会保障”的概念，这是它首次在国家高层次文件中出现。

3. 改革与创新阶段（1986—2011）

随着改革开放事业的深化发展，传统的社会保障越来越不适应新的问题，如劳动力流动、失业、老龄化等，社会保障事业发展也因此获得了前行的动力。1986 年国务院发布《国营企业实行劳动合同制暂行规定》和《国营企业职工待业保险暂行规定》，不仅规定国营企业用劳动合同制取代计划经济时代的“铁饭碗”，而且明确规定合同制工人的退休养老实行社会统筹，企业与个人分担缴纳保险费。同年，原劳动人事部颁发《关于外商投资企业用人自主权和职工工资、保险福利费用的规定》，表明国家在经济结构多元化条件下进一步推动劳动者权益保障发展，消除了社会保险单位化烙印。

20 世纪 90 年代后，社会保障制度建设启动了与社会主义市场经济体制相适应的改革探索。1993 年，党的十四届三中全会通过《中共中央关于建立社会主义市场经济体制若干问题的决定》，它明确要求建立多层次的社会保障体系，并确认社会保障体系应该包括社会保险、社会救济、社会福利、优抚安置和社会互助、个人储蓄积累保障，以及城镇职工养老和医疗保险金由单位和个人共同负担并实行社会统筹和个人账户相结合等内容。1997 年，国务院发布《关于建立统一的企业职工基本养老保险制度的决定》，正式确立了建立统一的企业职工基本养老保险制度以及实行社会统筹与个人账户相结合的建设方向，也奠定了我国当前社会保障制度的基础。1998 年 3 月，国家组建了劳动和社会保障部，统一了社会保险的管理体制，开始将社会保障制度作为一项基本的社会制度安排来建设。2002 年，中国共产党召开第十六次全国代表大会，提出要在 2020 年建立覆盖城乡居民的社会保障体系的建设目标，实现人人享有基本生活保障，并确定了我国社会保障体系的总体结构和重点任务是“要以社会保险、社会救助、社会福利为基础，以基本养老、基本医疗、最低生活保障制度为重点，以慈善事业、商业保险为补充，加快完善社会保障体系”。2005 年，国务院发布《关于完善企业职工基本养老保险制度的决定》，对做实个人账户、完善计发办法、扩大覆盖范围等作出规定。

农村社会保障也发生了明显变化。1994 年，国务院颁布《农村五保供养工作条例》，农村五保供养工作自此走向规范化。2002 年，中共中央、国务院《关于进一步加强农村卫生工作的决定》提出要逐步建立以大病统筹为主的新型农村合作医疗制度，提出新型农村合作医疗要基本覆盖所有农村居民的目标。2007 年，国务院下发《关于在全国建立农村最低生活保障制度的通知》，明确在全国范围内建立农村最低生活保障制度，其目标是“将符合条件的农村贫困人口全部纳入保障范围，稳定、持久、有效地解决全国农村贫困人口的温饱问题”。保障对象则是“家庭年人均纯收入低于当地最低生活保障标准的农村居民，主要是因病残、年老体弱、丧失劳动能力以及生存条件恶劣等原因造成生活常年困难的农村居民”。2009 年，国务院发布《关于开展新型农村社会养老保险试点的指导意见》，启动了新型农村社会养老保险（俗称新农保）建设。

总体来看，该时期我国社会保障制度建设迎来改革转型期，也迎来快速发展期。该时期社会保障在制度模式、功能结构、覆盖范围、管理体制方面都发生了根本性的变革。保障主体逐渐由单位向社会转变，单位养老逐渐转变为社会养老，公费医疗逐渐转变为医疗保险，覆盖范围逐渐扩大。在这个体系中，社会保险处于核心地位，社会福利位居最高层次，社会救助属于最低层次，优抚安置和社会互助则发挥着维护社会稳定的特殊效应。

4. 统筹发展阶段（2012 年至今）

党的十八大以来，国家以增强制度公平性、适应流动性、保证可持续性为目标，统筹推进全国社会保障制度有效整合，构建中国特色的新型社会保障体系。先后完成新农保与城居保，新农合与城镇居民医疗保险制度合并，实现企业养老保险与机关事业单位退休制度的并轨，以社会保障信息化与标准化建设建立多险种统管、跨区域接续、城乡一体化的社会保障经办服务系统，推动制度实现统一。

社会保险方面，2014 年，《城乡养老保险制度衔接暂行办法》（人社部发〔2014〕17 号）与《国务院关于建立统一的城乡居民基本养老保险制度的意见》（国发〔2014〕8 号）印发，新农保和城居保两项制度合并为全国统一的城乡居民基本养老保险制度。2015 年，机关事业单位退休制度和企业养老保险实现并轨。2016 年，国务院出台《关于整合城乡居民基本医疗保险制度的意见》，提出整合城镇居民基本医疗保险和新型农村合作医疗建立统一的城乡居民基本医疗保险制度。2019 年，国务院办公厅印发《关于全面推进生育保险和职工基本医疗保险合并实施的意见》，标志着职工生育保险与职工医疗保险的合并。社会救助方面，2014 年国务院颁布《社会救助暂行办法》，对低保、特困、教育、就业、医疗、住房与受灾等救助制度进行统一规范。2015 年，中共中央、国务院发布

《关于打赢脱贫攻坚战的决定》，将社会救助制度与精准扶贫有机结合。社会福利方面，各地相继出台老龄津贴制度。2013 年国务院《关于加快发展养老服务业的若干意见》从制度层面助推多元化养老服务体系快速发展，2015 年国务院《关于全面建立困难残疾人生活补贴和重度残疾人护理补贴制度的意见》推进了残疾人福利制度的发展完善。2016 年《中华人民共和国慈善法》的实施则标志着新中国社会慈善事业法治化进程迈上新台阶。

目前我国社会保障覆盖范围越来越广泛，从国有企业职工到所有城镇职工再到所有城乡居民，保障水平也越来越高。

专栏 5-3

我国退休人员的养老金实现 17 年连涨

2021 年 4 月 16 日，据人社部消息，经党中央、国务院批准，人力资源和社会保障部、财政部近日印发《关于 2021 年调整退休人员基本养老金的通知》，明确从 2021 年 1 月 1 日起，为 2020 年底前已按规定办理退休手续并按月领取基本养老金的企业和机关事业单位退休人员提高基本养老金水平，总体调整水平为 2020 年退休人员月人均基本养老金的 4.5%。继续采取定额调整、挂钩调整与适当倾斜相结合的调整办法，定额调整体现社会公平，同一地区各类退休人员调整标准基本一致；挂钩调整体现“多缴多得”“长缴多得”的激励机制，使在职时多缴费、长缴费的人员多得养老金；适当倾斜体现重点关怀，主要是对高龄退休人员和艰苦边远地区退休人员等群体予以照顾。

《通知》要求，各省、自治区、直辖市要结合本地区实际，制订具体实施方案，抓紧组织实施，尽快把调整增加的基本养老金发放到退休人员手中。据了解，自 2005 年开始，我国每年都会根据社会平均工资和物价的增长，对养老金进行适时调整。截至 2020 年，我国退休人员养老金已经实现 16 年连涨，退休人员的社会平均养老金水平也由 2005 年的 714 元，上调至 2020 年的 2 940 元，总体待遇上涨了 3 倍多。加上 2021 年，我国退休人员的养老金实现 17 年连涨。（资料来源：经济网）

（四）“五险一金”

人们通常讲的五险一金是指“工伤保险”“失业保险”“养老保险”“医疗保险”“生育保险”和“住房公积金”。

1. 工伤保险

工伤保险也称因工伤害保险。它指劳动者在工作或相关环境中因意外事故及职业性质导致伤残、疾病或死亡时，保险单位需要为其给付保险金和医疗费用的保险。工伤保险在1951年颁布的《劳动保险条例》中居于首位，其实施范围、资金来源、待遇项目和给付方式等方面均有较详细规定。此后十多年间又通过一系列法律法规对工伤保险的实施范围和保障范围进行了扩大，对相关待遇条件进行了细化。直到1969年，劳动部要求“国营企业一律停止提取劳动保险金，企业的退休职工、长期病号工资和其他劳保开支在营业外列支”，该要求实质上导致包括工伤保险在内的社会保险行为成为“企业保险”。改革开放后，劳动部开展了工伤保险改革试点，1995年实施的《劳动法》将工伤保险制度以法律的形式确定下来，随后1996年原劳动部颁布实施《企业职工工伤保险试行办法》，这是我国首部针对工伤保险的专项立法。2003年国务院出台《工伤保险条例》，将工伤预防、康复与补偿一并列为中国工伤保险制度的三大职能。此后，随着一系列与工伤保险相配套的法律法规相继出台，我国工伤保险制度逐步定型，形成了较为完整的工伤保险制度以及事故预防、职业病防治相结合的体系框架。

工伤保险缴费完全由用人单位承担，用人单位的缴费费率则取决于它在《国民经济行业分类》中的行业分类。根据各行业工伤风险的高低，工伤保险行业基准费率分别为用人单位工资总额的0.2%、0.4%、0.7%、0.9%、1.1%、1.3%、1.6%、1.9%。不过，实际缴费费率由统筹地区社会保险经办机构按照“以支定收、收支平衡”的原则，根据用人单位工伤保险费使用、工伤发生率、职业病危害程度等因素确定费率，并不定期调整。

2. 失业保险

失业保险指劳动者因非本人意愿如因社会、经济原因导致失业时，保险单位需要按照规定标准给付保险金的保险。失业保险制度建立于市场经济条件下，伴随着要素市场上失业问题的出现而出现。1986年，国务院发布《国营企业实行劳动合同制暂行规定》和《国营企业职工待业保险暂行规定》，开始建立待业保险制度，明确了享受待业保险的范围。该规定几经修订和补充。1999年，国务院正式颁布实施《失业保险条例》，为我国失业保险制度提供了根本性的法律规范。该条例对失业保险的覆盖范围、缴费比例、个人缴费、待遇标准、享受条件、基金支出、管理监督等方面进行了重大调整。

根据《失业保险条例》，用人单位按照本单位工资总额的2%缴纳失业保险费，职工按照本人工资的1%缴纳失业保险费（根据经济形势的需要，国家在不同年份对失业保险费率进行调整，总体趋势是降低费率）。失业保险基金在直辖市和设区的市实行全市统筹；其他地区的统筹层次由省、自治区人民政府规定。失业保险基金的支出范围包括失业保险金，失业者领取失业保险金期间的医疗补助金，失业人员领取失业保险金期间的丧葬补助金及相应的抚恤金，失业者领取失业保险金期间接受职业培训、职业介绍的补贴，以及国务院规定或者批准的与失业保险有关的其他费用。失业者享受失业保险待遇的资格条件包括：失业者（及单位）按照规定参加失业保险且已按照规定履行缴费义务满 1 年，非因本人意愿中断就业，已办理失业登记并有求职要求。关于失业保险待遇，《失业保险条例》规定，失业人员失业前所在单位和本人按照规定累计缴费时间满 1 年不足 5 年的，领取失业保险金的期限最长为 12 个月；累计缴费时间满 5 年不足 10 年的，领取失业保险金的期限最长为 18 个月；累计缴费时间 10 年以上的，领取失业保险金的期限最长为 24 个月。重新就业后，再次失业的，缴费时间重新计算，领取失业保险金的期限可以与前次失业应领取而尚未领取的失业保险金的期限合并计算，但是最长不得超过 24 个月。关于失业保险金的标准，《失业保险条例》规定，应该按照低于当地最低工资标准、高于城市居民最低生活保障标准的水平向失业者支付失业保险金，具体由省、自治区、直辖市人民政府确定。

3. 养老保险

养老保险指劳动者达到法定年龄退休后，社会保险机构依法按照标准给付养老金的保险。1951 年《劳动保险条例》对新中国的养老问题作出了明确规定，1956 年《关于国家机关工作人员退休和工作年限计算等几个问题的补充通知》有效解决了国家机关工作人员退休后的实际问题。1958 年《关于工人、职工退休处理的暂行规定》在全国工人、职员中统一了退职条件和退职待遇。1993 年，党的十四届三中全会提出养老保险改革要实行“社会统筹和个人账户相结合模式”，这奠定了我国养老保险制度改革的基本方向。此后国务院多次发布文件，最终确立了我国养老保险制度的社会统筹和个人账户相结合的筹资模式。如 1997 年国务院发布《关于建立统一的企业职工基本养老保险制度的决定》，正式确立了建立统一的企业职工基本养老保险制度以及实行社会统筹与个人账户相结合的建设方向，也奠定了当前我国社会保障制度的基础。2005 年，国务院发布《关于完善企业职工基本养老保险制度的决定》，对做实个人账户、完善计发办法、扩大覆盖范围等作出规定。企业补充养老保险也有了一定的发展，2000 年，国务院《关于完善城镇社会保障体系的试点方案》中将企业补充养老保险正式定名为“企业年金”，随后《企业年金试行办法》《企业年金基金管理试行办法》等先后出台。农村社会养老相对滞后，1992 年民政部出台《县级农村社会养老保险基本方案（试行）》，1995 年出台《关于进一步做好农村社会养老保险工作意见的通知》，2009 年国务院发布《关于开展新型农村社会养老保险试点的指导意见》，启动了新型农村社会养老保险（俗称新农保）建设。2014 年，《城乡养老保险制度衔接暂行办法》（人社部发〔2014〕17号）与《关于建立统一的城乡居民基本养老保险制度的意见》，新农保和城居保两项制度合并为全国统一的城乡居民基本养老保险制度。

关于企业职工的养老保险，根据《关于建立统一的企业职工基本养老保险制度的决定》和《关于完善企业职工基本养老保险制度的决定》，我国养老保险个人缴费比例为工资的8%，全部划入个人账户，企业缴纳基本养老保险费（以下简称企业缴费）的比例则为企业工资总额的20%，划入社会统筹基金（城镇个体工商户和灵活就业人员参加基本养老保险的缴费基数为当地上年度在岗职工平均工资，缴费比例为20%，其中8%记入个人账户）。对于养老金的领取，2005年国务院颁布的《关于完善企业职工基本养老保险制度的决定》规定，《关于建立统一的企业职工基本养老保险制度的决定》实施后参加工作、缴费年限（含视同缴费年限）累计满15年的人员，退休后按月发给基本养老金。基本养老金由基础养老金和个人账户养老金组成。退休时的基础养老金月标准以当地上年度在岗职工月平均工资和本人指数化月平均缴费工资的平均值为基数，缴费每满1年发给1%，个人账户养老金月标准为个人账户储存额除以计发月数，计发月数根据职工退休时城镇人口平均预期寿命、本人退休年龄、利息等因素确定。在《关于建立统一的企业职工基本养老保险制度的决定》实施前参加工作，本决定实施后退休且缴费年限累计满15年的人员，在发给基础养老金和个人账户养老金的基础上，再发给过渡性养老金。本决定实施后到达退休年龄但缴费年限累计不满15年的人员，不发给基础养老金；个人账户储存额一次性支付给本人，终止基本养老保险关系。

新农保基金由个人缴费、集体补助、政府补贴构成。参加新农保的农村居民应当按规定缴纳养老保险费。缴费标准设为每年100元、200元、300元、400元、500元五个档次。年满60周岁、未享受城镇职工基本养老保险待遇的农村有户籍的老年人，可以按月领取养老金。养老金待遇由基础养老金和个人账户养老金组成。中央确定的基础养老金标准为每人每月55元，地方政府可以根据实际情况提高基础养老金标准。个人账户养老金的月计发标准为个人账户全部储存额除以139。

4. 医疗保险

医疗保险也称为疾病保险，指被保险人因疾病或患病而面临失去劳动收入的风险时，保险单位按规定为其支付医疗费和生活费的保险。1951年颁布的《劳动保险条例》对劳动者的医疗问题作出了详细、明确的规定。几乎全部免费的医疗服务刺激了不合理医疗需求的增加。1998年，国务院出台《关于建立城镇职工基本医疗保险制度的决定》，并陆续出台了一系列配套文件，由此将我国职工医疗保险制度改革推进到新的历史阶段，奠定了我国城镇职工医疗保险的基本框架。此后，基本医疗保险制度逐步向城镇灵活就业人员和城镇居民拓展。《中华人民共和国城镇职工基本医疗保险条例》于 2013 年 12 月 15 日开始实施。农村医疗保险制度则在经历了一段较长时期的空白后，于 2003 年迎来了《关于建立新型农村合作医疗制度意见》，新型农村合作医疗制度拉开序幕。2016 年，国务院发布《关于整合城乡居民基本医疗保险制度的意见》，提出构建城乡一体化基本医疗保险制度的目标，要求“统一覆盖范围，统一筹资政策，统一保障待遇，统一医保目录，统一定点管理，统一基金管理”。2018 年，国家医保局联合财政部等相关部门印发《关于做好 2018 年城乡居民基本医疗保险工作的通知》，至 2018 年底，已有 24 个省份完成城乡基本医疗保险制度的整合工作。

《中华人民共和国城镇职工基本医疗保险条例》规定，城镇从业人员基本医疗保险基金，实行个人医疗账户与基本医疗统筹基金支付相结合的制度。基本医疗保险费由用人单位和从业人员共同缴纳，其中用人单位按本单位从业人员月工资总额的 5%～7%缴纳，从业人员缴纳基本医疗保险费费率不低于本人月工资总额的 2%。从业人员的月缴费工资额按本人实际工资总额确定，但不得低于所在市、县、自治县上年度从业人员月平均工资的 60%，低于部分应当由本人缴纳的医疗保险费改由用人单位缴纳。从业人员本人月工资总额超过所在市、县、自治县从业人员上年度社会月平均工资 300%以上的部分，不缴纳基本医疗保险费，也不作为核定个人账户定额的基数。关于医疗保险待遇，依照条例规定，缴纳基本医疗保险费的用人单位的人员，享受基本医疗保险待遇。其中个人账户用于支付统筹基金支付范围之外的医疗费；个人账户不足支付的，由本人自负。严重疾病住院治疗的医疗费，在起付标准以上、最高支付限额以下的医疗费主要由统筹基金支付，个人负担一定比例。对退休人员负担医疗费的比例，给予适当照顾。严重疾病的范围，起付标准，最高支付限额的具体标准，以及起付标准以上、最高支付限额以下医疗费的分担比例，由省人民政府确定。关于医疗保险资格条件，依照本条例缴纳基本医疗保险费的用人单位的人员，即可享受基本医疗保险待遇。退休人员的资格条件则按照老人老办法、新人新办法的原则，且基本医疗保险待遇与缴费年限挂钩。

5. 生育保险

生育保险指被保险人因怀孕和生育需要支付检查、保胎、医疗、助产等医疗费用以及承担生育期间的劳动收入风险时，由保险单位按规定给付相关费用的保险。生育保险制度是在生育事件发生期间对生育责任承担者给予收入补偿、医疗服务和生育休假的社会保障制度。我国生育保险制度也始于1951年的《劳动保险条例》。它对企业女职工生育待遇包括生育或流产的产假、工资、生育医疗费等做了规定。1988年，江苏南通和山东曲阜在全国率先推行生育保险基金的社会统筹制。此后生育保险社会化和普及化的呼声加大。《劳动法》对女职工生育保险问题做了原则规定，明确要建立生育保险制度，原劳动部于1994年12月颁布《企业职工生育保险试行办法》，对生育保险的基本原则、实施范围、待遇标准、基金管理、监督机制等作出了明确规定。1995年颁布的《中国妇女发展纲要1995—2000》则对我国生育保险的实施范围、覆盖方式及时间进度做了进一步的明确规定。2012年人社部发布《生育保险办法（征求意见稿）》，2019年3月，国务院办公厅印发的《关于全面推进生育保险和职工基本医疗保险合并实施的意见》规定，2019年底前实现生育保险和职工基本医疗保险合并实施。

根据《企业职工生育保险试行办法》，生育保险费用实行社会统筹，职工个人不缴纳生育保险费。生育保险根据“以支定收，收支基本平衡”的原则筹集资金，由企业按照其工资总额的一定比例向社会保险经办机构缴纳生育保险费，建立生育保险基金。生育保险费的提取比例由当地人民政府根据计划内生育人数和生育津贴、生育医疗费等项费用确定，并可根据费用支出情况适时调整，但最高不得超过工资总额的百分之一。女职工生育按规定享受产假，产假期间的生育津贴按照本企业上年度职工月平均工资计发，由生育保险基金支付。女职工生育的检查费、接生费、手术费、住院费和药费由生育保险基金支付。超出规定的医疗服务费和药费（含自费药品和营养药品的药费）由职工个人负担。女职工生育出院后，因生育引起疾病的医疗费，由生育保险基金支付；女职工生育或流产后，由本人或所在企业持当地计划生育部门签发的计划生育证明，婴儿出生、死亡或流产证明，到当地社会保险经办机构办理手续，领取生育津贴和报销生育医疗费。生育保险基金由劳动部门所属的社会保险经办机构负责收缴、支付和管理。

6. 住房公积金

住房公积金指国家机关、国有企业、城镇集体企业、外商投资企业、城镇私营企业及其他城镇企业、事业单位、民办非企业单位、社会团体及职工本人为其缴存的长期住房储金。住房公积金制度是学习借鉴新加坡中央公积金制度形成的一种制度创新。它与我国从福利分房转向货币分房的住房分配机制转变相适应，是国家政策性住房金融工具，是住房领域的社会保障制度，它有利于劳动者以相对较低的成本筹集、融通住房资金，提升商品房购买能力。该制度于1991年率先在上海试行，1993年开始在全国26个省、自治区、直辖市覆盖。1994年，国务院发布了《关于深化城镇住房制度改革的决定》，充分肯定住房公积金制度在住房分配机制的转换、住房保障体系的建立以及推动住房建设发展中的地位和积极作用。1999 年，国务院通过《住房公积金管理条例》，对公积金的缴存范围与比例、公积金的使用与管理等作出了明确规定。此后十多年的时间里，该条例几经修改和完善，公积金的覆盖范围、使用范围等不断扩展，如今城镇单位聘用的进城务工人员、城镇个体工商户和自由职业人员等均可缴存公积金，公积金开始可以用于支付房屋租金。

根据《住房公积金管理条例》的规定，公积金由单位和职工个人共同缴存，归职工个人所有，缴存职工购买自住房时可以申请住房公积金个人住房贷款。公积金月缴存额为职工本人上一年度月平均工资乘以职工住房公积金缴存比例。单位为职工缴存的住房公积金的月缴存额为职工本人上一年度月平均工资乘以单位住房公积金缴存比例。职工和单位住房公积金的缴存比例均不得低于职工上一年度月平均工资的 5%，有条件的城市则可以适当提高缴存比例。2005 年，《关于住房公积金管理若干具体问题的指导意见》则规定“单位和职工缴存比例不应低于 5%，原则上不高于 12%”。2016 年，住房城乡建设部、发展改革委、财政部和人民银行联合发布《关于规范和阶段性适当降低住房公积金缴存比例的通知》，要求“凡住房公积金缴存比例高于 12% 的，一律予以规范调整，不得超过 12%”。

（五）树立正确的社会保障观

纵观我国的社会保障体系建设，总体思路是以劳动生产或经济建设为依托，与经济体制相适应，根据社会劳动生产率状况与经济发展水平，基于审慎、稳健的原则不断扩大社会保障覆盖范围，提高社会保障的水平。保障范围从劳动者开始，城镇依托单位，农村依托集体；而城镇劳动者又是从机关事业单位、国有企业的劳动者开始，慢慢扩展到私营企业，再扩展到全体居民；覆盖项目则从养老、医疗和就业扩展到住房。保障水平从无到有、从低到高，最终取得了令世界瞩目的成绩。

劳动是社会保障的前提，为社会保障创造基础的物质条件。要想实现社会有保障，人人能过上体面的有尊严的生活，前提是要人尽全力。没有这个前提，那只能是镜花水月，昙花一现。脱离劳动，脱离劳动生产率的社会保障建设是不切实际、不可持续的。离开劳动的社会福利是无源之水、无根之基。有些国家社会保障水平高一些，那是因为它们有较高的劳动生产率。我国在这方面起步晚、基础比较薄弱，资本、技术的积累和人均资源占有量相对缺乏，虽然目前 GDP 总量居世界第二，但人均 GDP、人均收入还较低，社会保障体系只能契合当前的劳动状况、经济状况。当然，随着未来劳动生产率的提高，我国社会保障体系建设也理应不断提高、拓展，让劳动生产率提高的好处、经济增长发展的好处惠及全体国民。党的十九大提出，要“按照兜底线、织密网、建机制的要求，全面建成覆盖全民、城乡统筹、权责清晰、保障适度、可持续的多层次社会保障体系”。一个人人都能过上体面有尊严生活的时代正大步走来。

思考题

1. 现代社会保障思想是在什么条件下诞生的？
2. 中国古代为何迟迟未能形成现代社会保障制度？
3. 如何正确看待当前我国与西方发达国家在社会保障上的差异？

第六章　劳动与心理健康

本章目标

通过本章学习，大学生可以正确认知包括劳动在内的各种人类的活动对于心理健康都会产生影响，深刻领会劳动对于大学生心理健康维护的重要价值，全面了解影响劳动者心理健康的生理因素、劳动因素、社会因素、文化因素和个体因素，系统掌握心理健康的调适方法，包括全面提升心理健康自我维护意识，改变绝对化的要求、过分概括的评价、糟糕至极的结果等不合理认知，进行行为优化，科学有效地向专业力量寻求帮扶，自学自用自助，为大学生走向职场并成为合格健康的劳动者做好职前准备。

导入案例

某企业“十三连跳”事件

自2010年1月23日至2010年5月27日，某企业在短短的5个月的时间内不幸发生了13起自杀事件，员工在一成不变的厂房、宿舍、食堂，一成不变的重复、枯燥、麻木，日复一日，年复一年，领着同样的工资，吃着一样的饭，每一天都和前一天一模一样。这让身处工厂中的员工感受不到一丝生机……这导致他们失去奋斗的希望，选择结束生命。其中的原因耐人寻味：其一，企业与员工之间的断裂。在企业内部，企业和员工的关系很简单明了，企业追求利润，基层员工劳动强度极大，被训练成了一台台机器。“站在机器前，要连续工作8个小时，恨不得东西一直掉，那样就不用站着了，如果可以躺一分钟，那简直是天大的享受。”这是其中一位普通工人的心酸回答。员工加班很正常，国家法律规定的加班上限，成了一纸空文。其二，员工与员工之间的断裂。员工之间的关系比较淡漠，平时大家基本上没有交流，“住在一起就跟陌生人一样”。其三，工会与企业、员工之间的断裂。所以，当没有一个合适的机制让这些问题得到舒缓时，员工就无法把自己从一个机器人、一个赚钱工具变回一个人，就有可能导致心理、生理等各方面出现问题，就会发生极端事件。

思考：

1. 劳动者在维护心理健康时能否积极主动？

2. 劳动者应当如何积极地维护自身的心理健康？

第一节　劳动促进心理健康

心理健康是现代人健康不可分割的重要方面。心理健康的基本含义是指心理的各个方面及活动过程处于一种良好或正常的状态。心理健康的理想状态是保持性格完好、智力正常、认知正确、情感适当、意志合理、态度积极、行为恰当、适应良好的状态。毫无疑问，包括劳动在内的各种人类活动对于心理健康都会产生影响。

人类在生产生活的劳动实践中除了促进物质的富足，同时也满足了精神的需要。劳动教育是学生全面发展的重要内容，而且新时代大学生的劳动教育更多地指向个体价值的提升与心理健康的发展。大学生的劳动时间、劳动内容与其心理健康水平呈正相关①。这是因为，大学生在劳动的过程中，调动了身体的机能，身体的参与会让人产生愉悦的情感，进而对心理健康的各个维度产生正向的促进作用。

一、劳动促进认知发展

恩格斯曾经说过“劳动创造了人本身”，没有劳动，就没有人的发展，由此可见劳动对于人的特殊价值。通过劳动工具的发明和使用，人类延伸了身体的某些器官功能，加强了在大自然中生存和发展的能力，也使人类的智能素质，如观察、思维和创造力得到了发展。劳动本身是手脑配合起来的综合性活动，对于促进大学生精细动作和大运动的发展具有较好的促进作用。所谓精细动作是手和手指探索，抓握和操作物体的能力。手的精细动作发展是智力发展状况的重要指标，所谓“心灵手巧”就是这个道理。大运动是指躯体活动和姿态反应，也是人体活动的基础。若大运动发展得好，可以促进大脑的发育。

二、劳动提升情感认同

人民教育家陶行知认为劳动可以让教育对象关心大众疾苦，懂得“谁知盘中餐，粒粒皆辛苦”的道理，劳动的过程会加深大学生对他人劳动成果的认可与珍

① 王蕊：《劳动教育推动学生心理健康发展》，《江苏教育》，2020 年第 72 期。

惜，从而理解他人，促进同理心的发展。要在学生中弘扬劳动精神，教育引导学生崇尚劳动、尊重劳动，懂得劳动最光荣、劳动最崇高、劳动最伟大、劳动最美丽的道理，大学生在参加工作走向社会后能够辛勤劳动、诚实劳动、创造性劳动。劳动使大学生更深刻地认识到劳动成果的来之不易，学会艰苦朴素、勤俭节约。

三、劳动锤炼个人意志

新时代的劳动越来越多的是复杂劳动而非简单劳动，而且这些复杂劳动具有鲜明的知识密集型、技术密集型特征，个体在从事这些复杂劳动时往往不是一帆风顺的，不是一蹴而就的，中间可能会遇到困难、挫折和挑战。劳动可以磨砺我们的意志，强化新时代大学生自立、自强、自信的意识。居里夫人是著名的科学家，为了得到纯净的钋和镭，她自己动手运水运料，砸矿石，倒溶液，在一个破棚子里，夜以继日地工作了四年，自己用铁棍搅拌锅里沸腾的沥青铀矿渣，眼睛和喉咙忍受着锅里冒出的烟气的刺激，经过一次又一次的提炼，才从几吨沥青铀矿渣中得到十分之一克的镭。袁隆平是闻名世界的农业科学家，他研究杂交水稻时，经常像普通农民一样赤脚站在水田里，天天在烈日下暴晒，顶着太阳选种、培育，不惧水稻割伤，天天在劳动中观察水稻的成长，像农民一样劳作，十几年如一日地排除各种干扰进行水稻雄性不育试验，从中研究规律，最终培育出杂交水稻，使水稻的亩产量大幅度增加，将中国的饭碗牢牢地端在自己的手上，毫不夸张地说，杂交水稻并不是凭空想象出来的，而是袁隆平及其团队在农田里长期劳作、不懈试验的结果。劳动教会我们吃苦耐劳，坚强不屈，不向困难低头，用坚强的意志迎接挑战，助力大学生在未来的事业发展中攻克难关。

专栏 6-1

体力劳动与人生

在得到这一正确的理性结论之后，我十分惊讶地发现，以前看起来是那么困难和复杂的问题就这么轻易地获得解决。我应该怎么办？其实很简单：首先，应该去做自己所需要的一切，也就是给自己煮茶水、生火炉、提水、缝补衣服等。如果说人们对此感到奇怪，那最多也只会奇怪一个星期，此后就见怪不怪，视为常态了；倒是我又放弃了这种活动，回到从前，人们才会感到奇怪呢。这种体力劳动并不需要在一个组织之中进行，也不需要一定在农村，也不需要建立什么劳动组合；所有这些全都不需要，只要劳动的目的不是积攒金钱、占有他人的劳动，而是满足自己的需要，它就会把人们吸引到农村和土地上，因为这里是劳动最富有成果和最让人快乐的地方。不需要成立任何劳动组合，因为一个愿意劳动的人总是可以十分自然地融入其他劳动者已有的组合之中。这种劳动并不会耗尽我全部的时间，并不会让我无法从事自己以前所习惯的脑力劳动。实际情况是，这种体力劳动反而让我在从事脑力劳动时精力更加旺盛，效率更加提高了。白天的时间有一半（即 8 个小时）用于体力劳动，剩下的 8 个小时，根据我自己的情况，拿出 5 个小时用于脑力劳动。我是个多产的作家，以前 40 年什么也没干，只是从事写作，一共写出 300 印张的文字。如果我这 40 年是跟劳动人民一起干那些普通的体力活，每天读书学习 5 小时，只是在节假日才写作，每个节假日写两页纸的文字，这样算下来，我 14 年就可以写出 300 个印张来。这样简单的算术题连 7 岁的小孩都会算，以前我竟算不过来。体力劳动不仅不排除脑力劳动的可能性，还大大提高了它的质量。（资料来源：托尔斯泰：《托尔斯泰自述》，黄忠晶译，天津人民出版社 2018 年）

思考：

体力劳动和脑力劳动是完全相对立的吗？

第二节 劳动者心理健康的影响因素

造成劳动者心理问题的原因是多种多样的，但是概括地说，主要有生理因素、劳动因素、社会因素、文化因素和个体因素五个方面的原因。

一、生理因素

影响劳动者心理健康的生理因素包括遗传和疾病。

（一）遗传

遗传能在多大程度上影响个体的心理健康水平呢？这个问题还没有定论，但有一点可以肯定，生理是心理的基础，如果没有充分的生理条件，人的心理活动就要受到影响。心理学家们曾用家谱分析的方法研究遗传因素对个体心理健康的影响，结果发现，在有心理健康问题的学生中，家族中有癔症、活动过度、注意力不集中病史的大学生所占比例明显偏大。虽然遗传因素在一定程度上对个体的心理健康有影响，但其作用也不是注定不可以改变的。遗传只是提供了一种可能性，个体是否表现出心理障碍或心理异常，关键还看后天环境的作用。在遗传与环境的相互作用中，遗传因素所决定的不良发展倾向可以得到防止和纠正。

（二）疾病

除了遗传因素之外，病菌、病毒干扰、大脑外伤、化学中毒、严重躯体疾病等都可能会导致心理障碍甚至精神失常。例如，脑梅毒、流行性脑炎等中枢神经系统传染病，会导致器质性心理障碍；脑震荡、脑挫伤等可能引起意识障碍、遗忘症、言语障碍和人格改变等；甲状腺机能亢进可出现敏感、易怒、暴躁、情绪不稳和自制力减弱等心理异常表现，甲状腺功能不足可引起整个心理活动的迟钝。有研究发现，与正常个体相比，有心理健康问题的个体，早期患有高热惊厥、头颅外伤和其他严重疾病所占的比例更大，且差异明显。生理疾病对他们的心理活动的影响可能是轻微的，如出现易激怒、失眠、不安等，随着疾病的消除，这些心理症状也会完全消失。但是，随着疾病的继续进展，心理障碍也会加剧，甚至会出现各种程度的意识障碍、幻觉、记忆障碍、躁动和攻击行为等。当前随着社会的前进，经济的发展，人类已进入情绪负重的非常时代，精神因素对人体疾病的影响将越来越复杂。事实证明，现有50%～80%的疾病与精神因素有关。

二、劳动因素

劳动者必须进行劳动，无论是体力劳动，还是脑力劳动，劳动者面临的工作难度、工作环境、管理风格对劳动者心理健康都会产生影响。

（一）工作难度

工作难度直接决定着劳动者的工作压力，如果劳动者工作简单纯粹，考核压力小，劳动者的工作倦怠感受也不会高。相反，如果劳动者工作难度大，需要运用多种专业技能，工作要求高度的计划性和判断力，要求积极地适应不断变化的环境和问题，工作中接触到大量的人、财、物信息，需要高超的处理技巧，这都会直接拉升劳动者的工作压力感，甚至引起劳动者的职业倦怠。

（二）工作环境

工作环境包括物理环境和心理环境，两个方面对劳动者的心理健康都有重要作用。首先，从劳动者的物理环境来说，宽敞明亮、优美整洁的工作环境对劳动者的心理具有熏陶的作用，工作场所的一草一木，每个角落都能给人以美的感受，从而促进劳动者心理健康发展。其次，劳动者能否在工作中和领导、同事建立起和谐的人际关系，对他们心理的健康发展有着极为深远的影响。研究表明，劳动者中出现的各种心理问题以至于较为严重的心理障碍，很多都和工作环境中不良的上下级关系、不和谐的同事关系密切相关。所以，建立良好的人际关系是促进劳动者心理健康发展的重要途径。大量的实践和研究表明，一个劳动者若拥有良好的上下级关系和同事关系，通常会有很强的归属感和安全感，心理也会健康发展；而一个上下关系紧张，经常遭到管理者排斥、否定、不平等对待的员工，往往会产生更多的敌对、自卑、焦虑、恐惧等负面情绪，这必然会影响劳动者心理的健康发展。

（三）管理风格

管理风格指管理者在管理过程中所一贯坚持的原则、目标及方式等方面的总称。管理风格直接影响管理者与员工之间的关系，进而对员工的心理健康施加影响。在这一过程中，管理者的认知和行为对员工的心理健康有着至关重要的作用。民主化的管理风格可能在组织中刻意营造家的氛围，劳动者普遍会偏爱民主化、人性化的管理风格。军事化的管理风格带有明显的任务导向，相比人来说更加关注组织中的事，用严格的过程管理、计件工资、元件损耗来考核劳动者，虽然在简单重复劳动的企业中有利于提升工作绩效，但员工的心理健康更易受到冲击。

专栏 6-2

十三条“军规”树立海尔人劳动观念

1984 年的青岛电冰箱厂，也就是海尔的前身，只有 600 人，厂长已连走了三个，35 岁的张瑞敏从青岛市家电工业总公司副经理的职位上，正式走马上任，担任这个濒临倒闭的小厂厂长。工厂的负债也使其数月发不出工资，企业一片死寂。工厂臭气熏天，只有一条烂泥路，工人们上班打着瞌睡，想来就来、想走便走。张瑞敏临危受命到任后，迎接他的却是 53 张请调报告。为了整顿生产秩序，他推出了 13 条规章制度——青岛电冰箱总厂劳动纪律管理规定。其中一条竟然是：不准在车间随地大小便。这在今天看来，不免让人觉得可笑，但恰恰是这些规定，让厂里的环境发生了翻天覆地的变化。这一如同“军规”般的规章制度，在当时的执行可谓困难重重。规定贴出后的第二天，就有人大摇大摆地扛走了一箱原料。翌日张瑞敏就贴出布告，直接开除这名员工，这件事对工人们的触动非常大。在严格的制度下，渐渐地，车间里随地大小便的人没有了，抽烟喝酒的人没有了，迟到早退的人也少了很多，生产环境有了改善，工厂开始有了工作气氛和干劲。

张瑞敏抓生产从工厂的劳动环境开始，刚一上任就制定的工厂管理的十三条“军规”，把工厂消极颓废、玩忽职守、得过且过的工作氛围彻底扭转过来，并逐渐以“日事日毕、日清日高”的要求树立了工厂积极进取、认真负责、努力上进的工作氛围，最终传奇般地把一个资不抵债、濒临倒闭的集体小厂发展为年营业额逾千亿元的全球化公司。

思考：

人们都说企业文化是劳动的软环境，这种劳动的软环境对劳动者心理塑造的影响体现在哪些方面？

三、社会因素

人生活在现实的社会环境中，在一定的社会环境影响下生存和发展。一定的社会意识、社区环境、社会风气等对个体的心理健康都会产生重要的影响。

（一）社会意识

一定社会的风俗习惯、道德价值等社会意识内容以一种无形力量影响着人们的心灵，反映在人们的价值观、信念、世界观、动机、需要、兴趣和态度等心理品质上。社会意识对人心理健康的影响，主要是通过社会信息作为媒介实现的，如影视、报纸杂志、书籍、网络等。健康的社会信息有助于个体的心理健康发展，而不健康的社会信息则会对个体的心理健康造成严重危害。目前，一些媒体中不健康的内容已经成为危害个体心理健康成长的重要因素。少数个体是非判别能力低、自制力差，因而很容易受各种不健康信息的毒害，甚至误入歧途。

（二）社区环境

劳动者生活在社区中，社区是指由若干群众或社会组织（机关、团体）聚集在某一地域内形成一个生活上相互关联的大集体，如街道、住宅小区、村庄等。社区对生活在其中的个体心理健康的影响主要是通过社区文化、社区环境产生的。如组织个体观看健康的、符合其年龄特点的影视剧；参观各种有益于身心发展的展览；组织个体参加社区的各种公益性的义务劳动，如绿地领养、照顾孤寡老人等。在这些有意义的活动中，个体不仅锻炼了能力，而且心灵得到了净化。此外社区的人口密度、环境污染、噪声等对人的心理状况都存在明显影响。如城市中的劳动者，由于住房单元化，同邻居、同伴的交往明显减少，这种状况不利于他们的社会化活动，使其缺乏人际交往的技巧，容易形成孤僻的性格。拥挤、嘈杂的环境使人的心理严重超负荷，人与人之间更容易产生矛盾、争吵，生活在其中的个体也容易心理紧张，出现心理健康问题。

（三）社会风气

社会风气通过家庭、同伴、传媒等途径影响着个体的心理健康。社会上一些不良风气，如“走后门”“一切向钱看”，都会对劳动者心理产生不良影响，影响他们的社会活动和社会表现。因此，政府和社会要共同抵制不良社会风气，为劳动者的心理健康发展提供一个健康向上的社会风气。

四、文化因素

文化因素对劳动者的心理有着非常重要的影响，东方式的心理表达导致中国人职业心理的亚健康率较高。特别是在当下中国的社会转型期，很多人遭遇情感障碍、事业危机、家庭矛盾，因此抑郁，严重的人有自杀倾向甚至是自杀行为。

心理咨询在西方发达国家属于普及性的公众保健服务，人们对心理咨询的接纳程度相当高，遇到问题寻求专业的心理咨询与心理治疗服务帮助自己和家人摆脱心理困境这个理念已经被全社会广泛接受。

在国内，很少有人会想到去找专业的心理咨询人员咨询。现在，很多人承认自己有压力，但是又不肯承认自己有心理疾病，任意地让这种无形的心理疾病侵害自己。还有的人因为担心受到歧视或嘲笑而讳疾忌医，由此造成心理问题变严重或心理疾病恶化。当压力像洪水一样不断地积蓄，人的心理承受力就像容量有限的蓄水坝，总有崩溃的一天。

五、个体因素

除了上述原因之外，心态的好坏最终取决于劳动者自身。个体某些方面的因素如外貌、能力、习惯等也会影响个体的心理健康状况。外貌较好、能力较强的个体，往往在生活中会更多地获得别人的喜爱，会感到更多的满意、愉快，这有助于其心理健康；反之，外貌较差的一些个体，往往容易感到自卑、焦虑，从而导致出现心理问题。因此，对这些群体更应当关注他们的心理健康，注意疏导和调节。人格特征是与心理健康密切相关的品质，同样一种生活挫折，对不同个性的人，其影响程度完全不同。有的人可能无法承受，或消极应付，从此自暴自弃；有的人则可能接受现实，正视挫折，加倍努力，奋发图强。研究表明，特殊人格特征往往是导致相应精神疾病，特别是神经官能症的发病基础。例如，谨小慎微、求全求美、优柔寡断、墨守成规、敏感多疑、心胸狭窄、事事后悔、苛求自己等强迫性人格特征，很容易导致强迫性神经症；易受暗示、耽于幻想、情绪多变、容易激惹、自我中心、自我表现等特殊人格特征，很容易导致癔症。

容易产生心理压力的人主要分为以下几类：

（1）性格偏执、心存疑虑、易焦虑、紧张、追求完美、缺乏弹性的人。有一些劳动者由于从事并非自己喜欢，或者并非自己所擅长的职业，在日常的工作中找不到丝毫的乐趣。工作似乎成为维持生存的手段，而不是一生的事业，整天自怨自艾，心理问题异常严重而自身却不知道健康出了问题。

（2）低自信、自我期望不合理、目标不清甚至没有目标的人。有很多人都喜欢自我施压，这似乎是东方传统中的奋发方式，但化压力为动力的动作并非可以轻易完成。

（3）家庭不和谐或缺乏社交网络导致其支持力量较弱、缺乏同事或上司的认可的人。

总之，上述各种因素是相互影响、相互制约的，对劳动者的身心健康往往是综合发生作用的。因此，我们在观察、分析、诊断心理失调、心理障碍或心理疾病时，务必要充分考虑各种因素的作用，逐一考查，逐一排除，全面正确地作出诊断，采取有效措施进行调适和治疗。

第三节　劳动者心理健康的积极维护

随着时代变迁，生活节奏的加快和工作压力的加大，心理疾患发展趋势增强。在生活比较困难的时期，大多数人民群众的经济条件差，具有劳动能力的人多为了解决基本的温饱问题而奔波劳累。人们不敢生病，因为疾病需要花钱治疗，对身体带来的伤害还需要时间去修复，这会影响劳动效率，占用工作时间，导致收入降低甚至无法保障基本生活。所以那时人们关注得更多的是躯体疾患，对心理疾患显得无暇顾及。随着经济社会发展，生活条件逐渐改善，医疗技术逐步提升，多数躯体疾病有了治疗方法，身体疾病对大众的困扰程度降低。但心理问题开始被重视。据世界卫生组织统计，世界上每四人中就有一人在其生命中的某时间段产生过某种精神疾病，精神卫生已然成为一个突出的社会问题。但公众对焦虑症、抑郁症等的认知率低，普遍存在着社会偏见及歧视，讳疾忌医多，科学就诊少。即使精神疾病患者接受治疗，但由于受到病情和治疗药物的影响，身体各项机能可能会减退，同时还得承受着即便治愈也会受到社会排斥的心理压力，负面情绪不断增加，致使这类疾患的发展趋势愈演愈烈①。

---

①　谭晓东：《现代人的精神卫生及社会管理》，《人民论坛》，2020年第29期。

精神疾病贯穿人类的全生命周期。精神疾病表现为个体在认知、情绪调节或行为方面出现临床意义上的功能紊乱的一种综合征，并伴随着痛苦和功能性损伤而出现，通常由生理、心理或社会原因所致，可以出现在人的全生命周期。

新时代劳动者要积极地维护心理健康，做好心理健康的自我管理，从提升心理健康意识开始，改变传统的认知模式，摒弃不合理的行为，同时借助心理咨询的专业力量来维护心理健康。

一、提升意识

社会公众对心理健康的认知虽然普遍提升，但心理健康意识的提升仍然任重而道远。现实中很普遍的现象是大家不能正确区分心理不健康与心理异常，对心理不健康有歧视，会用道德评判心理不健康，对心理不健康很害怕也很嫌弃，所以很多人都不愿意让别人知道自己心理真实状态，一说到焦虑、抑郁就会特别排斥，有时候明明已经很焦虑很抑郁却不愿意去求助。还有很多人对去做心理咨询觉得羞耻，不愿意让别人知道，总觉得好像是自己有问题，这也是为什么很多人明明心理已经非常不健康了，却没有重视的原因。

心理健康是指各种心理活动正常、关系协调、内容与现实一致和人格处在相对稳定的状态，评估心理健康的标准有体验标准、操作标准和发展标准。体验标准是指根据个人的主观体验和内心世界的状况进行评估，主要包括是否有良好的心情和恰当的自我评价等。操作标准是指通过观察、实验和测验等方法考查心理活动的过程和效应，其核心是效率，主要包括个人心理活动的效率和个人的社会效率或社会功能，如工作和学习效率高低、人际关系和谐与否。发展标准着重对人的个体心理发展状况进行纵向分析与评估。

一般而言，人们的心理状态不是全白也不是全黑，如果说心理健康是白色，精神病是黑色，那心理不健康就是属于灰色状态，由浅灰到深灰，心理不健康就像我们的身体会生病一样，是一件很自然的事情，要像呵护身体健康一样去呵护我们的心理健康。健康的心理活动是一种动态平衡的心理过程，不健康的心理活动是一种动态失衡的心理过程，当我们有了正确的心理健康意识，就不会在心里感到不舒服时逃避它，从而导致心理问题由轻度滑向更加严重的状态。

所谓正常心理和异常心理，以及心理健康和心理不健康，都是相对的。正常心理指的是一种常态，与正常相对的是异常，与常态相对的是变态，这都是相对而言的。健康心理是指一种相对稳定状态，心理状态失衡，那么心理也就不健康了，这同样是相对而言的。人的精神（心理）和身体（生理）一样，免不了有各种各样的问题。一个心理上绝对正常、绝对健康的人，就像一个生理上绝对正常、绝对健康的人一样，很难找到。

人们平时说的心理问题是心理不健康的一种类型，一种程度比较轻的状态；比心理问题严重一点的，是严重心理问题；比严重心理问题还严重，但又没到疾病程度的，是神经症性的心理问题（可疑神经症）。如果心理问题得不到解决，心理冲突没有缓解，持续恶化，逐渐加重，就很有可能成为心理疾病。

有心理问题，并不等于心理不正常、不健康。及时解决，不让心理问题严重化、泛化，最后成为疾病，就需要多了解心理卫生知识，出现心理问题的时候可及时作出调整，而不是一听到有心理问题，就惶恐不安。

心理健康需要人们去维护和调整，不要讳疾忌医。正常、健康的生活方式是保障身体和心理正常、健康的基础，也是医治身体和心理不正常、不健康的一种方式。

二、改变认知

维护心理健康需要改变人们的认知。通常人们会认为诱发事件 A（activating event）直接导致了人的情绪和行为结果 C（consequence），发生了什么事就引起了什么情绪体验。然而，你有没有发现同样一件事，对不同的人会引起不同的情绪体验。同样是两个劳动者被公司解职，结果一个人无所谓，而另一个人却伤心欲绝。为什么会有这样大的差异呢？就是诱发事件 A 与情绪和行为结果 C 之间，还有个对诱发事件 A 的看法、解释的 B（belief）在起作用。一个劳动者可能会觉得丢了工作，无脸见人；一个劳动者则可能认为这次解职是一个机会。于是不同的 B 带来的 C 大相径庭。这就是情绪 ABC 理论，由美国心理学家埃利斯创建。他认为诱发事件 A 只是引发情绪和行为后果 C 的间接原因，而引起 C 的直接原因则是个体对激发事件 A 的认知和评价而产生的信念 B，即人的消极情绪和行为障碍结果（C），不是由于某一激发事件（A）直接引发的，而是由于经受这一事件的个体对它不正确的认知和评价所产生的错误信念（B）所直接引起。错误信念也称为非理性信念，人们维护个体的心理健康就需要改变头脑中的非理性信念。

改变认知
（视频）

依据 ABC 理论，分析日常生活中的一些具体情况，我们不难发现人的不合理观念常常具有以下三个特征。

（1）绝对化的要求，这是指人们常常以自己的意愿为出发点，认为某事必定发生或不发生的想法。它常常表现为将“希望”“想要”等绝对化为“必须”“应该”或“一定要”等。例如，“我必须成功”“别人必须对我好”等。这种绝对化的要求之所以不合理，是因为每个客观事物都有其自身的发展规律，不可能依个人的意志而转移。对于某个人来说，他不可能在每一件事上都获成功，他周围的人或事物的表现及发展也不会依他的意愿来改变。因此，当某些事物的发展与其对事物的绝对化要求相悖时，他就会感到难以接受和适应，从而极易陷入情绪困扰之中。

（2）过分概括的评价，这是一种以偏概全的不合理思维方式的表现，它常常把“有时”“某些”过分概括化为“总是”“所有”等。它具体体现于人们对自己或他人的不合理评价上，典型特征是以某一件或某几件事来评价自身或他人的整体价值。例如，有些人遭受一些失败后，就会认为自己“一无是处、毫无价值”，这种片面的自我否定往往导致自卑自弃、自责等不良情绪。这种评价一旦指向他人，就会一味地指责别人，产生敌意等消极情绪。我们应该认识到，“金无足赤，人无完人”，每个人都有犯错误的可能性。

（3）糟糕至极的结果，这种观念认为如果一件不好的事情发生，那将非常可怕和糟糕。例如，“我没有成功地竞聘上岗，一切都完了”“我没当上领导，不会有前途了”。这种想法是非理性的，因为对任何一件事情来说，都会有比之更坏的情况发生，所以没有一件事情可被定义为糟糕至极。但如果一个人坚持这种“糟糕”观时，那么当他遇到他所谓的百分之百糟糕的事时，他就会陷入不良的情绪体验之中而一蹶不振。

因此，在日常生活和工作中，当遭遇各种失败和挫折，要想避免情绪失调，就应多检查一下自己的大脑，看是否存在一些不合理想法，如有，就要有意识地用合理观念来取代不合理观念。

三、行为优化

在现实生活中，有这么一种人，做一件事总想一下子干完，不干完不踏实。他总觉得时间紧张，不够用；走起路来风风火火，上楼梯也是三步并两步；坐公共汽车，遇到交通拥挤，车开得慢，他便坐立不安；若要排长队买东西，他宁可不买；做工作总要尽善尽美，比别人好；不喜欢别人插手工作，总觉得别人不如自己干得好；他有很强的竞争欲，也有很强的嫉妒心，人际关系也比较紧张。这种行为方式被称为“A 型行为（type A behaviour）”，与之相对的行为方式则被称为“B 型行为（type B behaviour）”。

A 型行为是美国加州心脏病专家弗里德曼和罗森曼于 1970 年提出的，弗里德曼在诊室里接待了一位来修家具的家具商，家具商说他一定是接待了许多焦虑不安的人，弗里德曼问他为什么？他说办公室里沙发和椅子的手柄磨损得特别快，这表明医生的许多病人坐下以后都必定是焦虑不安地握住扶手。根据这一灵感，弗里德曼和他的同事罗森曼开始了他们的研究工作，最后形成了A型行为类型的理论。A型行为的典型特征包括如下方面：①时间紧迫感强，行为急促，工作速度快；不仅是怕误时，而且总想提前；脾气急躁，缺乏耐心，常因急于考虑做什么事情而彻夜不眠，甚至半夜起床做事情。②争强好胜、暴躁，常常是雄心勃勃，目标远大，措施强硬，行为刚毅，果敢勇猛。有时甚至一意孤行，独断专行。走路办事匆忙，说话快、急、声音响亮，常带爆破性音调。③总是把周围的人看作自己的竞争对手，把外界环境中不利因素比例看得大，有很强的控制欲。总之，A型行为两大突出特征表现就是过强的时间意识和过强的竞争意识。

A型行为从社会来看，似乎是利大于弊，但从健康的角度来看，却是弊大于利。A型行为者比B型行为者在工作方面付出的努力更多，取得的成就也更大，但并不如B型行为者快乐。另外，A型行为类型被认为是一种冠心病的易患行为模式。调查研究表明冠心病病人中有较多的人是属于A型行为类型，A型行为类型的冠心病病人复发率高，预后较差[①]。A型行为是一种长期生活中形成的个性定型，不能轻易地改变，A型行为在社会上易得到人们的赏识，许多人不能下决心去努力改造。发病后的A型行为有时会增加或加重心悸、胸闷、乏力等症状。

现代社会竞争压力加剧，A型行为大有蔓延之势，新时代的劳动者要适时优化自己的行为，改变A型行为，增加B型行为，以认知行为矫正疗法为主要手段实施综合矫正，在如下方面可以做出努力：①注意自己的行为，放慢节奏，保持平和，降低音调，注意聆听，善于理解，保持微笑。②选择环境，定时自我放松，一般20分钟即可，并将松弛反应泛化到日常生活中去，不看描写暴力行为的电影，多看喜剧，多听轻音乐，工作上不要给自己加码，多与人聊天，友好待人，多一点人情味。③经常问自己，哪些事应该制止，久而久之，自然牢记心中。④每天回忆一下，今天出了什么事，从中总结经验教训。⑤当自己要发火时，进行自我暗示地放松。⑥回避易引起强烈情绪反应的人或事。⑦培养艺术修养等，使紧张的思想和肌肉得到休息。⑧交几个知心朋友，交流感受与心得，在朋友之间的笑声中使自己变得从容大度。⑨强制休假，使自己有机会放松。总之，改变A型行为，既要有所为，也要有所不为；既要积极进取，有所追求，也

① 周平：《A型行为·心脑血管病·心理调适》，《江南大学学报》，1993年第2期。

要知足常乐，保持内心世界的和谐与宁静，处变不惊。

四、专业帮扶

人们一生中难免会遇到心理问题，问题有大有小。受遗传基因、社会家庭环境、个人性格等多种因素的影响，每个人对外在刺激和负面情绪的掌控能力存在差异。有人可以通过情绪出口轻松化解问题，有人则即便尝试多种方式也无法赶走“心魔”，影响工作、学习、人际关系等，甚至发展成为焦虑、抑郁症等精神疾病。当自助不能奏效时，就应尝试他助，就需要格外注意并求助专业的心理工作者。

可是现实生活中，有些人出现了严重的心理问题，仍然不去寻求专业人士的帮助。出现心理问题却不愿寻求专业帮助，是常见而有害健康的表现。不愿求助的原因包括：认为去见精神科医生或心理咨询师，就代表自己有精神心理疾病；认为病情严重才有必要就诊；认为寻求他人帮助，就意味着自己没有能力解决自己的问题；担心周围的人对自己的看法；等等。其实求助于专业人员既不等于有病，也不等于病情严重。相反，往往是心理比较健康的人更能够积极求助，他们更勇于面对问题，主动作出改变，对未来有更乐观的态度。积极求助本身就是一种能力，也是负责任、关爱自己、有智慧的表现。

那么专业帮扶的力量何在呢？专业心理力量又在哪些方面可以帮助劳动者呢？如果出现心理问题，劳动者可以向医院的相关科室、专业的心理咨询机构和社会工作服务机构等寻求专业帮助。各地级市医院都设有专门的精神卫生中心，精神卫生中心的心理医生是经过专业培训的执业医师，具有《中华人民共和国精神卫生法》赋予的诊断、治疗精神心理障碍的资质，通过精神药物、心理治疗和物理治疗等综合干预方法治疗精神心理障碍。现在很多三级甲等医院都按规定和要求设有精神科或心理科，精神科医生的资质与精神卫生中心医生的资质等同，三级甲等医院心理治疗师是卫生行政部门认证的心理治疗专业人士，运用心理干预技术对心理疾病患者进行治疗。专业的心理咨询机构和社会工作服务机构的心理咨询师运用心理学及相关知识，协助求助者解除心理问题，进行心理干预。心理咨询师与上述医生不一样，他们没有执业医师资格证，没有处方权。

心理问题按严重程度分为一般心理问题、严重心理问题、心理问题的神经症、神经症、其他精神障碍、人格障碍。一般心理咨询师解决的是一些不太严重的心理问题，当心理问题特别严重，比如说得了精神分裂症、妄想症、躁狂症等，这时候患者已经失去了自制力，只靠心理咨询是无法治好的，需要用药了，这就需要转介到心理医生那里。诊断精神疾病，要去精神专科医院或三级甲等医院等综合医院的专科门诊，确诊后应及时接受正规治疗。心理医生必须有心理学的知识储备，也必须有医学知识的储备。轻微的心理疾病只须去看心理咨询师就能解决问题，但心理咨询师无法用药，如果情况严重就要转介给心理医生。所以当有心理问题时，特别在自助无效、应寻求他助时，劳动者应视情况选择相应的心理学专业力量的帮助。

人们对于精神心理疾病的恐惧和排斥，很多是出于对疾病的不了解。实际上，精神心理疾病在得到有效治疗后，可以缓解乃至康复。精神心理疾病患者经过有效治疗，症状得到控制后，可以承担家庭、工作职能与扮演社会角色。把患者排除在正常的人际交往和工作环境之外，是不必要的，也是不恰当的，会为患者及其家庭带来新的压力。对于能够维持工作能力的精神心理疾病患者，为其提供适当的工作和生活环境，有利于其病情的好转和康复。

专栏 6-3

员工援助计划

从 20 世纪 80 年代开始，美国的各级公共机构和各类商业、企业部门就已经开始重视劳动者的身心健康问题。进入 90 年代后，对该领域的关注仍在进一步加强。90 年代初期美国每年开展的劳动者援助项目（employee assistance programs，简称 EAP）就已经多达 14 000 个，此类项目的增长速度也非常迅猛。EAP 项目多针对酗酒、离婚、家庭经济压力、吸毒等普遍而又突出的问题，向各行各业的劳动者提供心理帮助。值得注意的是，过去在此类项目中扮演重要角色的社会工作者，正在被越来越多的心理咨询专家取代。据统计，大约有 60% 以上的 EAP 项目聘用了具有硕士和博士学位的心理咨询专家，这大大高于在 EAP 项目中所聘用的具有同样学历的社会工作者。心理咨询专家的工作价值得到了更加广泛的社会认同和接纳，他们在劳动者心理健康领域正发挥着越来越重要的作用。

美国社会对劳动者心理健康关注的加强有着多种原因，主要表现在以下几个方面：

第一，对劳动者心理健康的关注，是人们的人道主义理念普遍加强，各类组织的管理者对劳动者的人道主义关怀意识普遍提高的必然结果。随着社会文明的进步，人们对健康的认识发生了深刻的变化。人道主义关怀的意识也从对贫穷、生理疾病的关注扩展到对人的精神健康领域的关心，重视人的价值，采取以人为本的管理理念，已经成为现代社会不可动摇的、为人们所尊崇的信念。

第二，当今社会经济发展的不稳定性、日趋激烈的竞争、越来越快的工作和生活节奏，使劳动者面临着前所未有的工作压力，他们的心理健康正经受着空前的威胁。有资料显示，美国有20%左右的劳动者体验过某种程度的心理的或情绪的问题，这些问题的严重程度已经成为影响劳动者工作行为和工作效率的重要原因之一。美国卫生及人类服务部长向新闻界宣布，2001年每五名美国人中便有一名患上精神疾病，是美国第二大伤残因素。因此，如何维护劳动者的心理健康水平，提高劳动效率，成为各级管理者所关注的重要问题。管理者都明白这样一个简单的道理，即身心健康的劳动者有着更加优秀的工作表现和工作效率，无故缺勤、工作事故等现象极少发生在身心健康的劳动者身上。

第三，不可预知的突发事件、局部事件给劳动者造成精神压力与危害的可能性变得越来越大。随着经济全球化的趋势不断加强，局部与全球的关系更加密切地交织在一起，相伴随的各种风险也在加大，一个国家或地区发生的问题可能会在短时间内造成范围广泛的破坏。20世纪90年代中后期发生的墨西哥、东南亚等地区的金融危机，不仅对全球的经济造成了严重的影响，而且给美国的劳动者也带来了巨大的精神压力。2001年，在美国“9·11”事件发生的9月份，共有25万人失业，其中81%的人是在“9·11”事件发生后几天内被解雇的；大约有21%的美国人无法集中精力工作，劳动者对失业的担心影响着美国的生产率。

第四，高技术的运用使现代社会对劳动者素质的要求比以往任何一个时期都高。现代科学与技术的迅速发展，正在使传统的职业结构发生着深刻的改变，高新技术的运用使得劳动者获得工作的机会在逐渐减少，尽管新的工作、新的职业几乎每天都在出现，但对想要进入这些工作领域的人来说，都必须具备更高的专业素质。一些劳动者的素质已经难以适应高新技术发展的要求，所面临的是更加激烈的职业竞争。

显然，社会的变化、经济的发展、高新技术的运用带给美国普通劳动者的是越来越巨大的精神压力，劳动者的心理健康受到了越来越强烈的影响。因此，关注劳动者的身心健康，建立更多的预防性、成长性咨询项目，帮助劳动者提高应付突发事件的能力、应对竞争的能力、适应社会需求的自我发展能力，是当今美国心理咨询界无法忽视的重大课题，而在未来这也将是一个长期的课题。

思考：

员工援助计划若走进中国企业，面对中国劳动者需要作出哪些改变？

思考题

1. 劳动与大学生心理健康有什么关系？
2. 谈谈哪些因素会影响劳动者的心理健康？
3. 劳动者如何进行心理健康的自我管理和自我调适？

第七章　大学生日常生活劳动与服务性劳动

本章目标

通过本章学习，大学生能够了解日常生活劳动的重要意义、主要类型，能够在日常生活中养成良好的卫生劳动习惯，在校园里积极参加个人卫生劳动和校园公共卫生劳动，积极承担家庭劳动责任；了解大学生服务性劳动的主要内容，以及大学生社区志愿服务活动的概况，在服务性劳动中，形成积极奉献社会、关爱他人、心系祖国发展的良好素养，在劳动实践中形成尊重劳动、热爱劳动、诚信劳动的良好氛围。

导入案例

在沙漠种出一片绿洲

茫茫的大漠、扑面的风沙、贫困沙漠居民的期待都令他真切感受到“环境科学”这门专业肩负着多么沉重的使命和责任。于是一年又一年，他横跨大半个中国，带着一群又一群年轻人去沙漠治沙，为乡民找到致富之路。上海交通大学环境科学与工程学院2019级硕士研究生刘智卓获评2020年“最美大学生”，他将热血与青春挥洒在西部的沙漠，用行动践行理想。

腾格里沙漠的坚韧“治沙人”

2016年的夏天，一列绿皮火车将刘智卓带到了大漠深处。24小时的火车、6小时汽车颠簸，终于到达腾格里沙漠和巴丹吉林沙漠中的最后一片绿洲——甘肃省武威市民勤县。刘智卓和沙漠的故事也开始了。

“作为环境学院的一员，学习过一些环境治理的知识，就想做一些力所能及的事为保护环境做点贡献。”那一年，刘智卓和9个大一的学生睡在老乡家的地板上，没有治沙工具，就挨家挨户去借。当时很多当地人都觉得这群从城里来的白白净净的大学生是来闹着玩的。可是之后的每个夏天，这群学生都会出现在沙漠里，在烈日下种植梭梭树等，战退2 000亩黄沙。

在自然的面前，人显得如此渺小，但面对无边的大漠，这一群年轻人却用青春续写生命的力量。“环境治理是一件需要长期坚持的事业，需要有很多人一起来完成。”刘智卓深知要将这件事“可持续”才能真正治沙，绿格公益团队随之诞生，从最开始的10个人，到如今近30多所高校800人。这些年来团队共制作方格十万余个，固定黄沙两千余亩，造林三千余株。“交大林”开始在大漠扎根，成为黄沙中的绿色生机。

西部基层的扶贫“技术员”

除了让沙漠环境好起来，刘智卓还想让乡民们富起来。在不断地调研走访中，“肉苁蓉”进入他的视野。这是一种高经济附加值的寄生植物，成熟后可以作为药材出售，而肉苁蓉的寄主梭梭树，恰好具有很好的固沙作用，这样一来，就能够解决贫穷又可以治理荒漠化。刘智卓找业内专家，为大漠送去肉苁蓉嫁接新技术，推动荒漠化生态扶贫“嫁接模式”。为了将这些技术送到实处，刘智卓牵线搭桥，组织专家团队和民勤县政府开展精准扶贫座谈会，打通咨询渠道，制作嫁接技术指导手册，手把手教农民种植。经过努力，治沙扶贫的新模式初显成效，当地已经形成了肉苁蓉七千多亩、锁阳一万多亩的种植规模。

智耕洱源的“板扎”班主任

在结束本科学习后，刘智卓决定去洱海支教，他继续把自己的青春激情融入教育扶贫的一线中。根据支教地的需求，刘智卓负责教授七个班的数学、生物等课程，服务期内共授612个课时。在支教过程中，他认真对待每一节课，力求把更多的知识传递给学生，希望他们可以通过知识改变命运。在这期间，他的班级里有位学生没来报到，他了解到原因是他的家庭条件不太好，母亲身患重病，弟弟出了意外，这些遭遇让这个学生认为在学校是浪费时间和金钱。刘智卓积极劝说并通过社会爱心人士帮助他们解决经济问题，让这名家庭贫困的学生最终选择继续学业。因为这些事，刘智卓也被当地人深情地称为“板扎老师”。“板扎”意思是“靠谱、能干”。这个称谓，既让刘智卓感动，也让他感到身上责任重大。此后，他和支教团的队友还一同建立了“啟源未来”基金会，支持当地教育事业的发展。他们饿过肚子，吃过夹生饭，淋过沙漠冰雨，却也看过最美的漫天繁星；扎草植树，下地干活，也被乡民淳朴真挚的感谢暖过心；执教讲台，传道授业，点亮孩子们眼中的光……

不管是坚韧“治沙人”，还是基层“技术员”，抑或“板扎”班主任，无论角色如何变化，刘智卓服务基层、青春报国的奋斗底色一直没有改变，就像一棵梭梭树一样，紧紧地扎根在祖国的大地上。为洱海治理作出巨大贡献的孔海南老师曾说：“将个人的发展同祖国的发展、祖国的需求结合起来，不后悔。”刘智卓特别认同这句话，他说：“西部岁月让我感受到知识和技术的力量，也让我意识到环境事业需要长久坚持，久久为功。孔海南老师这句话就像人生指南，引导我去把个人的发展奉献到祖国的建设中去。”

目前，刘智卓已经结束了为期一年的支教，回归科研生活。与此同时，他带领的绿格扶贫创业项目在第十二届“挑战杯”中国大学生创业计划竞赛中获全国金奖，在第六届中国国际“互联网+”大学生创新创业大赛中获全国银奖。

思考：

1. 刘智卓的事迹给你带来了什么启示？
2. 你在大学生活里参加过哪些志愿劳动和社会实践？有什么收获？

第一节 大学生日常生活劳动概述

一、大学生日常生活劳动的科学内涵

人具有自然和社会二重属性，是生理生命和社会生命的有机统一体。一个人要立足现代社会生存发展，有所创造、有所成就，既要学习自然科学知识和社会科学知识，还必须具备日常生活劳动常识。马克思主义认为劳动对社会发展具有决定性作用，生产力是社会发展的决定力量，正是劳动使人类告别茹毛饮血、刀耕火种的蒙昧时代，开辟了人类广阔的生活天地，从野蛮不断走向文明。大学生要想成就一番事业首先要从小事做起，由我们耳熟能详的“修身齐家治国平天下”“天下难事必作于易，天下大事必作于细”“一屋不扫何以扫天下”等名言警句，可以看出从古至今，日常生活劳动是个人道德修养提升、家庭和睦和天下太平的重要基础。日常生活劳动是每个人生命成长的现实根基，是大学生自我实现、自我发展、自我完善的重要途径，是推动大学生全面发展的重要手段。

二、大学生日常生活劳动的重要意义

日常生活劳动是每个人直接的、现实的生存领域，反映和展现着人的具体生存状态和生产方式。现实的个人，其生命即社会生命是在日常劳动生活与自我超越劳动生活相互作用的过程中成长的。日常生活劳动以重复性思维和重复性实践为存在方式，是凭借传统习惯、经验以及血缘等文化因素维系的自在的类本质对象化的领域，是每个人生命成长的现实根基，旨在维持个体生存和再生产的日常消费活动、日常交往活动和日常观念活动。日常生活劳动是责任心培养的重要途径，也是提升自我生存能力的必由之路，更是大学生创造美好生活的必要途径。

（一）大学生参加日常生活劳动有利于培养笃实力行、艰苦奋斗的良好品质

日常生活劳动可使大学生的身心、智力、思想、才干得到全面发展，更是青年大学生健康成长和实现社会化的基石。当代大学生作为祖国的未来和民族的希望，更需要具备笃实力行和艰苦奋斗的良好精神品质。改革开放以来，我国经济发展驶入快车道，生活水平显著提升。“00 后”大学生成长于我国经济发展飞快的时代，“网络达人”和“时代新秀”成为当代大学生最贴切的代名词。当代大学生如果只享受安逸舒适，不注重在日常生活劳动中磨炼笃实力行、艰苦奋斗的意志品质，会严重影响大学生的个人发展。高校是大学生逐渐向社会过渡的重要平台，日常生活劳动能够使大学生获得直接的生活知识、劳动技能和社会经验，能够使大学生把各种知识、技能、经验、教训融合起来，为大学生创造出新的智力成果和物质产品提供重要平台。日常生活劳动作为高校思想政治教育的创新形式，能够让大学生在全身心参与过程中真实地体会劳动创造的艰辛，从而产生珍惜劳动成果、艰苦奋斗、笃实力行的思想意识。

（二）大学生参加日常生活劳动有利于培养爱国爱家、勇于担当的责任意识

青年的命运与祖国的命运紧密相连，中国共产党的百年历史就是一部奋斗史。大学生作为新时代中国青年的生力军，应该胸怀深厚的家国情怀，自觉肩负使国家富强、民族振兴、人民幸福的历史重任。当代一些大学生成长于独生子女家庭，在成长过程中备受家人宠爱，若对国破家亡、民族屈辱的历史，对中国共产党带领中国人民致力于民族复兴的奋斗历程了解少，就会缺乏爱国情怀和责任担当意识。由于从小在“衣来伸手，饭来张口”的环境中长大，一些大学生考虑事情时大多只从个人本位出发，对自己应该承担的责任和为社会应尽的义务缺乏

思考和担当，仅仅思考国家和社会能够给自己带来的“福利”。总体而言，他们中的一些人责任意识不够强烈，对爱国爱家的理解仅仅停留在理论和字面上。如果在大学阶段中不能培养大学生爱党、爱国、爱社会主义的情怀和责任担当意识，他们踏入社会后，就不能担负社会主义建设者和接班人的责任和义务。因此，大学生在参与日常生活劳动过程中能够厚植爱党、爱国、爱社会主义情怀，有利于增强高校思想政治教育的实效性，激发大学生的责任担当意识。参加日常生活劳动，能够让大学生在劳动实践活动中感受到劳动创造的艰辛，进而认识到美好幸福生活来之不易。同时，大学生在日常生活劳动实践中，能够对劳动有更为深刻的认识，一定程度上转变他们对待家庭劳动的态度，让勤劳勇敢、努力奋斗的精神滋养每一个人，形成和睦友善、互敬互爱的良好家风。大学生作为家庭的一分子，将会更明白劳动创造对家庭建设的重要作用，能够勇于承担家庭责任，为家庭作出贡献，距离美好生活的实现更近一步。劳动教育的神奇之处，不仅在于它有丰富多样的劳动教育实践活动，能让大学生在真实的劳动实践活动中体验和感受，而且更重要的是劳动教育的精神塑造作用，能让大学生将体验和感受转化为思想，这种切身经历的感悟更能激发大学生的爱国爱家情怀和担当意识。同时，大学生在日常生活劳动中，能够进一步了解中国共产党带领全国各族人民，在艰苦卓绝的条件下，不畏艰难困苦，用劳动创造奇迹的过程，充分了解中国共产党人顽强拼搏的意志品质，由此形成笃实力行的做事态度和艰苦奋斗的意志品质。

总之，当代大学生积极参与日常生活劳动，能够培养笃实力行的生活态度，不断磨炼艰苦奋斗的意志品质。在日常生活劳动实践中，大学生能身体力行感知劳动艰辛和劳动成果来之不易，在日常生活劳动中将所听所感“内化于心，外化于行”，在未来走上工作岗位后，能够以精益求精、脚踏实地、甘于奉献的态度对待工作，以乐观平和、处世安然的心态对待生活，为建设繁荣富强的祖国贡献自己的力量。

（三）大学生积极参加日常生活劳动有利于培养遵规守纪、团结协作的良好作风

日常生活劳动有利于大学生养成遵规守纪、团结协作的良好作风。在日常生活劳动中，大学生能够自觉运用劳动规程和劳动规范，去解决日常生活中遇到的问题，成为一个遵守纪律和规则的时代新人，进而能够成为遵守法律、敬畏法律、运用法律的合格公民。此外，日常生活劳动也有利于培育大学生的团结协作精神。团结协作精神是人们应该具备的基本道德素质，当代大学生性格差异较大，有的大学生自我独立意识较为强烈，合作意识淡薄，团队责任感偏弱。当代大学生积极参加日常生活劳动，能够很好地培育团结协作精神，在日常生活劳动中进一步加强大学生思想观念的塑造。第一，通过日常生活劳动理论知识的传递，让大学生理解劳动创造的珍贵价值，以及劳动传递的思想价值观念，这可以更好地激发大学生参与日常生活劳动的热情，在积极参与日常生活劳动实践中培养团结协作精神；第二，在日常生活劳动中可以明确每个人在劳动实践活动中的分工，大学生彼此之间可以进行团队合作和配合，在互相帮助中形成团结协作和甘于奉献的价值理念，大学生在劳动实践能力增长的同时，团结协作精神也在他们的思想中生根发芽。综上所述，大学生积极参加日常生活劳动能够培养遵规守纪和团结协作的良好作风。

三、大学生学校日常生活劳动主要类型

营造优美整洁的校园环境是大学精神文明建设的重要内容之一，更是营造良好学习氛围和健康成长环境的必要途径。2020 年 3 月，《中共中央　国务院关于全面加强新时代大中小学劳动教育的意见》正式出台，文件指出：实施劳动教育重点是在系统的文化知识学习之外，有目的、有计划地组织学生参加日常生活劳动、生产劳动和服务性劳动，让学生动手实践、出力流汗、接受锻炼、磨炼意志，培养学生正确劳动价值观和良好劳动品质。大学生学校日常生活劳动立足个人生活事务处理，注重个人生活能力提升和良好卫生习惯养成，能够磨炼大学生坚强意志品质，使其树立自立自强意识。因此，大学生积极参加校园日常生活劳动，能够培养良好的卫生劳动习惯，增强新时代大学生自我管理和服务他人的能力。

（一）校园个人卫生劳动

个人卫生劳动不仅能够锻炼身体、培养高尚的审美情趣，而且能够预防疾病，保持身心健康，使整个人看起来精神焕发、自信满满。大学生要积极开展校园个人卫生劳动，必须掌握校园个人卫生劳动的基本要求，把握校园个人卫生劳动的主要类型，学会使用校园个人卫生劳动的基本工具。

1. 校园个人卫生劳动的定义

校园个人卫生劳动一般是指为保障个人身心健康，预防疾病，改善和创造生理、心理需求的环境以及生活条件所采取的个人卫生劳动。讲究个人卫生是一种良好行为，不仅可以预防疾病发生，而且可以保持身心健康，看起来精神抖擞，同时，良好的个人卫生品质能够展示大学生对待生活的积极态度，体现一种吃苦耐劳、积极向上的良好品质。

2. 校园个人卫生劳动的主要类型

大学生校园个人卫生劳动是劳动教育体系中重要的组成部分之一，个人卫生劳动关系到校园卫生安全，直接关系到大学生能否快乐学习和健康生活。因此，大学生正确把握校园个人卫生劳动的主要类型，可以更好地开展个人卫生劳动。

（1）个人仪容仪表整理。

着装干净整洁，鞋袜和内衣定期清洗，勤洗脸，勤换衣；仪容仪表端庄大方，不抽烟，不酗酒，不吃不干净的食物；定期清洗被单、被套、蚊帐，在换季时要及时对床上用品进行清洗和消毒。

（2）寝室个人卫生劳动。

寝室是大学生的公共住宿场地，也是大学生学习、生活和休息的重要场所。保持寝室干净整洁不仅是维系良好寝室关系的重要基础，更是保持寝室公共健康的必要手段。这要求大学生养成良好的卫生和生活习惯，共同创造和维护良好的寝室生活环境。寝室成员自觉整理好个人物品，寝室长要安排好寝室值日表，寝室成员按照寝室劳动安排，定期对寝室公共生活区域进行打扫，及时将寝室垃圾倒入指定地点。寝室成员要共同维护寝室卫生，切勿在寝室抽烟，禁止将疾病污染源物品带入寝室；要经常打开门窗，保持寝室干燥通风；寝室成员要了解流行性疾病预防相关知识，按照消毒剂相关说明定期开展消毒和灭菌活动。

（3）公共学习场所的个人卫生劳动。

公共学习场所是大学生课堂学习和自我学习的重要场所，保持公共学习场所卫生整洁是大学生应尽的义务，也是保持校园卫生的必然要求。大学校园公共学习场所包含自习室、教室和图书馆等。作为新时代大学生，要自觉遵守公共卫生道德和公共卫生制度，认真维护公共学习场所的环境卫生，积极参加教室、自习室和图书馆等公共学习场所的卫生劳动。总体来说，我们要保持教室、自习室、图书馆桌面、墙壁和地面干净清洁，做到不乱涂乱画，不将零食和水果带入公共学习场所，离开时对个人所在区域的垃圾及时清理。

（二）校园公共卫生劳动

1. 校园公共卫生劳动的重要意义

校园环境是一所学校的窗口，也是师生精神风貌的集中体现。优美整洁的校园环境能够激发大学生热爱学校、热爱生活、热爱祖国的真挚情感，良好的校园环境会使学生得到美的熏陶，能够激励大学生养成良好的卫生习惯，自觉增强保洁意识，努力营造干净、整洁、文明的育人环境。

2. 校园公共卫生劳动的主要类型

校园公共卫生劳动能够给大学生提供更加广阔的劳动空间。校园公共卫生劳动是课外劳动的主要内容之一，一般分为三大类。

（1）打扫教室卫生。

教室是大学生日常学习的主要场所，教室卫生关系到学生的身体健康和学习秩序，教室卫生需要大学生共同维护。教室卫生劳动要确保室内整体干净无灰尘，桌椅和教学设备摆放整齐，桌面无乱涂乱画痕迹，地面无污迹和垃圾，窗户明亮，墙面无乱涂乱画痕迹。教室内部卫生需要班上每一位同学来打扫与维护，一般由班级制订值日表，在分工明确后安排具体个人对教室内部进行打扫，共同营造干净整洁的学习环境。

（2）校园公共区域卫生劳动。

校园公共区域卫生劳动是指除教室以外其他公共场所的卫生劳动，主要包括教室走廊、体育馆、琴房、公共卫生间等区域的卫生劳动。在进入校园公共区域之后，先查看是否有异常现象，有无已损坏的物品，重点对电源插座、吊扇、电灯、便池等设施进行初步排查，如果有异常情况，及时向学校后勤维修部门或者保卫处报告，切不可冒着危险进行保洁。在保洁过程中，先捡拾地面上的烟头、纸屑和垃圾袋，接着用长柄扫把清扫墙面、墙角和天花板的蜘蛛网和灰层，再用抹布对相关设施进行精细擦拭，随后用扫把对地面的灰尘进行清扫，并把灰尘倒入垃圾桶，最后用拖把将地面拖拭干净即可。

（3）校园道路、人行道的卫生劳动。

校园道路是供机动车、非机动车行驶和大学生行走的道路，人行道是指校内道路两侧可为师生上下课和休闲行走的小路。确保校园道路、人行道干净整洁也是校园卫生劳动的重要组成部分。这就需要大学生积极参与校园道路和人行道的清扫和保洁，清扫各种垃圾、树叶，捡拾树枝和各种废弃物品。随着交通工具越来越普及，大学生购买和租赁各式各样的交通工具以便于自己出行。随之可见，各式各样的电动车、自行车充斥在校园各个角落，乱停乱放，给校园交通秩序和校园良好形象带来一定的冲击。因此，大学生不仅要对校园道路、人行道进行打扫，而且要积极参加校园交通安全整治，积极引导教职工按照学校要求在规定地点停车，对学生乱停乱放交通工具的现象进行积极整治，积极发放校园交通整治告知书，促使教职工、大学生正确停放交通工具，共同营造良好整齐的交通环境。

四、大学生家庭日常生活劳动

家庭日常生活劳动包括家庭清洁卫生和内务整理，大学生要在充分了解家庭日常生活劳动工具主要类型和主要用途的基础上，正确掌握各类型家庭日常卫生保洁工具的使用技巧，对卧室、客厅、餐厅、厨房、卫生间、阳台等地方进行清扫、擦拭和除菌，能够使家庭居住环境更加洁净、整齐、美观和舒适，这不仅能够营造良好的家庭卫生环境，而且能够培养大学生热爱劳动、尊重劳动的真挚情感。

（一）家庭日常生活劳动的重要意义

大学生是祖国的未来和民族的希望。党的十八大以来，以习近平同志为核心的党中央高度重视大学生成长成才工作。习近平总书记在2018年全国教育大会上强调："要采取适合当前环境和条件的有效措施，加强劳动教育，组织好形式多样的劳动实践，让学生在实践中养成劳动习惯，学会劳动、学会勤俭。"家庭作为人类社会最基本的单元，是人类伦理道德意识产生和劳动技能形成的重要场所，千家万户好，国家才能好，民族才能兴旺。家庭日常生活劳动是大学生劳动教育的主要内容之一，大学生积极参与家庭日常生活劳动不仅可以锤炼良好道德品质，也是营造良好家风的必要途径。

父母是孩子成长的引路人。父母的劳动教育理念对大学生的良好道德品质培养和劳动意识形成起着至关重要的作用。没有价值理念的劳动教育就失去了灵魂，正确的劳动教育理念使得劳动教育实践具有一种超越自身、超越功利的功能，能够产生持续发展的内在动力。父母的劳动观教育理念正确，将在很大程度上促进孩子正确劳动观的形成。与此同时，家庭日常生活劳动能够塑造大学生良好道德品质，当代大学生中存在的一个很大问题是一些大学生连基本的劳动技能都不具备，甚至产生了歧视劳动、贬低劳动、无视劳动的不良倾向。这很大程度上是家庭日常生活劳动的缺位导致了大学生劳动道德品质缺失，直接表现为一些大学生连洗衣服、整理内务都不会，甚至还出现把自己的衣服快递回家，父母洗后又快递回来等荒唐可笑的事情。因此，大学生积极参与家庭日常生活，才能够理解父母的艰辛，才能了解美好幸福生活来自我们勤劳双手的深刻道理，才能明白没有劳动就没有财富的积累，生活就不会得到改善，才能明白只有积极参与家庭日常生活劳动，才能获得美好幸福生活，才能实现个人价值。

（二）家庭日常生活劳动的主要类型

1. 家庭卫生清洁劳动

家庭卫生清洁劳动是家庭日常生活劳动的重要内容之一。大学生是重要的家庭成员之一，在家要主动承担起家庭卫生清洁劳动，这就要求大学生必须熟练掌握各种卫生清洁工具的主要用途和使用方法，在平时的家庭卫生清洁劳动中接受锻炼、磨炼意志。大学生进行家庭卫生清洁劳动时，首先要了解家庭保洁工具的种类和用途，只有充分了解家庭保洁工具的种类和用途，才能更好地开展家庭卫生清洁劳动。在家庭卫生清洁劳动中，主要的劳动工具包括扫把、拖把、抹布、刷子、垃圾桶、晾衣架、劳保手套等。同时，各种清洁剂是我们从事家庭卫生清洁劳动必不可少的工具，主要包括洗碗清洁剂、地板清洁剂、家用消毒液、油污净、洗衣液、柔顺剂等。在开展家庭清洁卫生劳动之前，大学生务必了解和阅读各种劳动工具和清洁剂的使用说明，只有在熟练掌握使用方法的基础上，才能开展家庭卫生劳动，同时在开展家庭卫生劳动中，务必做好安全保护措施，比如在使用消毒液清洗被单时，一定要使用劳保手套，防止自身受到消毒液的侵蚀。

2. 家庭日常事务处理

劳动教育需要融入家庭日常事务处理，以培养新时代大学生的独立人格。家庭是人生的第一课堂，父母是孩子最好的教师。大学生独立人格是在家庭日常事务处理过程中得到锻炼而逐渐形成的。美国著名精神病医师埃里克森认为青少年阶段面临的主要问题是“自我同一性和角色混乱的冲突”，如果这个年龄阶段的“青春自我意识认同危机”得以成功解决，就会形成忠诚的美德，而这一问题解决的最好办法就是对青少年实施有效的劳动教育，让他们在劳动实践中消除角色混乱所带来的冲突，逐渐确立合理的自我同一性。家庭日常事务处理无疑是大学生自我意识教育最好的选择。大学生在处理家庭日常事务中能够学会生活自理，养成独立生活习惯，寓劳动教育于家务劳动和家庭生活之中。首先，我们要明确参加家务劳动对孩子到底有哪些好处，一是可以促进动作技能、认知能力的发展，通过劳动过程，孩子能够形成自主思考问题、解决问题的习惯；二是有助于责任感和良好品质的形成。孩子只有参与劳动，体验了劳动的辛苦，才能真正懂得体谅父母，学会尊重、珍惜别人的劳动成果。

（1）学习烹饪技术。

“民以食为天”，我国人民在长期的生产和生活实践中创造了技艺精湛、丰富多彩的烹饪技艺，不仅为中华民族持续发展提供了物质保障和精神动力，也为人类文明进步作出了重要贡献。烹饪是膳食的艺术，是一种复杂而又有规律地将食材转化为美味佳肴的过程。因此，新时代大学生学习和掌握烹饪技术不仅能加强动手操作能力，而且在烹饪食物的过程中可以形成美好的生活感悟，为构建和谐美满的家庭关系提供了坚实平台。第一，学会烹饪。在掌握烹饪技术之前，大学生必须掌握烹饪工具的使用技巧，仔细阅读食材加工方法和烹饪工具使用说明，熟练掌握刀具、炉具、铁锅、电饭煲、蒸笼、高压锅、砧板、餐具的使用方法。使用电器一定注意用电安全，使用刀具要做到力度有道，以免造成伤害。在加工食物过程中，掌握危机事件处理方法，一旦遇到危险，及时有效处理突发危机，确保人身安全和财产安全。第二，掌握常用的烹饪方法和技巧。不管掌握哪种烹饪方法，都要具备一定的烹饪常识。比如肉类食物制作不宜放盐过早，油锅煎炸不宜火力过大，烧鱼要学会除腥，食物发芽不宜食用，动物内脏要反复清洗，铝铁炊具不宜混合使用，铁质锅具见水后不宜过夜清洗以免生锈，等等。第三，安全保护要求。用电磁炉或者煤气灶烹饪必须安全使用电和煤气，在烹饪结束后，要及时关闭电器电源、煤气开关和煤气阀。确保食品和食材新鲜，确保在保质期内，如已过期请勿食用。生熟食品、肉菜分开切洗；如遇炒菜时油锅着火，请勿用水扑灭，及时关闭煤气灶，采用隔离空气法灭火；如遇火灾及时拨打 119，烫伤或者烧伤，先用自来水冲洗，简易包扎后及时到医院就诊。

（2）家庭生活维修。

日常生活中，家电和其他生活用品随着使用年代推移，逐渐出现配件老化、电子元件易损等现象。大学生学会简单的家庭生活维修技术不仅能够节约日常开支，而且还能锻炼动手能力，将所学知识应用于实际生活。第一，熟悉家庭维修工具使用要求。首先，要掌握螺丝刀、螺丝钉、螺母、扳手、生胶带、绝缘带、钳子、电焊等日常维修工具的使用方法；其次，要熟悉家庭维修工具的使用说明，根据维修物品的型号和配件要求，使用维修工具要注意用力均匀，切勿用力过猛造成维修物品二次损伤。第二，做好维修安全保护工作。维修物品之前要了解用电常识，提高安全用电意识，务必做到断开电源再维修；要了解维修物品的注意事项和危险事项，在维修过程做到及时规避风险或者放弃维修，联系生产商或者供应商进行售后维修。

（3）家庭栽培和园艺修建。

家庭栽培和园艺修建可以陶冶情操、怡情养性。家庭栽培花草或者草木能够美化家居环境，净化空气成分，缓解家人的生活压力，是纯天然、环保型的家庭装饰用品。因此，大学生学会家庭栽培和园艺修建能够提高审美能力，了解基本的农业知识，提高自身的文化修养。第一，学会使用栽培工具。家庭栽培和园艺修建工具包括：园艺剪、园艺铲、喷壶、花盆、花瓶、花泥、耙子、植物用肥、种子、树苗等。家庭栽培和园艺修建工具的使用要求，则包括注意剪刀、铲子等锋利物品，使用不当容易给人体造成伤害，使用完毕后，放在规定位置，以防对儿童或者其他人造成伤害。第二，安全保护要求。在栽培有机肥和培土选用方面，要到正规农资店购买；详细了解栽培物种的来历和种类，不要栽培外来物种和国家禁止的非法植物；不要为了种植植物乱建乱搭，切勿将用剩的有机肥或者包装袋随地乱扔，注意环保卫生。

（4）家庭伦理责任担当。

家庭伦理责任担当是家庭成员为了维持家庭成员正常生活而付出的没有任何劳动报酬家务劳动。一般来说，家庭伦理责任担当可以分为两类：一是给家人提供无偿的家务劳动；二是给家庭成员提供无偿的护理劳动。积极承担家庭伦理责任，能够提高新时代大学生劳动素养，养成良好的劳动习惯，克服不良的劳动价值观，培养自觉劳动、热爱劳动的精神，为将来更好的人生发展奠定基础。

第二节　大学生服务性劳动概述

一、大学生服务性劳动的重要意义

服务性劳动能够激发大学生服务社会的热情，使其在此过程中形成服务社会、关爱他人、珍惜劳动成果的良好道德品质。

二、大学生服务性劳动的主要内容

服务性劳动给人的生活与劳动注入新的价值和意义。服务性劳动能够给予他人服务和帮助，是人类社会中一种高尚的利他行为。大学生服务性劳动还能够培养大学生勤劳节俭、关心他人、热爱集体的良好品质。按照不同的劳动类型，大学生服务性劳动大致可以分为校内公共空间服务性劳动、校外社会实践服务性劳动、社会重大活动服务性劳动。

（一）校内公共空间服务性劳动

校园公共空间是大学生学习和生活的主要活动空间，干净整洁的校园环境能够营造良好的学习和生活氛围。校内公共空间服务和大学生日常学习生活的联系最为紧密。因此，新时代大学生积极参加校内公共空间服务性劳动是贯彻党的教育方针和劳动教育的重要内容之一，有利于大学生增强劳动观念、集体主义观念。

大学生校内服务性劳动（视频）

1. 校园净化、绿化、美化劳动

校园净化、绿化、美化工作是校园基础设施建设和校园文化建设的重要组成部分。新时代大学生积极参加校园净化、绿化、美化劳动，能够进一步优化育人环境，优美的校园景观为大学生营造了良好的学习和生活环境，有利于培养大学生热爱自然、热爱学校、热爱祖国的家国情怀，使教育目标的外化形式内化为学生内心的自觉境界，让大学生道德情操和思想品德在优美的校园环境中得到熏陶和升华。

（1）校园净化劳动。

和谐优美的校园环境，是高校深厚人文底蕴的有力彰显，也是促进大学生健康成长，提高教师工作能力的重要途径。校园净化劳动是校园环境综合整治重要内容之一，工作开展能够彻底改善校园内部环境卫生状况，让交通工具和学习用具有序摆放，公共场地干净整洁，乱写乱画、乱贴乱挂等现象不再发生，能够让校园形象更美，校园环境更优，校园品位更高。第一，积极参与校园周边环境的治理工作。在学校保卫部门、学生处、团委或者学院学生工作部门老师的带领下，对学校周边卫生情况进行初步摸排和整治。第二，积极参与校园环境综合整治。彻底改善校园内部环境，对在校园里随意张贴小广告现象进行制止，对乱贴、乱挂的广告进行清理。第三，积极参加“净化校园”主题演讲和宣传工作，通过专题活动、实践演练、课堂宣讲等形式，运用网络媒体等宣传方式积极主动做好“净化校园”教育。

（2）校园绿化劳动。

校园绿化是高校精神文明创建工作重要组成部分。高校校园绿化建设能直接反映高校深厚的文化底蕴，彰显文化内涵，对营造良好的校园环境具有重要作用。校园绿化建设可以有效地优化校园环境，能够创造寓教于美的良好氛围。第一，参与校园绿化整体设计和规划。校园绿化整体设计和规划要结合学校的地理位置和区域特点，科学规划每个区域的绿化工作，制订出合理的实施方案。园林绿化还要符合学校的人文特点，结合学校的校风、教风和学风，凸显学校的特色风貌。高校绿化不仅应保证高校院区绿化带与建筑群的相互和谐性，还要保证绿化带与建筑群的整体性，从而通过细节或文化价值体现高校建设过程中的文化内涵与环境设计理念。第二，校园植被绿化养护。大学生可根据季节时令，参与校园树木花草的日常养护管理工作，包括苗木修剪、抗旱补水、松土施肥、补植、冬季涂白、防寒包裹、病虫害防治等工作；如果遭遇雨雪、台风等恶劣天气，需要及时扶正倒伏苗木。第三，参与维护和完善绿化供水设施。在高校绿化管理中，许多树篱、花灌木和大面积绿叶需要系统灌溉。校园土壤相对贫瘠的地方，更需要大面积灌溉以保证植被正常生长。大学生在校期间，可以利用课余时间，及时观测绿化供水设施，查找供水系统是否存在自动喷水点数量不足、分布不均、喷头角度不好、喷头破损等问题，以便及时维护灌溉设施，为校园绿化提供正常用水。大学生积极参与校园绿化工作，全面实施精细化管护，能够不断提升校园绿化品质和景观效果，为师生创建一个优美舒适的校园环境，切实提升师生的幸福感和获得感。

(3) 校园环境美化劳动。

校园环境美化对大学生文化素质教育有着不可替代的推动作用。校园是学生学习和活动的主要场所，美丽的校园环境会使学生保持身心的愉悦，能够对大学生的思想和行为产生潜移默化的影响。大学生参加校园美化劳动，不仅能够提升自身的审美水平，而且还能增强校园归属感，有助于高校教学和管理工作的顺利开展。校园美化劳动多种多样，总体来说可分为三大类：第一，教学楼、寝室外部美化劳动；第二，教室内部美化劳动；第三，寝室内部美化劳动。

2. 参与平安校园建设

平安校园建设是平安中国建设的重要组成部分，可以为师生提供安全的学习与生活环境。平安校园建设是一项复杂的系统工程，在日益复杂化和多重因素交互影响下，高校校园安全形势越来越复杂，目前在平安中国建设方面，高校存在人力、物力、财力等方面投入不足的问题，仅仅依靠保卫部和相关职能部门的力量是不够的。因此，大学生参与群防群治平安校园建设，充分发挥大学生志愿者在平安校园建设过程中的可行性和优势，建立一支大学生平安校园建设工作队伍，这不仅能够有效缓解校园安保力量配比不足的现状，而且在一定程度减轻了学校平安校园建设财政紧张的状况。

(1) 校园治安管理。

随着高校招生规模不断扩大，接踵而来的是校园治安管理问题，由于大学生的社会经验少，安全意识相对比较薄弱，再加上大学校园治安管理队伍建设不完善，目前高校安全管理工作存在较多的薄弱之处。因此，针对高校治安管理工作面临的突出问题，有序引导大学生参与校园治安管理，对于提升高校治安管理队伍建设，建立高校安全防范体系，推动平安校园建设，有着重要的理论意义和实践意义。大学生积极参与校园联防联控机制，在学校保卫部门老师的指导下，可熟悉防卫器械的佩戴和使用方法，积极参加校园治安维护专题培训，能增强安全防范意识，提高突发事件处理能力。

(2) 校园突发事件处理与灾害预防。

校园安全稳定是高校开展一切工作的基础和保障，校园突发事件处理与灾害预防是学校各项工作的重中之重。高校亟须提高校园突发事件与灾害预防能力，这需要不断加强物防、技防建设，但归根结底要将责任落实到人。大学生能够协助辅导员迅速有效地处理重大学生突发事件，在管理老师未到达现场前，对突发事件进行初步协调和管理，可以初步控制现场，维护好秩序，防止事态进一步恶化，一定程度上保障大学生人身安全，同时维护正常的校园秩序，营造良好的育人环境。

第一，学会控制突发事件事态发展。大学生在校园学习和生活，遇到突发事件要能够在较短时间对事件进行平息和处理。大学生应积极参加学生安全保护协会，在突发事件发生第一阶段，在对突发事件进行正确评估的基础上，进行初步处置和控制，比如疏散围观人群，维持现场秩序，采取特殊方式控制事态进一步恶化，及时向辅导员汇报现场情况，同时及时联系学校保卫处，拨打报警电话和120急救，等等。第二，学会紧急救治伤者。大学生还要具备基本的急救常识，在突发事件发生或者灾害发生后，要能够及时在第一现场开展紧急救援，最大限度为患者赢得宝贵时间。

（二）校外社会实践服务性劳动

校园社会实践对于促进大学生了解社会、了解国情、增长才干、奉献社会、锻炼毅力、培养品格、增强社会责任感具有不可替代的作用。校外社会实践活动蕴含丰富的教育资源，大学生积极参加社会实践能够强化主人翁意识，在社会实践锻炼中强健体魄，增长知识和才干。我国校外社会实践服务性劳动一般包括大学生“三支一扶”社会劳动实践、“大学生志愿服务西部计划”实践活动、“青年红色筑梦之旅”实践活动和“三下乡”社会服务活动，大学生积极参加校外社会实践活动，能够进一步完善文化知识结构，提高综合能力，为未来走上工作岗位积累经验。

2006年2月，国家正式启动“三支一扶”，引导大学生到基层、到西部、到祖国最需要的地方就业。“三支一扶”实施十几年来，为高校毕业生提供了大量工作岗位，缓解了就业矛盾和就业压力。广大毕业生在基层得到了锻炼，增加了对国情的了解，增长了见识，为农村基层农业、教育、医疗和扶贫等工作奉献了青春才智，为国家建设社会主义现代化强国作出了突出贡献。

1. 支援农村发展，推动乡村振兴

2021年中央一号文件指出：实现巩固拓展脱贫攻坚成果同乡村振兴有效衔接。工作不留空档，政策不留空白。大学生是祖国的未来、民族的希望。随着中国改革开放四十多年的接续奋斗，农村劳动力大量向城市转移，广大农村的人口结构发生很大变化，留守儿童和留守老人成为农村主要群体。因此，大学生积极支援农村发展，不仅可以为农村发展增添发展动力，带来新鲜的思想，而且在支援农村发展过程中，可以把所学知识应用到乡村振兴工作中，比如：可以在农村深入开展理论宣讲和普法活动，在乡镇干部带领下积极开展乡村治理、农村规划与建设和环境整治，积极帮助村民科学种植、科学养殖、科学加工农业产品，帮助农村个体户学会利用互联网平台销售农产品，等等。大学生积极支援农村发

展，推动乡村振兴，为巩固脱贫攻坚成果，推动共同富裕取得实质性进展提供了动力源泉和人才保障。

2. 支援医疗事业，助力健康中国建设

健康事业关系人民安居乐业，关系国家前途命运。大学生积极支援基层医疗事业发展，关乎亿万农民的身体健康。从国家长远角度来看，农村医疗卫生事业快速发展是推动乡村全面振兴应有之义。当前，农村医疗卫生事业医疗资源相对缺乏，群众存在看病难、看病远、看病贵等问题，归根结底是乡村缺少医生、缺少人才。因此，要进一步引导大学生尤其具有医学专业背景的大学生，积极响应国家号召，主动到乡镇卫生院扎根，在乡镇卫生院和农村医疗诊所守护群众健康，实现人生价值。

3. 支持教育扶贫，建设人才强国

教育优先发展是党和国家始终坚持的重要战略，是发展中国特色社会主义教育、培养社会主义建设者和接班人、实现中华民族伟大复兴的重要保障。扶贫"既要富口袋，也要富脑袋"，在"扶贫必扶智"理念的指导下，倡导"教育公平促进社会公平正义"，实现"阻断贫困代际传递"。在党和国家的号召下，教育扶贫政策不断深入，大学生支教志愿服务在一定程度上缓解了我国乡村地区和边远地区教师长期紧缺的结构性矛盾，成为中国教育扶贫事业中"精准扶智"的重要手段。

（三）社会重大活动服务性劳动

社会重大活动服务性劳动，是指国家或者地方政府举办的大型活动中的服务性劳动，例如奥运会、亚运会、青奥会、城运会、世博会等大型活动，在举办这些大型活动过程中，志愿者成为重要的人力资源。改革开放以来，我国越来越走近世界舞台的中央，中国的世界影响力和国际地位得到显著提升，越来越多的国家在政治、经济、文化上同中国保持紧密联系，各种各样大型活动在中国开展，这些大型活动的开展需要大量的志愿者，志愿者不仅可以为大型活动提供服务，而且能够塑造良好的国家形象。可见，大学生积极参加社会重大活动服务性劳动，不仅可以培养广大大学生的责任感，而且可以培养爱党爱国的家国情怀。

专栏 7-1

华中农大本禹志愿服务队：线上线下闪烁青春战疫身影

新冠肺炎疫情发生以来，华中农业大学本禹志愿服务队积极响应学校和上级团组织号召，通过线上线下开展多种形式志愿服务活动，用实际行动践行着新时代青年的使命与担当。

线上科普送知识，服务社区暖人心

疫情暴发后，武汉市各大社区居民响应号召自觉居家防疫。如何帮助社区居民科学防疫、丰富居家生活，是志愿者们共同关心的问题。志愿者们在学校团委支持下发起了线上科普志愿服务活动，招募63余名志愿者，在专业老师的指导下精心录制了60余个涵盖食品安全知识、健康生活百科、居家手工制作、趣味知识科普等类型丰富的短视频，推送给16个社区的9 000余名居民，倡导居民用文明健康的生活方式居家科学抗击疫情。

武汉市洪山区金鹤园社区负责人观看志愿者们制作的小视频后，高兴地说："这个线上科普视频的形式非常好，帮助我们社区业主居家期间学到有用的防疫知识。像这个'野味大揭秘'的科普视频，我立马分享给小区业主们学习观看，大家从视频中都能有所收获。"

您在前线护大家，我在后方育小花

华中农业大学团委收到一封署名为"华农校医院和子姐"的感谢信。和子姐是战斗在抗击疫情一线的一名医护人员，因为工作需要，和子姐曾整整一个月没有见到她的儿子。"孩子太爱玩游戏，学习一点也不自觉。"疫情期间，和子姐调皮好动的儿子常常被代管他的亲戚"投诉"。就在这时，志愿者齐莹主动联系上和子姐，约定为她的孩子每天提供线上辅导。齐莹通过交流，与和子姐的儿子互加了QQ好友，并摸清了孩子的上课内容和学习节奏，约定每晚6点到8点为孩子辅导功课，解答学习疑惑。经过一段时间的线上辅导和陪伴，孩子的学习状态越来越好。

在华中农大，像齐莹这样的志愿者还有914名。他们自发报名参加了华农青年志愿者"与抗疫一线人员子女线上手拉手"活动，义务为湖北省内210个一线医务人员子女提供学业辅导、心理陪伴、名著导读、单词打卡、快乐运动等线上助学志愿服务。除此之外，志愿者们还专门录制了自然科学、传统文化、艺术鉴赏等系列线上小课堂视频，丰富孩子们的课余生活。

空中支教不停学，守望鄂黔山花红

为确保山区小学生在疫情期间不停学，华中农业大学研究生支教团的志愿者们通过线上教学的方式与支教地770名小学生共同战疫。2020年2月24日，贵州省教育厅统一组织的"空中黔课"正式开课。志愿者樊懿楷为贵州省毕节市大方县猫场镇狗吊岩村为民小学的学生们开讲直播课堂。从课前、课中到课后，樊懿楷严把教学质量关，用学生熟悉的语言，为贵州大山里的小学生们详细讲解课堂内容。他还参加学校青年志愿者协会举办的"青春的脚步与祖国同行——抗疫青年志愿者系列线上交流会”，向同学们分享自己的战疫故事，交流线上教学心得体会。

疫情期间，志愿者许佩林不仅是学生们的“线上支教老师”，还是恩施州巴东县茶店子镇乡亲们的“生猪饲养技术员”。在学校发出“就地帮扶春耕生产”倡议后，许佩林考察了村里其他生猪养殖户的情况，为乡亲们提供了消毒和喂养方面的专业建议。他说：“农时不等人，我希望能用学到的知识，帮助乡亲们在疫情期间多创造一些收入。”

从线上到线下，从社区到田间，华中农业大学青年志愿者步履不停，在祖国和人民需要的地方，书写着属于他们的青春战疫故事。（资料来源：中国共青团网，有改动）

第三节　大学生社区志愿服务活动

一、大学生社区志愿服务概述

志愿服务是人们有志于服务社会的一种愿望，并且在这种愿望的支配下，为社会和他人提供帮助的一种公益行为。参与志愿服务活动具有积极意义，能够帮助他人，给社会成员带来幸福感。开展志愿服务是志愿精神的具体体现，其基本思想是个人通过参加社会互动以促进社会发展。

社区的概念在我国学术界是“舶来品”，“社区”中的“社”可以解释为“社会”或者“社团、社群、共同体”，“区”则具有区域性。在汉语词典中，社区的含义被解释为：“以一定地域为基础的社会群体或生活共同体。”在我国则专指由地理位置进行划分的居民区。中文对 community 的译名——“社区”一词，最早由著名人类学家和社会学家费孝通提出。1933 年，他将英文中的“community”译为中文“社区”，并将社区称为“人们生活的时空坐落”。费孝通对社区的理解基本承袭了滕尼斯和帕克等人的思想，认为社区是在一定地域内拥有共性的人组成若干社会群体、社会组织进行共同生活、相互关联的大集体。他对社区的定义为后续学者研究奠定基础，具有重要影响。《中国大百科全书》（社会学卷）将社区概括成一种“以特定地理区域为基础的社会群体”。因此，“社区”一词，我们可以理解为同质性较强的地域性社会共同体，这种同质性包括共同的生存需要、共同的生活服务设施、共同的文化、共同的利益、共同关心的问题，社区成员间的互动行为及互动关系是社区的重要特点。

社区志愿服务是指以城市社区为服务范围的志愿服务，其目的在于提高社区居民生活品质，推动社区健康发展。城市社区志愿者充分利用各种资源，围绕社区居民日常生活需要和社区公益事业开展志愿服务。社区志愿服务的内容主要围绕社区内的环境卫生、社区文化建设以及居民的养老与医疗保健，帮助残疾孤寡等展开。在我国，社区志愿服务不仅有促进社区安全、提升社区幸福指数等巨大的社会价值，同时也是社会主义精神文明建设的一个重要组成部分。2014 年 2 月，中央精神文明建设指导委员会发布的《关于推进志愿服务制度化的意见》，阐明推进社区志愿服务制度化的重要意义和指导思想，要建立健全志愿服务制度以及加强对志愿服务制度化的组织推动；从国家层面给予了志愿服务发展制度上的保障。城市社区志愿服务被定义为："居民在自愿的前提下，无偿或低偿地奉献自己的时间、精力、技能参与到城市社区建设中，以促进社区进步和提高社区的整体福利。"

二、大学生社区志愿服务的主要类型

（一）按照社区志愿服务领域分类

（1）社区帮扶。社区帮扶是新时代大学生志愿服务项目的主要内容之一，例如义务支教，支持城乡建设，支医，慰问孤寡老人，看望留守儿童，等等。大学生可以利用自己的所学知识和专业特长，有针对性地开展各种服务项目，这既体现了新时代大学生社区志愿服务的特点，也有利于大学生自身成长成才。

（2）社区特色服务项目。大学生可在社区中积极开展法律援助、心理援助、知识宣传、理论宣讲、党支部交流合作等活动。

（3）社区环境卫生保护。大学生可在社区中主动承担社区环境卫生服务工作，在社区积极宣传卫生知识和个人保健知识，开展力所能及的基本卫生保障活动，为孤寡老人、老弱病残等特殊群体提供力所能及的医疗呵护，帮助社区群众树立正确的卫生理念和保健意识。

（二）按照服务对象分类

（1）对个人的志愿服务。例如看望照顾社区孤寡老人，看望孤儿、留守儿童。

（2）对组织的志愿服务。例如到社区学校进行支教，在社区开展"送温暖、送知识、送技术"等活动，针对社区群众开展理论宣讲、法律普及、专题讲座等活动。目前，针对社区学校或者留守儿童的支教项目，已经成为大学生志愿服务项目的常规形式之一，渠道多，社会认可度和支持力度也相当大。

(3) 对社区管理和治理的志愿服务。大学生可积极参与社区服务管理，帮助服务人员少、管理范围大、服务对象多、个性化需求高的社区。

(三) 按照服务时间跨度、运作时期分类

(1) 一次性社区志愿服务项目。例如社区知识宣传、社区应急救援、社区赛事志愿服务等项目。

(2) 阶段性社区志愿服务项目。例如帮助社区外来务工人员开展春运志愿服务活动，帮助社区企业解决招工难题。

(3) 长期性志愿服务项目。例如在社区通过挂牌联系对口支援服务基地。

(4) 定期性社区志愿服务项目。例如定点开展社区支教、照顾特殊困难人群等志愿服务项目。

三、大学生社区志愿服务的原则

正确把握新时代大学生社区志愿服务的基本原则，对开展大学生社区志愿服务具有重要的意义和价值。

(一) 自愿参加原则

“自愿参加”主要强调参加青年志愿服务的自觉性。自愿参加原则是新时代大学生社区志愿服务的主要特征之一，也是开展新时代大学生志愿服务活动的基本前提。对于参加者而言，新时代大学生社区志愿服务者的魅力在于它变“要我参加”为“我要参加”，充分尊重新时代大学生的主体地位，注重调动新时代大学生自身的积极性、主动性和自觉性。

(二) 量力而行原则

“量力而行”就是要根据自己人力、物力、财力条件允许的程度来开展工作。开展社区志愿服务一定要从学生个人实际，学校和社区情况，各地、各条战线、各个行业的实际出发，从社会需求的实际出发，实事求是，量力而行。要分清什么是现在能做到的，什么是下一步才能做到的，什么是将来才能做到的，还有什么是我们不能做到的，还有什么是我们做不到的。要循序渐进，逐步发展，切不可操之过急，否则欲速则不达。

(三) 讲求实效原则

首先，要办实事。新时代大学生社区志愿服务者行动的出发点就是为政府分忧，为群众解难，为社会、为人民群众办实事。其次，要抓落实。新时代大学生社区志愿服务者只有落实到基层，落实到具体责任、具体事情，才能切实为社区群众办实事、办好事，才有生命力和发展前途。

（四）持之以恒原则

"持之以恒"是指新时代大学生开展社区志愿服务活动要做到经常化、长期化。要健全组织机构，稳定新时代大学生社区志愿服务工作队伍，建立健全新时代大学生社区志愿服务制度、保障机制和激励机制，从而保持新时代大学生社区志愿服务队伍的相对稳定性和连续性。

四、大学生社区志愿服务的实践技巧

开展社区志愿服务期间，常会发生一些突发事件，处理好这些棘手问题，不仅要求大学生社区志愿服务者具有广博的知识和良好的素质，还需要我们具备一定的应变技巧。

（一）学会开展社区志愿服务需求调研

需求调研主要针对社区服务对象开展，通过调研了解服务对象的物质和心理需求，为新时代大学生开展社区志愿活动提供精准信息保障。开展社区志愿服务需求调研的方法分为五种。

1. 学会问卷调查

学生要设计好调查问卷，到相关社区进行发放，在被调查对象填写后及时回收问卷，进行核实、归纳、整理、分析。

2. 深入开展实地考察

学生要深入拟开展志愿服务的社区，通过实地考察、群众走访等方式及时了解服务对象的真实需要。

3. 开展会议调查

会议讨论适用于社区特定群体的需求，邀请典型的群体代表进行座谈，反映群体的需求。例如，开展社区志愿服务时，可以邀请社区居委会工作人员、独居老人代表、留守儿童代表以及有经验的社区志愿服务者进行小型摸底调查。

4. 采取个别访谈

个别访谈通过入户走访谈心、电话访谈、电子邮件、微信、微博等方式对单一社区服务对象、志愿服务者、社区工作人员进行调研。

5. 实施资料研究

大学生社区志愿服务组织因为资金、时间、精力的限制，开展需求调研还可以通过资料调研的方式进行。大学生志愿服务组织可以通过查阅文献、阅读相关书籍等方式研究社区服务同类问题，从而寻找适合的志愿服务需求。

（二）掌握社区志愿服务沟通技巧

1. 要克服沟通中的自卑心理

学生在开展社区志愿服务活动中，首先，要正确地评价自己，保持心理上的健康与平衡；其次，要对自己有信心；最后，要勇敢面对自己的缺点，正确对待挫折。

2. 克服沟通中的急躁心理

开展社区志愿服务时，一定要克服急躁心理，与服务对象耐心沟通，直至工作完成为止。克服沟通中的急躁心理，首先要求大学社区志愿服务者认识到急躁的危害。大学生社区志愿服务者与服务对象在沟通中失去耐心，会给服务对象产生不好的印象，破坏自己甚至整个志愿者团队的形象。其次要有克服急躁情绪的决心，并落实到开展社会志愿服务的具体实际行动中，适时进行自我暗示，可以帮助自身消除急躁心理。

3. 善于运用肢体语言

肢体语言又称身体语言，是指身体的各项动作代替语言表达以达到信息交换和相互理解的目的。

（1）善于运用手的语言技巧。人的手可以表达丰富的情感、思想。

（2）善于运用眼神交流技巧。眼睛是心灵的窗户，眼神可以反映人的内心世界。大学生在开展社会志愿服务活动时，谈话中注视他人的时间累计占比达到50%～70%，这样能够获得服务对象的信任；谈话交流过程中注视服务对象脸部上三角部位，可以营造一种社交氛围。

（3）采取有效沟通方式。①学会听。耐心听别人的讲话，及时给予对方回应，适时适度地提问。②学会赞美。赞美别人要有针对性，赞美别人要有真情实意，赞美别人要善于抓住时机。③学会闲谈。有目的地进行信息和情感交流，要选择好聊天的话题，不要提一些有挑战性的话题，不要询问对方的隐私，让在场的人都有发言的机会。

（三）掌握语言文字管理技巧

大学生在开展社区志愿服务期间，会遇到许多需要志愿者去做的文字工作，例如社区志愿服务期间下发会议通知、撰写会议记录、撰写社区志愿者工作总结等。

1. 熟练掌握会议通知的写作技巧

会议通知分为标题、正文、落款三部分。要写明下发单位、事由，会议召开的日期、具体时间、地点，会议名称、会议中心内容、参加会议人员、人数、需准备的事项等。

2. 学会记录会议中心内容

记录的基本要求是要点不遗漏，观点不走样，尽量记录详细。

3. 掌握工作计划写作技巧

工作计划主要有两种形式：一种是条文式记叙方式；另一种是图表式表达方式。

（1）正文的前言要说明计划制订的指导思想、目的、依据以及计划的总体目标和总任务。

（2）工作计划的主体是写明计划的中心内容。第一，具体目标和任务，把总目标划分为若干具体的分目标和任务，分阶段完成各个分目标，最后达到总目标；第二，具体措施，在完成具体目标或任务时，应采取什么方法，包括所需的人力、物力、财力等；第三，步骤，按照时间顺序列出几个时间段，把具体计划放入具体时间段内。

（3）工作计划的结尾可发出号召、展望前景，可以写明检查监督的具体方法等。

4. 掌握工作总结写作技巧

（1）工作总结写作前的准备：调查研究、搜索材料、确定中心、筛选材料、拟定写作提纲。

（2）工作总结正文的主体内容：包含开展社区志愿服务的工作概况；工作的主要步骤和措施方法；取得的主要成绩和存在的不足；工作经验体会；展望未来，提出今后努力方向。

（3）书写工作总结的注意事项：实事求是，层次分明，写出新意。

（四）制订新时代大学生社区志愿服务项目计划

开展新时代大学生社区志愿服务活动要制订项目计划。参与制订者要尽量提出自己的意见和建议，共同评估每个计划环节，尽可把服务对象纳入项目计划讨论环节。制订计划要用推演法，按照项目的时间逻辑，充分考虑大学生社区志愿服务者、志愿服务组织、志愿服务对象的实际情况，可以通过口头演练、现场模拟等方式进行操作，从而提高项目的科学性和可行性。

1. 制订社区志愿服务项目计划的基本内容

制订社区志愿服务计划项目要考虑各方面的具体实施内容和实施步骤，制订周密的项目实施计划，确保项目的顺利开展。其中包括社区志愿服务项目开展的具体时间，完成各级目标的时间期限；服务开展的地点，接收单位的联系方式、具体联系人等；服务对象的类别，覆盖人数，志愿者和其他工作人员队伍的情况以及人员分工；明确开展社区志愿服务活动的具体服务内容、范围和形式；做好经费预算，包含筹措方式和资金总额以及各项具体经费开销等；做好风险预案，综合考虑各种风险因素，制订突发状况应急处理预案。

2. 撰写新时代大学生社区志愿服务项目计划书

在确定大学生社区志愿服务项目后，需要形成书面的项目计划书，它可以作为指导和监督大学社区志愿服务者的有形材料，大学生社区志愿服务项目计划书一方面可以让每一位参与社区志愿服务活动者全面了解项目的总体情况，明确各自的责任和分工，知晓各自的工作内容；另一方面，大学生社区志愿服务项目计划书也是申报项目资金的必要条件，同时可以作为项目结束后的评估和总结经验的重要依据和载体。

(五) 新时代大学生社区志愿服务项目总结报告撰写

结合新时代大学生社区志愿服务活动项目实际，在完成项目之后，社区志愿服务团队成员应提交项目总结报告书。一般来说，项目总结报告撰写应该包括以下内容。

1. 新时代大学生社区志愿服务报告题目

报告题目应该用简明、明确的文字写成，通过标题把社区志愿服务活动的内容、特点概括出来。题目字数要适当，一般不宜超过 20 个字。如有其他细节写入标题，为避免冗长，可以设置副标题，把开展社区志愿服务活动的细节放在副标题里。

2. 作者名称及单位

作者名称应在题目下方注明。如实施单位为某学校、某学院，应该署学校、学院名称，学院名称应用全称。

3. 摘要

大学生社区志愿服务报告需配摘要，摘要应如实反映活动开展的主要内容，概括性地阐述服务互动中得到的基本观点、服务方法与取得的成果、结论。

4. 正文

正文是大学生社区志愿服务报告的核心内容，是对社区志愿服务活动的详细描述。此部分内容是服务团队每位成员所要论述的主要事实和观点，包括介绍社区志愿服务活动的目的、相关背景、时间、地点、人员、调查手段等内容，以及对开展社会志愿服务活动中调查得来的事实和有关材料进行叙述。

正文是大学生开展社区志愿服务报告主体，主要对开展社区志愿服务活动的结果和结论进行说明。正文的结构包含以下框架：

第一，根据逻辑关系安排材料的框架有：纵式结构、横式结构、纵横式结构。其中，纵横式结构常被大家采用。

第二，按照内容表达的层次组成的框架有："情况—成果—问题—建议"式结构，多用于反映基本情况的调查报告；"成果—具体做法—经验总结"式结构，多用于揭示问题的调查报告："事件过程—事件性质结论—处理意见"式结构，多用于揭示事件是非的调查报告。

5. 结束语

结束语包含对整个服务活动进行归纳和综合而得到的收获和感悟，也可以包括服务过程中发现的问题，并提出相应的解决办法。

6. 谢辞

谢辞通常以简短的文字对在服务过程与报告撰写过程中给予帮助的指导老师、答疑老师和其他人员表示感谢。

7. 参考文献

参考文献是大学生撰写的社区志愿服务报告中不可缺少的组成部分，它反映服务报告的取材来源、材料的广博程度和材料的可靠程度，也是作者对他人知识成果的承认和尊重。

8. 附录

某些不宜放在正文中，但又具有参考价值的内容，可以编入服务报告的附录中。

专栏 7-2

以青春之我创青春之中国

年仅 30 岁的壮族女干部黄文秀在回村途中遭遇山洪，不幸牺牲。一个年轻生命的消逝格外让人痛心，百坭村也失去了一名心系群众、尽职尽责的好干部。斯人虽已矣，精神如明灯。黄文秀用生命诠释了初心和使命，也照亮了后来者们拼搏奋进、勇于追梦的前路。

不忘初心、牢记使命，一名普通共产党员在平凡的工作中践行了当初立下的崇高誓言。"在我驻村满一年的那天，我的汽车仪表盘的里程数正好增加了两万五千公里，我简单地发了一个朋友圈：'我心中的长征，驻村一周年愉快。'"如今看到黄文秀写下的这段文字，不由得令观者泪目。百色市是我国西南边陲的深度贫困地区。在黄文秀任上，2018 年百坭村 103 户贫困户顺利脱贫 88 户，村集体经济项目收入翻倍。正是秉持着不忘初心、牢记使命的为民情怀，黄文秀才能做到挨家挨户去了解贫困缘由，以扫院下田来赢得群众好感，请专家指导，党员带头示范，最终带领当地百姓摸索并发展出了适合本村的砂糖橘、杉木等产业。愿意俯下身子，就是政治上的高站位；为群众做实事，就是为党和国家干大事。

紧跟时代，砥砺奋进，勇于担当，奋发有为，对于有梦想有追求的年轻党员干部来说，到基层建功立业正当其时。

知行合一、身体力行，黄文秀贯彻了中国知识分子的优良传统和精神品质。斯土斯民，情之所系：我从哪里来，就要到哪里去。从北京师范大学哲学学院毕业后，黄文秀不忘家乡故土给予自己的哺育，回到百色市最基层、最艰苦的地方燃烧如火激情，唱响青春之歌。抓党建凝人心、促教育化乡风，这些看不见的努力，一点一滴地为百坭村注入了渴望发展、不甘人后的“精气神”。习近平总书记曾引用过北宋大儒张载名言“为天地立心，为生民立命，为往圣继绝学，为万世开太平”，以鼓励知识分子在新时代要谋求新作为。这一精神，即要有积极入世的实践态度，秉持高度社会责任感，坚持国家至上、人民至上。黄文秀，就是这一精神的人格化、具象化，同样也号召着所有的学人学子，要在推动国家富强、民族复兴、人民幸福的时代浪潮中写出自己的精彩故事。

30 岁，人生最美好的时光才刚刚开始，而黄文秀却永远定格在这一年。“以青春之我，创建青春之家庭，青春之国家，青春之民族，青春之人类，青春之地球，青春之宇宙，资以乐其无涯之生。”以生命奉献于时代，人民不会忘记她，历史不会忘记她。

思考：

青年人在时代发展中如何承担自己的责任、贡献自己的力量？

思考题

1. 新时代大学生日常生活劳动与服务性劳动包含哪些具体内容？
2. 新时代大学生参加社区志愿服务应该遵循哪些原则？
3. 新时代大学生社区志愿服务项目总结报告主要包括哪些内容？

第八章　大学生生产劳动与职业发展

本章目标

本章通过对劳动的产业分类以及我国第一、第二、第三产业发展状况的阐述，帮助广大青年大学生根据自己能力和志趣，科学谋划个人未来的职业发展，更好地将个人职业发展和国家社会需要结合起来，将个人梦和中国梦结合起来；通过对大学生创新创业劳动的形式和准备工作的阐述，对劳动与大学生职业发展的关系进行分析，帮助广大青年大学生树立正确的创业观、职业观，尤其是关于创新创业方面具体知识的讲授，能为广大青年大学生今后进行创新创业劳动提供科学指导。

导入案例

我和近平一起到四川学习办沼气

习近平话不多，爱思考，而且思考的都是实实在在的事情。比如他看到当地老百姓自己做的炉具、灯具，就提出要带一些样品回去，还希望四川把师傅派过来，带着我们办沼气。他还提出把四川的烤烟弄些回来在陕北种，因为产量高，也适合在陕北大面积种植。还有四川拿石板做的可摇动脱粒机，四川师傅在我们村和习近平他们村都弄了两个石板脱粒机，陕北不缺石头，这种机械做好了还不会坏。这些东西都是靠习近平很有心地观察，很有心地提出来，很执着地认认真真学来的。

我觉得十八大以来习近平总书记提出的许多治国理念，都和他过去的经历有很大联系。比如，现在深入农村基层的第一书记村官，跟我们那时候的整顿、路线教育以及“三年变面貌、五年翻一番”蹲点等，在形式上应该是有历史联系的。把一个干部真正沉下去做一个村的工作，了解情况并处理一些问题，把党在农村的方针政策真正落下去，确实能比较实际地、有针对性地解决问题。那时候就开始沉下去工作，和现在提出精准扶贫也是有联系的。这几年我总回陕北，每年都去几次，陕北的问题还是老问题，扶贫资金到不了位，因为有好多项目都是国家拿一部分，省里拿一部分，地方配套一部分，地方配套就配套不上来，没有钱，结果就是3万块钱要干成5万块钱的事，质量等各方面就会有问题。近平在农村待的时间比较长，也当过县委书记，他关心“三农”方面的事情比较多，对农村情况很清楚。所以精准扶贫这个国策我觉得现在做到了，也很到位。尤其是强调干部责任到位，考察一个干部的责任感就是考察一个地方的实际情况，真是抓到了点子上。

最近，《人民日报》有文章提出，农村进城务工青年回到广大农村大有作为。如果这一代农村青年的回乡能够在真正意义上实现的话，跟我们那代知青去插队是截然不同的。我们那时候是要把城里人变成农民，去接受贫下中农再教育。但是，即使是在这种指导思想下，知青客观上带去了城市文明、带去了文化，产生了很多意想不到的文化成果。最起码陕北的孩子们对卫生、对知识的掌握不一样了。现在这些农村青年再回去，他们带去的是互联网，是全新的操作农业的生产方式方法、全新的种植理念、全新的对农业市场的认识，所以他们的作用会是非常大的。（资料来源：黑荫贵，《我和近平一起到四川学习办沼气》）

思考：

1. 阅读了黑荫贵老先生的回忆，你有何感想？
2. 你对新时代优先发展农业农村有何建议？

第一节　生产劳动概述

一、生产劳动的产业分类

根据现行的《国民经济行业分类（2019年修订）》，我国国民经济行业分为20个门类、97个大类、473个中类、1 300多个小类。其中，农、林、牧、渔业及其专业辅助性活动等构成了我国的第一产业。

随着生产力的发展，人类进入工业社会。工业的前身是手工业，有些手工业不仅创造使用价值和物质财富，还能给人带来美的享受，具有文化内涵，仍然具有市场需求，值得传承发展。但是随着机器工业的蓬勃发展，机器大生产基本上已经替代了绝大部分手工生产，手工业生产劳动已经不是生产劳动的主要类型，取而代之的是工业生产劳动。

新中国成立以来，我们长期把工业分为重工业和轻工业。重工业主要是指为国民经济各部门提供物质技术基础和主要生产资料的工业，也即生产“用于生产的产品”的工业。轻工业主要是指提供生活消费品和制作手工工具的工业，也即生产“用于消费的产品”的工业。

从 2013 年下半年起，国家统计局在相关数据发布中不再使用“轻工业”“重工业”分类。究其原因，主要是随着生产力的飞速发展，我国产业格局已经发生深刻变化，工业产业结构日趋复杂多元，各种新工业产品层出不穷，轻、重工业划分已经难以实现对工业进行科学分类。因此，我们将重工业和轻工业都科学地划归到第二产业的各个门类中。

第二产业主要包括采矿业、制造业、电力热力燃气及水生产和供应业、建筑业四个门类。以制造业门类为例，在它之下又细分为农副食品加工业，食品制造业，酒、饮料和精制茶制造业，烟草制品业，纺织业，纺织服装、服饰业，皮革、毛皮、羽毛及其制品和制鞋业，木材加工和木、竹、藤、棕、草制品业，家具制造业，造纸和纸制品业，印刷和记录媒介复制业，文教、工美、体育和娱乐用品制造业，石油、煤炭及其他燃料加工业，化学原料和化学制品制造业，医药制造业，化学纤维制造业，橡胶和塑料制品业，非金属矿物制品业，黑色金属冶炼和压延加工业，有色金属冶炼和压延加工业，金属制品业，通用设备制造业，专用设备制造业，汽车制造业，铁路、船舶、航空航天和其他运输设备制造业，电气机械和器材制造业，计算机、通信和其他电子设备制造业，仪器仪表制造业，其他制造业，废弃资源综合利用业，金属制品、机械和设备修理业 31 个大类，而 31 个大类之下又细分为若干个中类，每个中类之下又细分为若干个小类。以农副食品加工业这个大类为例，其下细分为谷物磨制，饲料加工，植物油加工，制糖业，屠宰及肉类加工，水产品加工，蔬菜、菌类、水果和坚果加工，其他农副食品加工 8 个中类。

除了第一产业、第二产业，余下的各个门类均为第三产业。第三产业主要包括批发和零售业，交通运输、仓储和邮政业，住宿和餐饮业，信息传输、软件和信息技术服务业，金融业，房地产业，租赁和商务服务业，科学研究和技术服务业，水利、环境和公共设施管理业，居民服务、修理和其他服务业，教育，卫生和社会工作，文化、体育和娱乐业，公共管理、社会保障和社会组织，国际组织等门类，第三产业是拥有门类最多的产业。

随着信息技术、大数据、人工智能等高新技术的发展，产业出现了新业态、劳动出现了新形态，广大青年大学生今后从事的生产劳动已经不完全是传统意义的在泥田里耕种，在机器生产流水线上做工，我国产业正在由劳动密集型向知识密集型快速转变。因此，大学生要学好知识本领，提升创造性劳动能力，以便将来更好地投身生产劳动中。

二、我国产业发展状况

新中国成立以来，我国农业已经取得了巨大进步，但是，仍处于大而不强的状态。新时代积极推进农业现代化，奋力将农业大国建设成农业强国，是建设社会主义现代化强国的应有之义和必然要求。“十三五”期间，中央确立了农业农村优先发展总方针，作出实施乡村振兴战略的重大决策部署，农业农村发展取得历史性成就，发生历史性变革。

第一，粮食生产实现连年丰收。2019 年，全国粮食总产量创历史新高，人均粮食占有量稳定在 470 公斤以上，远高于国际公认的 400 公斤粮食安全线，水稻、小麦自给率保持在 100%以上，玉米自给率超过 95%，肉蛋奶、果菜茶品种丰富、供应充裕。

第二，坚持“藏粮于地、藏粮于技”战略。完成 8 亿亩旱涝保收、高产稳产的高标准农田建设任务，划定 10.88 亿亩粮食生产功能区和重要农产品生产保护区。

第三，农业现代化建设迈上新台阶。农业科技进步贡献率突破 60%，农业机械化全程全面发展，已建成 453 个主要农作物生产全程机械化示范县，农作物耕种收机械化率超过 70%。

第四，农民生活水平大幅提升。农民人均可支配收入 2019 年突破 1.6 万元，提前一年实现翻番目标，增速连续 10 年高于城镇居民，脱贫攻坚取得决定性成就。

第五，农业基础设施建设明显改善。中央持续加大农业基础设施建设投入，中央部署实施了一大批重大建设项目，带动整个社会第一产业固定资产投资明显增加。2016 年至 2020 年 9 月，第一产业固定资产投资累计达到 8.64 万亿元，是“十二五”时期的 1. 66 倍。

第六，农村改革持续深化。2 亿多农户领到土地承包经营权证，新一轮农村宅基地改革试点启动实施，农村集体资产清产核资基本完成，农村改革“四梁八柱”基本构建。

在“十三五”时期的发展成就基础上，党的十九届五中全会坚持把解决好“三农”问题作为全党工作重中之重，走中国特色社会主义乡村振兴道路，确立了“十四五”时期农业农村发展总方针，就全面实施乡村振兴战略，强化以工补农、以城带乡，推动形成工农互促、城乡互补、协调发展、共同繁荣的新型工农城乡关系，加快农业农村现代化，作出工作部署：第一，提高农业质量效益和竞争力；第二，实施乡村建设行动；第三，深化农村改革；第四，实现巩固拓展脱贫攻坚成果同乡村振兴有效衔接。

中国自古就是农业大国，也是手工业大国。明崇祯年间宋应星编撰的《天工开物》全面收录了中国农业、手工业的生产技术，是世界上第一部关于农业和手工业生产的综合性著作，其中记载的许多生产技术居于当时世界先进水平。近代以来，由于封建腐朽统治和帝国主义列强欺凌，中华民族落后于时代发展的步伐。新中国成立后，党领导人民开启了工业现代化新征程。“十三五”时期，我国工业发展取得历史性成就，综合实力再上台阶，创新能力显著提高，产业结构持续优化，优质企业加快壮大，开放水平不断提升，信息产业高速发展。

我国工业生产发展状况（视频）

第一，综合实力再上台阶，2016—2019 年，我国全部工业增加值由 24.54 万亿元增至 31.71 万亿元，年均增长 5.9%，远高于同期世界工业 2.9% 的年均增速。2019 年，我国制造业增加值占全球比例达 28.1%，比 2015 年提高 1.8 个百分点，连续 10 年保持世界第一制造大国地位。目前，我国是全世界唯一拥有联合国产业分类中全部 41 个工业大类、207 个工业中类、666 个工业小类的国家。

第二，创新能力显著提高，2019 年，我国规模以上工业企业研发投入强度达 1.32%，比 2015 年提高 0.42 个百分点。初步形成了以 17 家国家制造业创新中心为核心，100 余家省级制造业创新中心为补充的制造业创新网络。2020 年，我国在世界知识产权组织“全球创新指数”排名中列第十四位，比 2015 年上升 15 位。

第三，产业结构持续优化，钢铁行业提前两年完成“十三五”去产能 1.5 亿吨目标。智能制造示范应用加快，截至 2020 年 6 月，制造业重点领域企业数字化研发设计工具普及率、关键工序数控化率分别为 71.5%、51.1%。高技术制造业、装备制造业增加值占规上工业增加值的比例分别达到 14.4%、32.5%，成为带动制造业发展的主要力量。

第四，优质企业加快壮大，龙头企业全球竞争力持续增强，在信息通信、轨道交通、新能源汽车等领域涌现出一批创新能力强、具有国际竞争力的领军企业。2020 年《财富》世界 500 强企业中，我国上榜制造业公司数量达到 38 家，居世界首位。2020 年全球最具价值品牌 500 强中，制造业品牌 18 个上榜。《福布斯》发布的 2019 全球数字经济百强企业榜单中，我国有 14 家企业上榜。

第五，开放水平不断提升，一般制造业有序放开，汽车、船舶、飞机相关领域正逐步取消股比限制，高铁、核电、卫星等成体系走出国门。2019 年，我国工业产品出口覆盖近两百个国家和地区，出口额分别占我国总出口和全球需求金额的 71%、21%，在全球产业链供应链中居于关键位置。截至 2019 年底，与“一带一路”沿线三十多个国家签署产能合作协议，建设了超 70 个境外经贸合作区。

第六，信息产业高速发展。我国建成了全球规模最大的信息通信网络，4G 基站占全球 4G 基站的一半以上，5G 基站不到一年已建成 69 万多个。网络速率翻倍提升，光纤用户、4G 用户占比远高于全球平均水平。数字经济规模从“十三五”初的 11 万亿元，增长到 2019 年的 35.8 万亿元，占 GDP 比例 36.2%，对 GDP 的贡献率为 67.7%。数字经济有力促进了工业化和信息化融合步伐。智能制造深入推进，一批数字化车间和智能工厂初步建成。全国已建成超过 70 个有影响力的工业互联网平台，连接工业设备的数量达到 4 000 万套。融合应用覆盖 30 余个国民经济重点行业，智能化制造、网络化协同、个性化定制、服务化延伸、数字化管理等新业态、新模式快速成长壮大。

党的十九届五中全会坚持把发展经济着力点放在实体经济上，坚定不移建设制造强国、质量强国、网络强国、数字中国，推进产业基础高级化、产业链现代化，提高经济质量效益和核心竞争力，对于加快发展现代产业体系、推动经济体系优化升级进行了工作部署。

第一，提升产业链供应链现代化水平。保持制造业比例基本稳定，巩固壮大实体经济根基。坚持自主可控、安全高效，分行业做好供应链战略设计和精准施策，推动全产业链优化升级。锻造产业链供应链长板，立足我国产业规模优势、配套优势和部分领域先发优势，打造新兴产业链，推动传统产业高端化、智能化、绿色化，发展服务型制造。完善国家质量基础设施，加强标准、计量、专利等体系和能力建设，深入开展质量提升行动。促进产业在国内有序转移，优化区域产业链布局，支持老工业基地转型发展。补齐产业链供应链短板，实施产业基础再造工程，加大重要产品和关键核心技术攻关力度，发展先进适用技术，推动产业链供应链多元化。优化产业链供应链发展环境，强化要素支撑。加强国际产业安全合作，形成具有更强创新力、更高附加值、更安全可靠的产业链供应链。

第二，发展战略性新兴产业。加快壮大新一代信息技术、生物技术、新能源、新材料、高端装备、新能源汽车、绿色环保以及航空航天、海洋装备等产业。推动互联网、大数据、人工智能等同各产业深度融合，推动先进制造业集群发展，构建一批各具特色、优势互补、结构合理的战略性新兴产业增长引擎，培育新技术、新产品、新业态、新模式。促进平台经济、共享经济健康发展。鼓励企业兼并重组，防止低水平重复建设。

第三，加快发展现代服务业。推动生产性服务业向专业化和价值链高端延伸，推动各类市场主体参与服务供给，加快发展研发设计、现代物流、法律服务等服务业，推动现代服务业同先进制造业、现代农业深度融合，加快推进服务业数字化。推动生活性服务业向高品质和多样化升级，加快发展健康、养老、育幼、文化、旅游、体育、家政、物业等服务业，加强公益性、基础性服务业供给。推进服务业标准化、品牌化建设。

专栏 8-1

促进服务业繁荣发展

聚焦产业转型升级和居民消费升级需要，扩大服务业有效供给，提高服务效率和服务品质，构建优质高效、结构优化、竞争力强的服务产业新体系。

第一节　推动生产性服务业融合化发展

以服务制造业高质量发展为导向，推动生产性服务业向专业化和价值链高端延伸。聚焦提高产业创新力，加快发展研发设计、工业设计、商务咨询、检验检测认证等服务。聚焦提高要素配置效率，推动供应链金融、信息数据、人力资源等服务创新发展。聚焦增强全产业链优势，提高现代物流、采购分销、生产控制、运营管理、售后服务等发展水平。推动现代服务业与先进制造业、现代农业深度融合，深化业务关联、链条延伸、技术渗透，支持智能制造系统解决方案、流程再造等新型专业化服务机构发展。培育具有国际竞争力的服务企业。

第二节　加快生活性服务业品质化发展

以提升便利度和改善服务体验为导向，推动生活性服务业向高品质和多样化升级。加快发展健康、养老、托育、文化、旅游、体育、物业等服务业，加强公益性、基础性服务业供给，扩大覆盖全生命期的各类服务供给。持续推动家政服务业提质扩容，与智慧社区、养老托育等融合发展。鼓励商贸流通业态与模式创新，推进数字化智能化改造和跨界融合，线上线下全渠道满足消费需求。加快完善养老、家政等服务标准，健全生活性服务业认证认可制度，推动生活性服务业诚信化职业化发展。

第三节　深化服务领域改革开放

扩大服务业对内对外开放，进一步放宽市场准入，全面清理不合理的限制条件，鼓励社会力量扩大多元化多层次服务供给。完善支持服务业发展的政策体系，创新适应服务新业态新模式和产业融合发展需要的土地、财税、金融、价格等政策。健全服务质量标准体系，强化标准贯彻执行和推广。加快制定重点服务领域监管目录、流程和标准，构建高效协同的服务业监管体系。完善服务领域人才职称评定制度，鼓励从业人员参加职业技能培训和鉴定。深入推进服务业综合改革试点和扩大开放。（资料来源：《中华人民共和国国民经济和社会发展第十四个五年规划和2035年远景目标纲要》）

第四，统筹推进基础设施建设。构建系统完备、高效实用、智能绿色、安全可靠的现代化基础设施体系。系统布局新型基础设施，加快第五代移动通信、工业互联网、大数据中心等建设。加快建设交通强国，完善综合运输大通道、综合交通枢纽和物流网络，加快城市群和都市圈轨道交通网络化，提高农村和边境地区交通通达深度。推进能源革命，完善能源产供储销体系，加强国内油气勘探开发，加快油气储备设施建设，加快全国干线油气管道建设，建设智慧能源系统，优化电力生产和输送通道布局，提升新能源消纳和存储能力，提升向边远地区输配电能力。加强水利基础设施建设，提升水资源优化配置和水旱灾害防御能力。

第五，加快数字化发展。发展数字经济，推进数字产业化和产业数字化，推动数字经济和实体经济深度融合，打造具有国际竞争力的数字产业集群。加强数字社会、数字政府建设，提升公共服务、社会治理等数字化智能化水平。建立数据资源产权、交易流通、跨境传输和安全保护等基础制度和标准规范，推动数据资源开发利用。扩大基础公共信息数据有序开放，建设国家数据统一共享开放平台。保障国家数据安全，加强个人信息保护。提升全民数字技能，实现信息服务全覆盖。积极参与数字领域国际规则和标准制定。

当然，必须清醒地认识到，我国工业仍然处于大而不强、将强未强的发展状态，尤其是在先进制造业方面仍处于爬坡过坎的攻坚阶段，一些关键核心技术尚未实现自立自强，很多领域的“卡脖子”问题没有得到根本解决，一些高新技术密集型制造业在全球市场的占有率还比较低。正是这种大而不强、将强未强的发展状态，要求广大青年大学生要以“当仁不让、舍我其谁”的担当精神和历史责任感，以“时不我待、只争朝夕”的实干精神和历史紧迫感，在校学好知识、掌握技术、提高本领，将来为我国社会主义现代化建设事业作出更大贡献。

总之，党的十八大以来，我国的各类产业都取得了历史性成就，工业现代化、农业现代化水平不断提高，现代服务业加快发展，正处于由工业大国转向工业强国、农业大国转向农业强国的关键时期。党的十九届五中全会确立了我国“十四五”时期经济社会发展的基本方针，并且擘画了2035年远景目标。蓝图已经绘就，要将蓝图变成现实，需要全党全国人民的共同努力。广大青年大学生是全面建设社会主义现代化国家的生力军，更应该在校努力学习好专业知识，为我国早日实现社会主义现代化贡献自己的汗水和智慧，在贡献社会的过程中赢得社会的尊重与回报，始终将中国梦和个人梦统一起来，在为实现中华民族伟大复兴的中国梦而奋斗中成就个人梦想！

第二节　大学生创新创业劳动

一、创新创业的概述

（一）创新创业的概念

创新是指以新思维、新创作、新发明、新技术和新描述为特征的一种人类活动过程。创新是人类特有的认识能力和实践能力，是人类主观能动性的高级表现形式，是推动民族进步和社会发展的不竭动力。一个民族和社会要走在时代的前列，就必须始终坚持意识创新、思维创新、理论创新和实践创新。

一般来说，人们提到创业，往往是指创办企业。然而，创业既有创办企业的含义，也有开创事业的含义。创业就是创业者对自己拥有的资源或通过努力能够拥有的资源进行优化整合，从而创造出更大经济或社会价值的过程。创业也是一种劳动方式。

创新创业是基于技术创新、产品创新、品牌创新、服务创新、商业模式创新、管理创新、组织创新、市场创新、渠道创新等诸多方面的某一点或某几点创新而进行的现代企业创业活动。这里的创新不仅指的是技术方面的创新，还包含管理创新、知识创新、流程创新、营销创新等方面。创新创业与传统创业根本区别在于创业活动中是否有创新因素。大学生创新创业是指大学生利用自己的知识、技术和才能，以自筹资金、技术入股、寻求合作等各种方式，为自己在社会上求生存、谋发展开辟一条新的途径，创立新的现代企业。大学生创新创业者不是现有企业岗位的竞争者、填充者，而是通过创办新的现代企业，为自己，同时也为社会更多的人创造就业机会，并直接为社会创造价值作出贡献，在为社会创造价值的同时，使自我价值得到不断的充分体现与升华，代表了一个新的发展方向，开创了一个新的工作模式，引领了一个新的就业潮流。

创新创业是基于创新基础上的创业活动，既不同于单纯的创新，也不同于单纯的创业。简而言之，创新强调的是开拓性、新颖性与原创性，而创业强调的是生存性、营利性与责任性，通过实际行动获取利益。因而，在创新创业的概念中，创新是创新创业的特质，创业是创新创业的目标。创新是创业的基础和前提，创业应是创新的体现和延伸。

（二）创新创业的特点

1. 高风险

创新创业是建立在创新基础上的创业，但是创新受到人们现有认知、行为习惯等方面的影响，会面临被接受的阻碍，因而创新创业会面临比传统创业更高的风险。正如彼得·德鲁克所言：真正重大的创新，每成功一个，就有 99 个失败，有 99 个闻所未闻。

2. 高回报

创新创业通过对已有技术、产品和服务的更优化组合，对现有资源的更优化配置，能够给客户带来更大、更多的新价值，从而开创所在创业领域的“蓝海”，获取更多的竞争优势，也获取更大的回报。

3. 促进上升

创新创业是在创新基础上的创业活动，创新是创业的基础和前提，同时创业又是创新成果的载体和呈现，并在创业活动过程中，不断优化资源配置，总结提炼，以实现创新的更新与升级。创新带动创业，创业促进创新。

专栏 8-2

心若向阳，何惧秋霜

在高中校服上写下“我要创业”四个大字

“犹记当年，我还是一个高中生的时候，便在校服后面书上了‘我要创业’四个大字。我因此成了同学们眼里可笑的异类，老师因为这事还特地喊了家长。而年轻气盛的我，却毫不在意。那时的我尽管对创业的概念都很模糊，却敢于冒险，做常人不敢想不敢做的事。”段利军的创业故事始于他人的嘲笑，但正是从中学时代起，段利军就积极关注生意场上的消息动态，并有着自己创业的想法。他立志自主创业以改变人们生活，成为更好地服务社会的创业者。那时产生的信念伴随他至今，也奠定了他如今超常的创业决心。

在大学生志愿服务工作中得到启发

在大学期间，段利军致力于大学生志愿服务工作，曾担任校青协的副会长，经常组织和参与孤寡老人慰问、留守儿童义务支教、校园失物招领平台建设等各类志愿服务活动。在志愿者工作中，段利军积累了团队管理经验，锻炼了沟通协调能力，发现了市场空白。由此，他秉着青年志愿者的服务精神创立了云信文化传播有限公司。公司业务涵盖教育培训、校园服务、快递等，尤其是公司旗下的云信快递业务，打破了高校快递自取的模式，物品可精确送到高校寝室门口，避免了等待与拖延，更新了快递行业的“快”与“递”服务观念，为大学生提供了很大的便利。

灵感创造商机，而灵感来源于生活，你该有所准备

“灵感创造商机，而灵感来源于生活，你该有所准备。”段利军始终这样认为。当初，段利军就是在日常生活中，发现很多大学生在考驾照学车的时候有着许多的不方便：学员的练车时间与教练的时间难以匹配，学车过程太长，隐形收费多不胜数，驾校教练的服务质量太差，学车设施破旧不全，拿证时间漫长，等等。“别人看上去一堆的问题，但我却从中发现商机：我的机会来了!”说做就做，段利军先后入股天元驾校、现代驾校，成立了微信学车平台。公司于2015年11月获得两百万种子资金，2016年5月获得腾讯数百万天使投资，网点遍及两百余所高校，截至目前已经服务了近两万名学员，公司先后获得全国十大驾培重点信息平台、江西省电子商务示范企业等荣誉，被腾讯新闻、中国青年报、江西卫视等多家媒体报道。“微信学车”成为一个全国性的互联网驾校品牌，既有一个线上的学车服务平台，也有一套完整的线下培训服务体系，跨越了传统驾校与学员之间的距离，做到了驾校与学员共同利益最大化，用户可以通过微信驾校获得个性化定制的学车体验，更优质的驾校服务，在更短的时间内拿到含金量更高的驾照。

段利军说：“多年风雨，多年心路。我坚信，我的努力终将成就无可替代的自己。心若向阳，何惧秋霜？在当今创新创业的好时代，有人在梦中，有人在路上，而我选择在路上!”

二、创新创业和劳动的关系

创新创业是一种劳动活动，改变以往单靠求职打工的劳动模式向“自力更生”的模式转变。创新创业是一种丰富就业的形式，社会大众通过创业创新自己的就业方式。

从目的的一致性来看，劳动与创新创业的最终目的的共同之处都是创造价值，二者的区别则是创新创业所追求的价值实现是劳动追求价值的高级进化阶段，劳动是为了创造基础的生产物质资料，而创新创业则是对这些基本资源的重组，以期创造更大的价值。从本质上来说，劳动和创新创业都遵循“行为产生—价值创造”的因果关系，如果说劳动是为了“生存和发展”，那么创新创业则是为了“更好地生存和发展”，因此，可以认为，创新创业是高级的劳动形式。劳动是创造生产要素的唯一途径，不经历劳动过程难以得到生产要素，创新创业就会变成“无根之树”“无源之水”。

信息与智能技术日益走向成熟，并广泛运用，过去人们业已熟悉的那些简单的、可重复的技能性、技术性、体能性劳动，以及记忆性、可复制、可继承的知识性、逻辑性劳动，正在交由机器完成。机械化、智能化让人类开始从聚集性、互撑性的体力劳动走向了个性化、知识化的智力协同、情感链接。同时，人性化、非组织化、零散型、全球化、链接性的劳动、岗位及其网络正在突破时空，不断地涌现。一方面，是熟悉的劳动形式的消失；另一方面，是现有劳动形式的不成熟。以上两大方面都同时指向：未来的劳动将不再是简单的继承性、组织性就业形式，而将是充满着显明人性特征的创新性创业。创业将成为未来劳动的非常重要的形态。

习近平总书记强调："创新是社会进步的灵魂，创业是推动经济社会发展、改善民生的重要途径。青年学生富有想象力和创造力，是创新创业的有生力量。"

青年人创新思维活跃、创业动力强烈。近年来，一系列政策的出台，为青年创新创业创造了良好环境，许多大学生纷纷返乡创业，成为创新创业的生力军。

三、大学生创新创业劳动的常见形式

（一）电商创新创业劳动

电商创新创业劳动的主要形式是网上开店，在网上注册成立网络商店。网络创业突破就业时间限制，网店卖家只要找好货源并掌握网店的基本操作，就可以开张营业。此类创业不需要支付店面房租，不需要库存，对资金、人员投入的要求也较低。

（二）加盟创新创业劳动

加盟创新创业劳动是采用加盟的方式进行创新创业劳动，一般的方式是加盟开店。也就是说，加盟商（受许人）与连锁总部（特许人）之间建立一种契约关系。根据契约，连锁总部向加盟商提供一种独特的商业经营特许权，并给予人员训练、组织结构、经营管理、商品采购等方面的指导和帮助，加盟商向连锁总部支付相应的费用。

受许人和特许人之间可以分享品牌金矿，分享经营诀窍，分享资源支持，采取直营、委托加盟、特许加盟等形式加盟，投资金额根据商品种类、店铺要求、加盟方式、技术设备的不同而不同。

（三）大赛创新创业劳动

大赛创新创业劳动即利用各种商业创业大赛，获得资金和一定的平台而进行创业。

（四）概念创新创业劳动

概念创新创业劳动，顾名思义就是凭借创意创业。当然，这些创业概念必须新颖，至少在打算进入的行业或领域是个创举。只有这样，才能抢占市场先机，才能吸引风险投资商的眼球。同时，这些超常规的想法还必须具有可操作性。概念创业具有点石成金的神奇作用，特别是本身没有很多资源的创业者，可通过独特的创意来获得各种资源。要注意，创业需要创意，但创意不等同于创业，创业还需要在创意的基础上，融合技术、资金、人才、市场经验、管理等各种因素。如果仅凭着创意贸然行动，基本上是行不通的。这种创业模式比较适用于具有强烈创新意识但没有很多资金的创业者。

四、大学生创新创业劳动的准备工作

（一）要做好积极创业的思想准备

大学生要想做好创业的思想准备，先要综合分析自己，知道自己是一个什么样的人，有什么样的优势和劣势，这样可以精准定位自己，找到更适合自己的项目，也会给自己很多的信心；要学会扬长避短，这样会让自己的才华能够展示出来，也能让自己越来越强大；要形成良好的习惯，这样会让自己的创业项目可以有序进行，也能正确把握好度，保持思想上的清醒。

（二）要有敢于创业的勇气

创业艰苦磨难多。因此，大学生只有创业的思想准备是不够的，还需要有创业的勇气，有勇气者才敢于创业、善于创业和成功创业。勇于创业已经成为教育培养人才的一个目标。

（三）要提高创业素质和能力

人们在创业的问题上除了要立足创业、勇于创业的思想准备之外，还要努力提高自己的创业能力。创业之路是充满艰险与曲折的，这需要创业者具有非常强的心理调控能力，能够持续保持一种积极、沉稳的心态，即有良好的创业心理品质。它是对创业者的创业实践过程中的心理和行为起调节作用的个性心理特征，它与人固有的气质、性格有密切的关系，主要体现在人的独立性、敢为性、坚韧性、克制性、适应性、合作性等方面，它反映了创业者的意志和情感。创业的成功需要创业者具有良好的创业心理品质。正因为创业之路不会一帆风顺，所以，大学生如果不具备良好的心理素质、坚忍的意志，一遇挫折就垂头丧气、一蹶不振，那么，在创业的道路上是走不远的；只有具有处变不惊的良好心理素质和愈挫愈强的顽强意志，才能在创业的道路上自强不息、竞争进取、顽强拼搏，闯出属于自己的一番事业。

（四）涉猎其他专业知识，拓宽知识面

除了掌握好自己的专业知识，创业者应涉猎应用性学科知识，尽量拓宽知识面，善于从多角度、多方面观察问题，对经济发展态势保持一定的敏感性。

（五）学会整合资源

创业者应与其他专业的大学生进行合作。这样自己在创业的过程中遇到问题的时候，可以向他们请教，为自己的创业规避更多的风险。

五、大学生参与创新创业劳动的意义

（一）拓展就业渠道，缓解就业压力

近年来，高校招生总体规模不断扩大，大学毕业生逐年增多，越来越多的高校毕业生源源不断地涌入人才市场，会给社会带来巨大的就业压力。因此，引导更多的大学生加入创业队伍中，是大学生走向社会、接受社会挑战的重要途径，同时也能大大缓解社会的就业压力。

（二）有利于提高大学生综合素质

创新创业劳动可以培养大学生良好的创业素质，培育大学生的实践精神、探索精神、冒险精神和创业能力，进而促使学生注重自身基本素质的提高，提高大学生的综合素质。

（三）适应社会主义市场经济发展的需要

随着市场经济的发展，城乡产业结构将依据市场的不断变化进行相应调整，从而带来劳动力的转移和职业岗位的转换，创业者应该具备新技术、新工艺的实施以及新产品的开发和创造能力，也就是要求未来的劳动者不仅要具备从业能力，还必须具备创新创业能力。因此，不断加强创新创业能力的培养正是适应了社会主义市场经济对人才培养方面的诸多要求，同时也能促进高等教育自身的改革与发展。创业可以推动社会的进步与发展，好的创业项目能推动整个行业的发展。大学生创业在自己专业知识的基础之上追求“新”“奇”“特”等特点，这使得本就多样化的市场更加变化多端，也会为当前的市场增加诸多的新鲜血液，推动社会的发展。

（四）推动创新型国家建设的需要

创新是一个民族进步的灵魂，是一个国家兴旺发达的不竭动力。一个拥有创新能力和大量高素质人力资源的国家，将具备发展知识经济的巨大潜力；一个缺少雄厚科学储备和创新能力的国家将失去知识经济带来的机遇。21 世纪的竞争是经济和综合国力的竞争，实际上是科技和教育的竞争，归根到底是高素质人才的竞争。大力培养大学生创新创业能力是建立高校创新体系的关键性环节和基础性内容，能有效地支持和推动国家创新体系的建立，对建设创新型国家也会起到积极的作用。

第三节　职业发展

一、职业选择概述

职业贯穿成年人一生中的大多数时间，它既可以是幸福感的来源，也可能是焦虑和压力泵机。职业选择直接影响着人们事业所能达到的高度，甚至深刻地改变人们的生活方式。那么，什么是职业选择？它与人生发展之间有什么联系？

（一）职业选择的定义

职业选择是个体结合自身特点，对职业类别、发展方向等各方面因素综合考虑后进行的职业挑选与确定的过程，是个人进入社会生活领域的重要行为。

（二）职业选择与人生发展

对于多数人来说，职业选择意味着人生由过去对知识和技能的单纯吸收转换到边学习边输出阶段，是每个人成长道路上的一个关键节点，对于个体成长成才具有重要意义。职业选择是个体一生中最重要的决策内容之一，这种决策一旦作出，就会像石子落入水中激起涟漪，迅速向我们生活的方方面面扩展。

专栏 8-3

郭晶晶：做己所爱，爱己所做

郭晶晶曾是中国跳水“梦之队”的领军人物，曾多次获得世界冠军。然而，辉煌的背后是她一步步走过的荆棘之路。郭晶晶承受着长年伤痛的困扰，在一次次大型比赛中取得了如此辉煌的骄人战绩，她成功的背后又有什么经历和特质？是什么动力在一路支撑着她？

郭晶晶说：“因为喜欢，才会投入，才会愿意付出。”

成功的背后是一路走过的荆棘之路，我们寻找她动力的源泉，可以看到，对跳水的热爱是支持着她战胜种种艰辛、勇往直前的动力。

郭晶晶在跳板上的成功，是职业与兴趣结合的体现。她喜欢跳水这项运动，为了实现那完美一跳而不停地修正肢体动作，不断地在重复练习中改进不足，缔造完美。兴趣对职业发展的影响是职业能否走向真正成功的重要因素。对职业的兴趣能让自己全身心地投入工作中，不计较得失，更能忍受成功前的寂寞，加快职业生涯发展的步伐。

（三）就业与择业

从 20 世纪末开始，我国高等院校步入大规模扩招的轨道。日趋增多的大学生走出校门自主择业，给就业市场带来了很大压力，大学生就业问题进一步成为社会关注的焦点。与大学生就业难题同时出现的是大学生频繁换岗的现象，一边是求职困难，一边是屡屡“跳槽”，看似矛盾的两种现象体现了大学生职业选择过程中“就业”与“择业”的关系。

“就业”确定了具体的工作并通过劳动获得报酬，而“择业”的重点则在于选择的过程。人们通常会考虑地域、行业、薪水、兴趣等多种因素，进行职业选择。与中小城市相比，大城市各种就业资源丰富，但生活成本高、竞争激烈；与传统行业相比，新兴行业薪水待遇优厚，但能力要求高、工作强度大。此外，单位的规模、企业文化、自身的人脉关系等都在不同程度上左右着求职者的选择。那么，对于初次就业的大学毕业生来讲，应该如何找准自己的定位呢？究竟应该“先就业，后择业”还是“择业在先，就业在后”？这是一个老生常谈但又很难把握的话题。

之所以存在不同的声音，主要是因为无论先就业还是先择业都有其逻辑上的合理之处。“先就业，后择业”依照的是循序渐进的稳妥原则，更强调大学生求职的行动力，先确定一个岗位，再进行深度的职业选择。通过“先就业”的方式，大学生能够更多地了解职场，积累工作经验，为以后职业发展打下一定基础。特别是在严峻的就业形势下，社会提供的就业岗位难以满足每一位求职者的需求，“先就业，后择业”就是建议大学生着眼当下，注重在工作岗位上提升自身素养，逐步寻求理想的职业。该就业策略较好地适应了目前乃至未来很长时间的就业形势，同时也更加附合大学生群体的实际，符合人的成长规律，有利于其积累经验和长远发展。但这种方式受到推崇也从侧面反映了当前大学生职业规划的缺失，降低了用人单位对应届大学生整体的期望值，反过来又增大了大学生职业选择的难度。

将职业选择的过程提前，“先择业，再就业”符合人力资源管理中的“人格匹配”理论，强调在专业探索下，大学生根据自己的特点与个体特征选择合适的职业。这就要求大学生首先对职业发展作出方向性的选择，确定自身的职业发展方向，锁定职业目标，从而更有效地控制自己的职业发展大趋势。此外，“先择业，再就业”也符合社会及用人单位对于求职者的要求，有利于人尽其才，最大限度提高企业的人才利用率和工作效率。不可否认，在全面认识自身的情况下初次就业便能进入适合自己的就业岗位无疑是高效的。

职业选择是大学生迈向社会甚至后半生的关键节点，“先择业”与“先就业”

的差异不仅仅体现在职业选择的先后顺序上，背后更多反映的是对待职业乃至人生的态度差别，但二者在本质上并无优劣之分，只有适合与否之别，就业与择业本就是相互依存的。

二、劳动与职业发展

（一）劳动与人生发展

劳动是家庭教育、学校教育、社会教育的具体承载形式和表现形式。

1. 劳动贯穿人生教育

劳动是家庭教育的起点。家庭教育是我们接触最早也是我们受教育时间最长的教育。苏联教育家苏霍姆林斯基将儿童比作一块大理石，他说把这块大理石塑造成一座雕像需要六位雕塑家：家庭、学校、儿童所在的集体、儿童本人、书籍、偶然出现的因素。在这个排列上，家庭是居于首位的，家庭教育对人生的影响也是第一位的。

家庭教育中的劳动对于个体的人生发展有着重要的引导作用。从这个维度来看，劳动作为家庭教育的起点，对人生产生的影响更加直接，更具有感染力。

在国家范围内，劳动已经被列为学校教育的重要内容。2018 年 9 月 10 日，习近平在全国教育大会上强调，要培养德智体美劳全面发展的社会主义建设者和接班人。学校是学生的主要活动场所，因此，学生劳动观的建立、劳动技能的培养都与学校教育有着密切的关系。从主观方面来说，这一时期，学生劳动观的形成受到自身条件的影响，他们在社会经验和阅历方面存在不足，但是又对社会充满了好奇，在面临新鲜事物时容易存在盲目性和冲动性；从客观方面来说，学校不仅仅要教学生如何读书、做人、思考，还要引领学生未来的发展。

社会教育促进人们走向成熟。社会教育是影响人生发展诸多变量中最复杂、最深刻、最重要的变量。社会环境中特定的价值观念、行为方式、伦理道德规范及风俗习惯等内容影响和制约着人们的观念、需求及特点、购买行为和生活方式，对人生择业、劳动行为产生直接影响。因此，社会教育的内容也会随着这些内容的变化而产生变化。

综上所述，家庭教育、学校教育和社会教育三者构成人生教育的主要内容。我们现在所拥有的劳动习惯与劳动能力不是天生就有的，而是后天养成的。家庭、学校、社会的劳动教育和实践锻炼，可以让一个人拥有健康的灵魂，也可以让一个人变得独立自主，让“我不行”变成“我能行”，让“潜意识”变成“下意识”。劳动教育让人拥有生存的技能和本领，让人们在不知不觉中变得强大，让人拥有更多美好的人生体验。因此，人生教育中的劳动无处不在，无时不在。

2. 劳动是人生发展的具体承载

劳动创造了人，创造了社会。劳动既是人类存在的基础，也是人类发展的动力源泉，劳动发展的程度越高，人的发展就越全面。劳动作为人生发展的具体承载和表现形式，其发挥的积极引导作用主要表现在以下几个方面。

（1）劳动有利于引导职业发展。思想是行动的先导。大学生的世界观、人生观、价值观对他们的就业、择业产生重要影响。正确的世界观、人生观、价值观的形成离不开正确的劳动观念的形成和加强。因此，通过劳动实践和劳动教育，引导大学生树立正确的劳动观念，能够帮助大学生寻找存在的基础，找到衡量价值的标尺，明确实现人生理想与目标的途径，帮助大学生树立正确的职业理想，找准职业倾向，正确进行自我评估。

（2）多元化的劳动内容和劳动实践是学生确立就业目标的重要途径。劳动能够让学生在实践当中学习和积累社会知识，从而获得劳动技能、职业技能、社会经验，这是学生实现自我认知的最好方法之一。只有在劳动中才能正确认知自我，对自己的职业发展作出先期的判断，从而形成有效的就业认知，为自己的职业生涯作出良好规划。因此，在校期间开展劳动教育，引导学生深入社会进行广泛的劳动实践，在实践中进行自我认知，在结合自身专业和实践的基础上进行职业规划，可以帮助学生较早地确定就业目标，从而尽早进行职业准备。

（3）劳动有利于完善劳动素养。当前大学毕业生的综合就业素质与用人单位的实际需求存在着一定的差距，毕业生的综合就业素质成为影响其能否顺利就业的重要素质。劳动对提升德智体美等各项能力可以起到有力的支撑作用。一是劳动对德育具有直接促进的作用，热爱劳动是形成其他优秀道德品质的基础和前提。提高劳动热情能够促进学生进行劳动实践，而这样的过程可以培养学生吃苦耐劳的精神，激发学生探索和创新的潜质。二是智育方面，劳动实践可以提高学生对劳动的重视程度和参与劳动的积极性，在劳动过程中认真学习相关技能知识，这是课堂之外对智育的有益补充。三是体育方面，劳动可以指导学生科学锻炼身体，增强体质，为自我的各项发展提供坚实的基础。四是美育方面，劳动过程能够发挥积极引导作用，让大学生形成对劳动的正确认识，使大学生认识到劳动能给人类提供物质和精神食粮，亦能够改变自然环境、美化生活空间等，因而劳动是美的，使大学生能够感受劳动美，学会欣赏周围世界、他人劳动成果，从而达到美育的作用。

（4）参与劳动也是开展人生教育的必要环节，鼓励学生积极参与劳动是我们新时代倡导进行劳动教育的目标。参与劳动也是开展劳动观教育的必要环节，参与劳动对于就业能力的培养具有直接促进作用。各种职业能力的强化能弥补当前大学生就业素质当中存在的某些“短板”，完善整个素质结构，为促进就业奠定良好的基础。同时，就业能力的提高能够帮助学生形成参与劳动的积极情绪。在积极情绪的影响下，也能够进一步调动其劳动积极性，进行创造性和创新性劳动。

(5) 劳动有利于提升职业道德。职业道德是指从事一定职业的人在职业生活中应当遵循的具有职业特征的道德要求和行为准则，涵盖了从业人员与服务对象、职业与职工、职业与职业之间的关系。当前，在社会主义市场经济条件下，我们要大力倡导以爱岗敬业、诚实守信、办事公道、服务群众、奉献社会为主要内容的职业道德。良好的职业道德是每一个执业人员必须具备的基本品质。

正确的劳动教育能让受教育者树立正确的劳动意识，通过劳动创造美好的生活。正确的劳动教育能使学生在思想上具备科学的劳动观和优秀的道德品格，传承中华民族吃苦耐劳、团结协作和勇于奉献等传统美德；在行为上拥有良好的劳动能力，自觉提升自己所学的专业技能，树立起专业自信。

(二) 劳动对职业选择的意义

工作对于人的一生具有怎样的意义？不同的人有不同的回答。离开工作，人生将不完美，甚至将难以维系，劳动推动着幸福人生的实现。

职业劳动占据人生的重要位置。从物质层面上来看，工作是劳动者获得劳动收入的主要途径，是维系劳动者正常生活的基本条件。工作是劳动者实现社会参与、开展社会生活的重要源泉，在人的生活乃至生命活动中占有十分重要的地位。从精神层面上来看，工作不仅仅和收入、社会责任等联系在一起，更是人的个性和人的特征的展现。著名关怀伦理学家美国斯坦福大学内尔·诺丁斯教授在《幸福与教育》一书中提出，幸福生活有三个来源：一是私人生活领域，二是公共（或社群）生活领域，三是职业（或工作）生活领域。诺丁斯认为，职业对人生的幸福所起的作用仅次于家庭，她引用约翰·杜威的话说：“职业是唯一能够将个人的不同能力和他的社会服务平衡起来的事情，发现适合去做什么并争取机会去做是幸福的关键。”从个人发展来看，职业发展是一个人实现人生价值的重要途径，工作中劳动的多与少，劳动质量的高与低，关系到一个人的劳动是否能够收获预期效果。从群体发展来看，工作本身并非独立进行的，而是需要群体合作。因此，工作成果是劳动分工之后再集合形成的劳动结晶。梁启超认为，职业对人的存在极其重要，人人都要有正当职业，人人都要不断地劳作。因此，无论什么人都要遵循基本的事实：工作本质就是劳动，判断一个人的成功与否、对社会贡献的大小，都无法脱离他的工作，工作是人生最重要、最有价值的行为之一。一个人付出的劳动越多，贡献越大，就越能得到社会的认可，人生就越有意义。

三、正确职业价值观的培育

（一）大学生就业形势

自2001年以来，我国高校扩招直接效应逐步显现，全国高校毕业生的数量快速增长。2001年我国普通高校毕业生人数刚刚迈上100万台阶，2011年就猛增至660万人；最近十年增速虽有小幅下滑，但整体规模仍在继续扩张，2021年我国高校毕业生总人数达到创纪录的909万人。在各种因素共同作用下，高校毕业生就业形势严峻。

（二）大学生职业选择的影响因素

大学生就业过程中遇到的各种问题都与职业选择的能力和方式有关，而影响大学生职业选择的因素是多方面的，职业选择的差异有些是个人因素、劳动力市场状况造成的，有些则来自社会、高校或家庭的影响。

1. 社会因素

社会因素是影响大学生整体职业选择的普遍性因素。社会经济结构的战略性调整、产业结构的重组使得就业结构也会发生相应变化。近年来，智能制造、社会服务等新兴行业的从业人数比例显著上升，有的高校专业人才的培养未能快速适应社会因素的转变，导致人才培养与用人需求匹配不佳，成为影响大学生就业的重要因素。另外，受地区发展规划、体制政策的影响，当前经济发达地区，有稳定编制的事业单位和政府机关仍然对毕业生就业有较强的吸引力。

2. 劳动力市场状况

劳动力市场状况决定着大学生就业难易程度与就业质量高低。大学生职业选择是在特定劳动力市场中进行的，由于制度性因素，劳动力市场则被分割为不同的类型：收入高、待遇好、管理规范的主要劳动力市场以及与之相反的次要劳动力市场。一般来讲，不同市场的就业难度是有很大差别的，就业部门的选择明显受制于个体人力资本的积累程度，如教育水平、技能水平、知识能力等因素影响，那些受教育水平较高的大学毕业生通常有更多选择进入主要劳动力市场的机会。

3. 高等教育人才培养模式

高等教育人才培养模式对大学生职业选择会造成多方面影响。高校肩负着高等人才培养的责任，以招生为起点，从培养方案的制订，具体的培养模式，再到整个大学期间对学生的就业指导等各个环节都影响着学生未来的职业选择。高等教育扩招致使毕业生逐年增加，高校若不能根据社会需求及时调整人才培养方案或者教学模式等，与时代脱节，会直接导致学生的知识结构与思维方式无法满足市场的需求，从而产生学校人才培养与社会人才需求的结构性矛盾。

4. 家庭因素

家庭对大学生职业选择的影响是潜移默化的。家庭作为个体社会化的第一站，对每个人将来的职业选择都会产生一种内生影响力。家庭经济条件、家庭职业传统、父母受教育程度、父母期望值与教养方式等都是影响大学生职业选择的重要家庭因素。以经济条件为例，家庭条件越好，子女的受教育质量往往越高，无论是基础教育阶段的奠基，还是高等教育阶段的深造，都直接影响着孩子未来的就业平台。

5. 其他因素

自身的性格、兴趣、价值观、受教育水平以及自我定位等都会对职业选择产生直接影响。以性格因素为例，每一个人都是独一无二的，比如：沉稳内敛的人具有钻研精神，对专注力要求高的科学研究类工作可能更适合他们；性格开朗的人往往善于沟通表达，媒体、新闻类的工作可能更受他们的青睐。除个人特质与能力外，大学生的自我定位对其职业选择也有一定影响。当个人职业期望过高时，职业规划就会倾向于追求完美，择业过程中的每一步都可能过于理想化。此时，如果足够幸运就会一步到位，但大多时候更可能会延误时机，能力徘徊在岗位要求之下，最终出现“高不成低不就”的结果。

（三）大学生职业选择面临的问题

1. 就业市场供过于求

很多毕业生在求职过程中面临“投出简历即石沉大海”的局面，陷入“毕业即待业”的窘境。在现实劳动力市场上，数量上供过于求的局面造成用人单位不断抬高用人门槛，既要求大学生具备良好的专业素质，又关注求职者诚信品质、创新意识等其他方面的素质，即所谓的“内外兼修，软硬兼备”，有些甚至提出了工作经验要求，将很多从未走出大学校门的学生挡在了就业大门之外。

2. 结构性矛盾突出

由于学科专业、学历水平以及地域之间的不平衡等因素，高校毕业生就业存在较为突出的结构性矛盾，大学生“找不到工作”与用人单位“找不到人才”的情况并存。学科专业是影响大学生就业的重要因素。此外，学历水平的差异以及地域的不平衡也是造成大学生就业结构性矛盾的主要因素。从地域上来看，大学生就业不平衡问题同样较为严重，毕业生择业多集中于地理位置优越、经济发展水平较高的一线、二线城市，而相对偏远、条件较差的地区则鲜有人问津。

3. 首次就业质量不高

尽管经济快速增长为高校毕业生创造着越来越多的就业岗位，但在激烈的竞争面前，职业成长环境与个人期望相比总会存在或多或少的差距。这导致部分毕业生对自己的第一份工作满意度偏低。大学生就业满意度整体不高的原因同时来自供需两个方面：一方面，大学生自身对工作的期望较高，存在眼高手低的情况，既期望企业提供有吸引力的薪资、满意的福利条件和良好的工作环境，又渴望减少工作任务和降低职业压力；另一方面，在激烈的市场竞争下，企业的立足点仍是控制成本，而劳动力成本控制又是重中之重。就业市场上这种供求双方的预期矛盾在数量相对失衡的状态下会更加凸显，导致工作待遇和职业环境的快速分化，最终造成了双方都“不那么满意”的结果。

（四）树立正确的择业观

科学正确的择业观对拓宽职业选择范围、解决就业难题、实现自身价值、促进社会发展都具有积极意义，既能够提升就业成功率，也有助于改善劳动岗位匹配效果；相反，消极甚至错误的择业观则会对职业选择过程以及未来职业发展产生不良影响。

1. 与劳动价值观相吻合

合理定位择业目标。大学生择业前首先需要对职业形成客观、正确的认识。因此，每一位求职者应客观、全面地评价自身的现实条件与综合素质，同时增强自立自强意识，强化奋斗精神，形成正确的择业观。

2. 与个人能力相匹配

（1）大学生应重视自身能力建设。个体能力对就业结果有直接影响，大学生既要重视一般能力（如注意力、想象力、观察力等）的培养，同时也应该重视形成自己的“特长”，以满足企业的人才需求。

（2）大学生应关注多方政策。大学生作为劳动力市场中的重要求职人群，应了解社会人才需求趋势、企业用人政策，以及高校人才对培养个体能力的要求。大学生可将学校培养方案中的具体要求作为衡量自身能力的标准和能力培养的指南针，只有充分了解多方政策对自身能力的要求，同时结合自身能力实际不断提升自我，才能获得持续的就业竞争力。

3. 与国家需求相连接

（1）大学生应避免“功利化”求职心态。调查发现，当代大学生在求职阶段普遍存在“功利化”心态，这种心态极易造成求职结果的偏差。大学生在整个学习期间及毕业求职阶段应当充分考虑国家发展需求，认真思考个人价值，认识到职业之于个体和国家发展的意义，避免“功利化”心态对求职结果造成负面影响。

（2）大学生应避免在求职过程中“盲目跟风”。由于大学生专业知识和社会经验都处于积累储备阶段，在求职过程中需要通过多种方式加强对自身和职场环境的客观认识，力争在步入社会前形成相对清晰的择业目标，避免因盲目跟风而走弯路或错失良机。

思考题

1. 有人觉得大学生去从事农业生产劳动是“大材小用”，对此你怎么看？
2. 你认为自己在推进我国产业现代化事业上可以有何作为？
3. 你认为大学生参与创新创业劳动需要具备哪些素质？
4. 你认为大学生就业面临哪些方面问题？该如何应对？

主要参考文献

[1] 马克思，恩格斯．马克思恩格斯文集［M］．中央编译局，编译．北京：人民出版社，2009.

[2] 中央编译局．列宁专题文集［M］．北京：人民出版社，2009.

[3] 毛泽东．毛泽东选集：第一、二、三、四卷［M］．2版．北京：人民出版社，1991.

[4] 毛泽东．毛泽东选集：第五卷［M］．北京：人民出版社，1977.

[5] 邓小平．邓小平文选：第一卷、第二卷［M］．2版．北京：人民出版社，1994.

[6] 邓小平．邓小平文选：第三卷［M］．北京：人民出版社，1993.

[7] 江泽民．江泽民文选［M］．北京：人民出版社，2006.

[8] 胡锦涛．胡锦涛文选［M］．北京：人民出版社，2016.

[9] 习近平．习近平谈治国理政：第一卷［M］．2版．北京：外文出版社，2018.

[10] 习近平．习近平谈治国理政：第二卷［M］．北京：外文出版社，2017.

[11] 习近平．习近平谈治国理政：第三卷［M］．北京：外文出版社，2020.

[12] 中共中央宣传部．习近平新时代中国特色社会主义思想三十讲［M］．北京：学习出版社，2018.

[13] 中共中央宣传部．习近平新时代中国特色社会主义思想学习纲要［M］．北京：学习出版社，人民出版社，2019.

[14] 中央档案馆，中共中央文献研究室．中共中央文件选集［M］．北京：人民出版社，2013.

[15] 刘建军．工匠精神［M］．北京：中共党史出版社，2020.

[16] 姚荣启．中国劳模史：1932—1979［M］．北京：中国工人出版社，2020.

[17] 陈必华，淦爱品．劳模精神导论［M］．上海：上海交通大学出版社，2020.

[18] 徐大慰．劳模精神研究［M］．芜湖：安徽师范大学出版社，2020.

[19] 杨冬梅，赵健杰．劳模学概论［M］．北京：人民出版社，2020.

[20] 田鹏颖，朱丽颖，于春玲．劳模文化本质论：基于东北（辽宁）老工业基地的思考［M］．北京：社会科学文献出版社，2019.

[21] 田鹏颖，姜耀东．劳模文化哲学论纲［M］．北京：社会科学文献出版社，2018.

[22] 郑功成. 中国社会保障制度变迁与评估［M］. 北京：中国人民大学出版社，2002.

[23] 丁建定. 社会保障制度论：西方的实践与中国的探索［M］. 北京：社会科学文献出版社，2016.

[24] 舒晓兵，田鹏，胡欣. 社会保障概论［M］. 武汉：武汉大学出版社，2019.

[25] 王全兴. 劳动法［M］. 3 版. 北京：法律出版社，2008.

[26] 汪敏. 中华人民共和国劳动合同法配套解读与实例［M］. 2 版. 北京：法律出版社，2017.

[27]《劳动与社会保障法学》编写组. 劳动与社会保障法学［M］. 2 版. 北京：高等教育出版社，2018.

教学资源服务指南

扫描下方二维码，关注微信公众号“高教社极简通识”，学生可学习名校通识课，教师可学习教师培训课程、免费申请课件和样书、观看直播回放等。

名校通识课

点击导航栏中的“名校通识”，点击子菜单中的“课程专栏”，即可选择相应课程进行学习。

教师培训

点击导航栏中的“教师培训”，点击子菜单中的“培训课程”，即可选择相应课程进行学习。

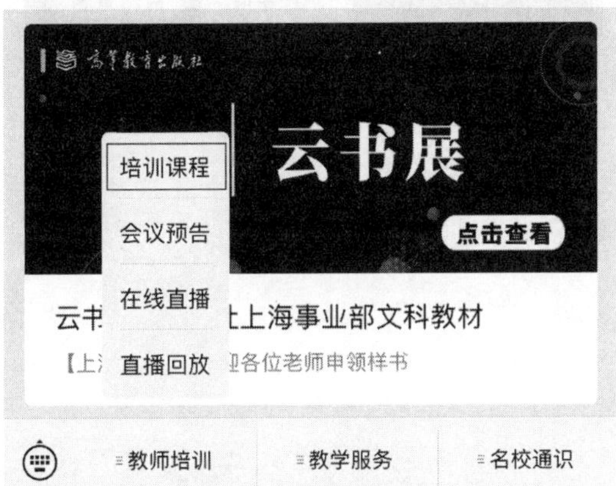

教学资源服务指南

课件申请

点击导航栏中的“教学服务”，点击子菜单中的“课件申请”，填写相关信息即可申请课件。

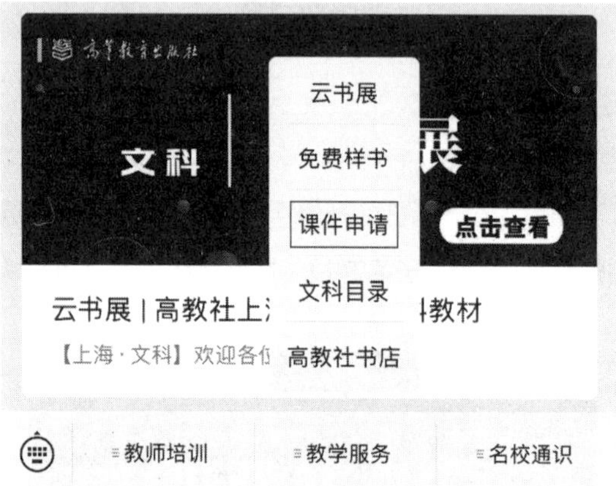

样书申请

点击导航栏中的“教学服务”，点击子菜单中的“免费样书”，填写相关信息即可免费申请样书。

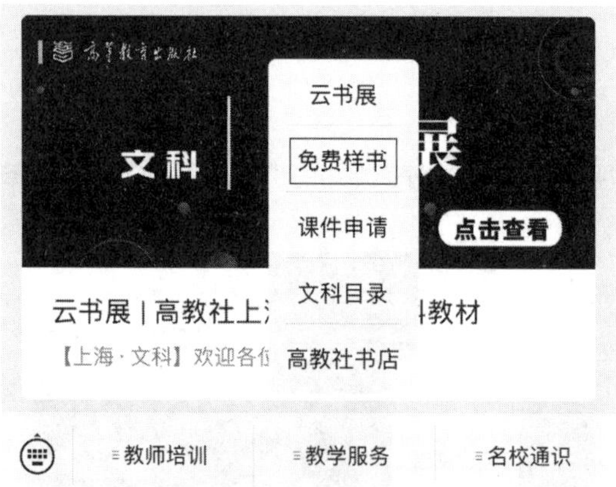